에니어그램,
내 안의 보물찾기
〈개정증보판〉

공동체문화원 에니어그램 시리즈 3
에니어그램, 내 안의 보물찾기(개정증보판)

2007년 4월 5일 초판 1쇄 발행
2020년 12월 21일 개정증보판 1쇄 발행

엮은이 | 공동체문화원
지은이 | 김영운 윤명선 외
펴낸이 | 김영호
펴낸곳 | 도서출판 동연
등 록 | 제1-1383호(1992년 6월 12일)
주 소 | (우 03967) 서울시 마포구 월드컵로 163-3
전 화 | (02) 335-2630
팩 스 | (02) 335-2640
이메일 | yh4321@gmail.com / h-4321@daum.net

Copyright ⓒ 공동체문화원, 2020

ISBN 978-89-6447-639-0 04300
ISBN 978-89-6447-350-4 04300(세트)

공동체문화원
에니어그램 시리즈 3

에니어그램,
내 안의 보물 찾기

공동체문화원 **엮음** ｜ 김영운 · 윤명선 외 **지음**

〈개정증보판〉

동연

이 책은 에니어그램을 처음 접하는 사람에게 지침이 될만한 길잡이 역할을 해준다. 또한 이전에 〈공동체문화원〉 김영운 목사 저서로 나온 책을 최근 여러 사람이 모여 다시금 읽고, 성찰하며 토론하여 개정증보판으로 엮었다. 즉, 14년에 해당하는 시간을 두고 연구하고, 편집한 격이 된다.

나 또한 김영운 목사와 함께 공동체문화원을 통하여 에니어그램으로 많은 변화를 체험하였다. 인성교육을 위한 프로그램인 다솜학교에서는 주로 가족 캠프를 하였는데 식구들이 자기 유형을 발견하면서 대화의 장이 열리게 되고, 청소년들은 사춘기를 잘 보내는데 큰 도움이 되었다. 어떤 엄마는 "내가 만일 에니어그램을 하지 않았더라면 아마 자녀들과 원수처럼 지내고 있지 않을까!"라고 말하는 사람도 있었다. 이렇게 에니어그램에는 인생의 고비를 잘 넘겨주는 신비가 숨어 있다고 할 수 있다. 특히 다른 나라에 유학 간 학생들은 그곳 교수들이 어디서 이런 리더십을 배웠느냐고 물어본다고 한다. 에니어그램은 인생을 어떻게 살아가야 하는지 가르쳐준다. 그것은 자기 속에 있는 자기만의 독특한 보물인 본성을 찾아내어 그것을 갈고 닦아 자기도 행복해지고 다른 사람과도 더불어 잘 사는 법을 배워가는 학문이기 때문이다. 김영운 목사의 제자들인 다솜학교의 학부모들도 지금은 대학에서 에니어그램을 가르치는 강사가 되어 있다.

1992년 작은교회(기독교대한감리회) 담임이신 김영운 목사는 미국 샌프란시스코를 다녀오면서 에니어그램에 관한 책을 여러 권 사오셨다. 그때부터 우리 교인들은 그 책으로 영어를 배우면서 동시에 에니어그램을 공부하기 시작하였다. 김 목사는 영어를 원어민처럼 구사하며 우리 교계에서는 동시 통역자로서 유명하신 분이다. 공동체 성서연구와 영성 수련에 관심을 갖고 작은교회 운동을 이끌어오던 중 미국에서 배워 온 에니어그램과 접목시켜 교인들과 함께 연구를 계속하였다. '공동체'라는 단어를 쓴 것도 우리나라 신교에서는 작은 교회가 가장 먼저이다. 수련회를 열어 청소년과 대학생 그리고 나이 든 교인들에게 에니어그램을 가르치며 제자를 길러내었고, 건강한 공동체를 만들기 위해 일생을 바쳤다. 에니어그램에 관한 책도 두 권을 집필하였는데 그중 한 권이 이 책, 『에니어그램, 내 안의 보물찾기』이다.

공동체문화원 회원들은 『내 안의 보물찾기』를 함께 공부하면서 그 느낌을 적기로 하여 2009년부터 기록을 하기 시작하였다. 그러면서 좀 미비한 부분은 다시 고치자고 하였는데 그러던 중 2014년도에 김 목사께서 그만 하늘나라로 떠나버리셨다.

처음에 에니어그램을 접했을 때, '도대체 이게 뭐야', 무엇이 무엇인지 많이 헷갈려서 멘붕이 오기도 하였다. 똑같은 문장을 읽었는데도 해석하는 내용이나 반응하는 감정이 다른 것을 보면서 '정말 사람들은 서로 많이 다르구나~'를 점점 느끼게 되었다. 그러면서도 에니어그램을 계속 공부하다 보면 건강한 공동체를 이루게 된다. 서로의 유형을 알고 나면 상대방을 이해하게 되고, 받아들일 수 있게 된다. 갈등을 함께 넘기고 나면 그 관계는 참으로 든든한 식구가 되어 간다.

공동체문화원에서 에니어그램을 배우다 보니 이런 보물을 갖게 된다. 에니어그램은 혼자 공부하는 것보다 공동체적으로 함께 모여 수련을 하는 것이 더 좋다.

그 후 세월이 지나 우리의 느낌을 적어 놓은 것이 10년도 더 지났다. 처음에는 김 목사 저서와 제자들이 공부한 것을 따로 출간하려고 했으나, 두 항목을 함께 묶어 출판하는 것이 더 재미 있을 것 같다는 의견들이 나왔다. 그래서 김 목사의 원고를 거의 그대로 쓰지만 우리가 공부한 흔적을 같이 섞어서 새로운 스타일의 책으로 만들어보았다. 이렇게 하면 에니어그램을 처음 공부하는 사람들에게도 도움이 될 것 같았다. 마침 초판본도 절판이 되어서 김 목사 부인의 허락을 받아 다시 출판하게 되었다. 우리가 공부한 글에는 내용을 잘 이해하지 못한 사람의 이야기도 그대로 들어있고, 사람들이 말하는 대로 현장감을 살렸기에 우왕좌왕하는 모습도 그대로 나타나 있다. 그래서 오히려 읽는 사람에게 공감대가 더 형성될 수도 있을 것 같다. 에니어그램은 내가 누군지 알아가면서 다른 사람을 사귀게 되고, 자연스럽게 공동체가 형성되면서 사랑을 알게 되며, 지혜를 깨닫게 된다. 여기서는 속 사람의 모습이 그대로 나타나기 때문에 공부에 흥미를 더해가는 것을 체험하게 된다. 각 유형의 말하는 방법, 사투리, 반어법, 반말들을 그대로 표현해 놓았다.

이야기에 참여한 많은 회원과 자기를 보여주며 프로필을 써 준 필자들의 솔직한 고백이 참으로 고맙다. 초판본을 첫 장부터 새로 입력한 김은희 님과 더불어 에니어그램을 공부해 온 화요 공동체 식구들이 아니었으면 다시 출판할 마음을 먹지 못했을텐데, 용기를 주신 이들이 너무 든든하다. 오랫동안 기록하고 책에 대해 같이 의논한 최재숙 님과 하늘에 계신 김영운 목사님과 가족들께 감사드린다. 마지막으로 우리 공동체문화원 목회자 1반의 식구로 에니어그램을 같이 공부한 김영호 님(도서출판 동연 대표)이 모든 편집을 새롭게 해주어 이 책이 공동체문화원의 독특한 에니어그램 도서로서 자리매김할 수 있다고 생각하며 감사를 표한다.

공동체문화원
원장 윤명선

　여러 성인들과 현인들은 사람이 태어날 당시에는 누구나 손상되지 않은 영혼을 지니고 태어났다고 입을 모은다. 그런데 왜 인간은 불행한가? 왜 이 지구촌에서는 축제의 노랫소리보다 고통의 신음소리가 더 높은가? 왜 어떤 이는 승리의 축배를 들고, 어떤 이는 동형반복적인 실수와 고통 속에서 헤매기만 하는가?

　고대로부터 전해져 내려오는 에니어그램은 나와 세상에 대한 이해에 밝은 빛을 던져주는 정교한 체계이다. 수많은 사람들이 에니어그램을 통하여 자기 발견과 자기 이해의 눈을 떴고, 살아가는 도리와 인생을 경영하는 방법과 수완을 익혔다.

　잠 못 이루는 자에게 밤은 길고, 피로에 지친 자에게 길은 멀 듯이, 나와 세상을 이해하지 못하면 지도도 없이 길을 찾아 헤매는 것처럼 인생이 수렁이고, 늪이고, 감옥이 될 수밖에 없을 것이다. 자기와 세상을 이해하려는 이들에게 에니어그램은 길을 밝혀주는 등대와 같다.

　에니어그램은 자기 자신을 제대로 들여다보지 않으면 '가면'을 뒤집어쓰고 살면서도 그것이 가면인 줄도 모르는 채 부정적인 감정이나 생각의 에너지에 떠밀려 살게 된다는 것을 가르쳐 보여준다. 자기도 모르는 격정에 사로잡혀서 사는 것은 마치 '자아'라는 감옥에 갇힌 것과 같기에, 여기로부터 탈출하여 해방과 자유를 얻어야 하고, 그렇게 하려면 특별히 우리 자신을 돌아보기 위한 성찰의 도구가 필요한 것이다.

　에니어그램은 각자가 지니고 살아가는 성격유형을 분별하게 하고, 그러한 개인이 안고 있는 격정의 감정을 자각하게 한다. 사람이면 누구나 두려움과 욕망과 콤플렉스를 지니게 마련이지만, 그동안 자신이 범해온 부정적인 감정이나 습관적인 잘못을 직시하기만 하면 이를 딛고 일어나는 길도 분명 존재한다. 에니어그램이 가르쳐 보이는 길은 개인의 가면을 넘어서서 본래 우리에게 주어진 참된 나, 시·공간에 함몰되지 않는 진정한 자아를 찾아가는 과정이기도 하다.

에니어그램의 여정은

- 자기 발견으로 자신과 타인과 세계를 깨어 있는 의식으로 바라보게 하고, 자기와 세계 사이에 조화와 균형을 유지하게 하여, 본래 가지고 태어난 온전함의 영성을 회복하게 하는 길이다.
- 밖으로부터 오는 힘에 의해 끄달리면서 살아가는 우리의 현재 모습을 깊이 있게 돌아보게 하고, 우리 자신이 품고 있는 내면의 잠재력을 끌어올려 사용하게 한다.
- 우리의 본래적인 됨됨이와 가능성에 대해 더 깊이 통찰하게 하고, 그러한 가능성을 실현하기 위한 길을 가리켜 보여준다.
- 우리 자신이 어떠한 수준에서 살고 있든 그보다 더 수준 높은 삶을 향해 나아가도록 우리의 성장을 고무하고 자극한다.
- 자기 자신의 개성과 친해져서 단점을 장점으로 변환시킴으로써 잠재력을 꽃피게 하고, 조화롭고 창조적인 삶을 영위하게 한다.
- 타인에 대한 이해의 폭과 깊이를 신장시켜 더 멋지고 아름다운 인간관계를 맺게 해주고, 주변 사람들도 그들 자신을 성찰하도록 계기를 마련해 준다.

자기의 됨됨이를 모르고 사는 것은 살아 있으면서도 잠자고 있는 것과 같다. 자기가 자기를 모르는 어두운 인생은 늪지를 걷는 것처럼 진척이 더디고 힘에 겨울 수밖에 없다. 밝은 인생을 구가하려면 잠에서 깨어나야 한다. 내가 먼저 깨어나야 내 인생을 밝힐 수 있고, 내 존재의 빛으로 내 주변 또한 밝힐 수 있다.

에니어그램이라는 지혜의 빛을 국내에 처음으로 도입하고 그 빛을 함께 나누는 과정에서 많은 분들의 도움을 받았다. 이미 8년 전부터 한양대학교 의과대학과 교양학부에서 에니어그램 강좌를 열도록 문을 열어주신 김종량 총장님, 정신간호학회의 교수님들을 대상으로 세미나를 열어 관련 분야에서 에니어그램에 지대한 관심을 갖도록 도움을 주신 현 서울사이버대학교 김수지 총장님, 16시간에 걸친 특강을 통해 기독교인들에게 영성의 빛을 비추도록 매체가 되어 준 CTS 기독교 텔레비전, 대학원 박사과정에서 에니어그램 세미나를 지도할 수 있도록 기회를 주신 샌프란시코 신학대학원의 워렌 리(Warren Lee) 박사, 늘 함께하면서 씨 뿌리고 가꾸는 일에 몸을 사리지 않는 공동체 성서연구원과 〈햇순〉 관계자 여러분께 깊이 감사드린다.

2007년 4월 5일
공동체문화원에서
김영운

차 례

일러두기
이 책에 나오는 성경 말씀은 개역개정판(대한성서공회 간)을 기준으로 하였으나,
일부 뜻을 명확히 전달하기 위해 표준새번역판(대한성서공회 간)도 사용하였다.

어휘 설명
이 책에 반복하여 나오는 에니어그램 용어에 대한 기본적인 설명이다.

· 격정: 단점이며 죄라고도 한다. 자기도 모르게 실수를 반복하게 하는 파괴적인
　　　　힘이며, 위기에 몰렸을 때 자기도 모르게 튀어나오는 부정적인 힘이다.
· 기피: 존재 가치가 없어질까봐 두려워 자기도 모르게 어떤 것을 하지 않으려는
　　　　현상이다.
· 함정: 지나치게 추구하고 지나치게 몰두하다가 걸려 넘어지는 것이다. 스스로를
　　　　괜찮은 사람으로 여기는 자기 의(義)이며 자기 구원의 방식이라고 할 수
　　　　있다.
· 회개: '그렇게 살고 있지 않음'을 받아들이는 것이다.
· 덕목: 장점이며 회개하는 과정 속에서 성령으로 말미암아 겉사람이 변화된 속사
　　　　람의 모습이다. 가장 건강한 모습이며 영성이 깊을 때 드러나는 모습이다.

제1부

에니어그램의 세계

: 통전적 영성의 길

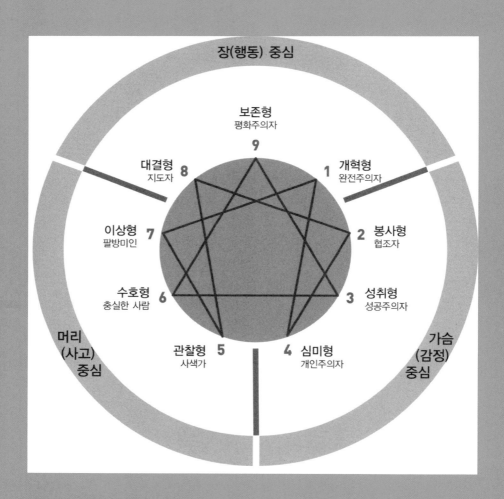

1 장
더 밝은 삶을 향하여

에니어그램을 현대 사회에 전수하기 시작한 굴지예프^{Georges Ivanovich} Gurdjieff(1866~1949)는 영적 지도자로서 에니어그램이 성격이나 인성^{personality}을 파악하는 것이 목표가 아님을 명백히 가르쳤다. 에니어그램을 인간의 성격 파악이나 성격의 개발 도구로만 활용한다는 것은 수박 겉핥기처럼 사실은 아무것도 하지 않는 것과 마찬가지이다. 그러므로 에니어그램은 성격심리학^{personality psychology}의 범주 안에서 배울 수 있는 것이 아니라 영성심리학^{spiritual psychology}의 체계로서 배워야 한다. 궁극적으로는 하나님의 형상을 따라 하나님의 숨을 불어넣어 만든 인간의 본성을 회복하는 것을 목표로 삼아야 마땅하다.

굴지예프는 인성을 거짓 인성^{false personality}과 참된 인성^{true personality}으로 나누고 인간의 진정한 본성^{Essence}을 찾기 위한 영성 수련의 길을 제시하였다. 영성 수련을 통해 사람은 본래적 존재^{authentic being}로서의 참된 나를 찾아 나아가야 한다는 것이다.

굴지예프는 영성 수련을 통해서 인식하게 되는 '자아관'을 다섯 단계로 세분화한다.

첫째, 평상시의 상태로서 수많은 나(Many I's)

둘째, 관찰하는 나(Observing I)

셋째, 기계적인 삶에 저항하며 수련하는 나(Deputy steward)

넷째, 모든 나를 통제하는 나(Steward)

다섯째, 영원하고 참된 나(Real I)

1. 의식의 단계

영원하고 참된 나의 존재를 인식하고 살기까지 '의식의 단계'를 다음과 같이 구분할 수 있다.

첫째 단계는 잠자는 상태, 둘째 단계는 선잠 깬 상태, 셋째 단계는 자기를 의식Self-consciousness하는 상태 그리고 넷째 단계는 객관적 세계를 의식Objective consciousness하는 상태이다.

첫째 단계

대다수 사람들은 보통 '잠자는 상태'에 있다. 두 눈 뜨고 깨어 있으면서도 사실은 본능에 떠밀려서 자신이 누구인지 모르고 살아간다. 어릴 때 이후 성장 과정에서 얻은 습관이나 학습된 대로 기계적인 삶을 살거나 환경이나 외부 조건에 떠밀려 살아간다. 이런 상태의 사람을 '불난 집에서 자는 사람'이라고도 하고, '자아의 감옥에 갇힌 포로'라고 비유하기도 한다.

둘째 단계

'선잠 깬 상태Half-asleep/half-awake'는 반쯤 자고 있는 상태로 보통 사람들이 일상생활에서 살아가는 방식이다. 상상의 세계로 빠져 현실 도피를 하고 모르는 것이나 알 수 없는 것을 안다고 착각하고, 거짓말인

줄 의식하지도 못한 채 거짓말을 곧잘하고, 되지도 않을 것과 자신을 동일시하며 살아간다.

셋째 단계

'자기를 의식하는 상태'는 위험한 상황이 닥치거나 극단적으로 감정이 자극을 받는 상황에서 이 단계로 갈 수 있다. 예를 들면 어려운 사건이 생겨 극도의 슬픔을 느낄 때에 자기를 의식하게 된다는 말이다. 즉 사업이 망하거나 갑자기 가족이 죽을 때에 의식이 깨어날 수 있다는 말이다.

넷째 단계

진실을 꿰뚫어 본다. '우주 의식'이라고도 하고 '신 의식神意識'이라고도 한다.

2. 사람의 단계

자기 자신에 대한 인식과 의식의 상태를 고려하여 사람이 마침내 활짝 깬 상태에 이르기까지를 일곱 단계로 나눌 수 있다.

- 1단계의 사람은 '본능 중심'으로 생각한다. 물리적이고 육체 위주로 살아가는 사람이다.
- 2단계의 사람은 '감성 중심'으로 생각한다. 감정이 움직이는 대로 살아가는 사람이다.
- 3단계의 사람은 '지성 중심'으로 생각한다. 머릿속의 사고 체계를 중시하는 사람이다. 대부분의 사람은 이 세 가지 범주에 속한다.

- 4단계의 사람은 본능과 감성과 지성의 어느 한쪽에 크게 치우치는 바가 없이 '균형 잡힌 중심'을 가지고 산다.
- 5단계의 사람은 수정같이 명료화된 본성을 지닌다. '고등 감성 중심 Higher emotional center'을 지니고 '영원한 나'를 인식하면서 사는 사람이다.
- 6단계의 사람은 5단계의 인간이 지닌 모든 자질에 더하여, '고등 지성 중심higher intellectual center과 객관적 의식'을 지닌다. 초인적 힘을 발휘한다.
- 7단계의 사람은 6단계의 사람이 갖는 인식 상태에 더하여, 모든 의식의 상태를 통제하여 어디에도 매이지 않고 '자기 인생의 주인' 노릇을 한다.

    굴지예프의 가르침에 따라 설명하자면 객관적 의식의 상태를 지향하고 적어도 6단계 수준을 바라보며 영성 수련을 해야 한다는 것이다. 이 목표를 향해 나아가는 데에 있어서 그는 의식적 노력conscious effort과 자발적 고난voluntary suffering이 필수적이라고 역설한다. 의식의 향상을 위해서는 값없이 주시는 하나님의 은혜free gift of Grace를 믿고 살아야 하지만 동시에 우리의 몸부림치는 분투 노력committed struggle 또한 필요하다. 영성 신학에서는 하나님의 형상과 그리스도의 형상을 회복해가는 과정에서는 분별력과 결단력이 결합되어야 한다고 말한다.

    의식적 노력과 함께 요청되는 것이 자기 자신을 바로 알고 이해하고자 하는 의지이다. 자기 자신을 알기 위해서는 자기 자신을 둘러싸고 있는 세계 또한 알아야 한다. 자기 자신과 세계에 대한 깊은 이해가 없이 성격유형을 파악하고 자아 개발에만 나선다는 것은 사실 말이 안 된다고 할 수 있다. 에니어그램을 통해서 자기를 알고 이해하는 지식을 익히고 나아가서는 주변 사람들과 세상 사람들이 살아가는 모습과 심리를 파악함으로써 자기 발전을 위한 성장의 길이 열리게 되는 것이다. 세계에 대한 지식이 없이는 자기 발전의 길이 열릴 리 없다. 왜냐하면 '전체와 연결시키지 않고 부분만을 아는 것은 아는 것이 아니라 무지'이기 때문이다.

나를 알기 위해서는 세계를 알아야 한다. 완전히 안다는 것은 불가능하겠지만 적어도 현재의 내가 아는 것은 부분적이기 때문에 전체와의 연관 속에서 알아야 하는, 온전한 지식을 향하여 나아가야 한다는 것을 인정하는 것이 필요하다.

에니어그램은 인간 본성을 회복하는 데에 그 목표가 있다. 이는 하나님의 형상으로 회복됨을 의미하며 값없이 주시는 하나님의 은총이다. 하지만 이 은총을 누리기 위해 먼저 우리의 의식적인 노력(죄의 고백)과 자발적인 고난이 요구된다.

8A-사회자: 에니어그램으로 나를 알고 자기를 의식하는 단계를 향해 가면서 힘들었던 점을 이야기해 보기로 해요.

4A: 나를 들여다보는 과정 그 자체가 수월하지 않았어요. 드러내고 싶지 않은 부분을 인정해야 하고, 또 그렇지 않다고 생각하는 부분까지 받아들여야 하니까….

2A: 에니어그램을 처음 접했을 때, 내 모습보다는 남의 모습이 더 잘 보이니까 남을 더 정죄하게 되고 또 남이 나를 정죄하면 그걸 받아들일 수가 없었어요. 나를 의식하는 단계까지 가려면 공동체 안에서 갈등도 필요하고… 그런 고통 없이는 나를 알아차릴 수가 없다는 걸 알았어요.

1A: 어? 그래요? 저는 에니어그램으로 미처 깨닫지 못했던 나를 새롭게 보게 되니까 수련을 해야 할 필요성을 느꼈어요.

2A: 물론 그렇죠. 하지만 더 깊게 자기를 의식하는 단계까지 들어가려면 그런 아픔의 시기를 거쳐야 한다는 걸 깨닫기까지… 긴 세월을 허비하고 나서야 뒤늦게 알았어요. 고통 없이는 그다음 단계로 넘어갈 수 없다는 걸 누군가가 가르쳐줬더라면 좀 더 수월하게 그 과정을 지나갈 수 있었겠죠.

4A: 문제의 원인이 상대방에게만 있다고 생각했을 땐, 그러면 나는 괜찮은 사람인 거니까 아무리 힘들어도 견딜만했어요. 그런데 그 문제의 원인이 나에게도 있었다는 걸 알고 나서는… 그 충격을 견뎌내야 하는 게 쉽지 않았어요.

2A: 그래서… 전 에니어그램 안 하고 싶었어요.

4A: 어떨 땐 차라리 아무것도 모른 채 사는 게 더 낫겠다 싶을 때도 있었어요.

2A: 그래서 어떤 사람들은 에니어그램을 하면서 화도 내고 또 계속하질 못하고 그만두게 되잖아요? 그 심정이 이해가 가요.

8A-사회자: 하지만 그런 아픔과 괴로움을 견뎌내는 것도 자발적인 고난이잖아요? 그런 고난의 과정을 거쳐야만 문제가 해결되는 기쁨을 맛볼 수 있어요. 자, 우리는 그런 기쁨이 어떤 건지 맛봤는데….

4A: 그 맛 땜에 여기까지 왔죠.

8A-사회자: 그런데 그런 행복을 누리려면 먼저 잠에서 깨어나는 게 필요해요. 잠에서 깨어난다는 게 뭘까요?

4C: 에니어그램을 공부한 지 얼마 안 됐지만, 자기 성격을 파악하고 그 성격유형의 격정에서 벗어나는 게 아닐까요?

8A-사회자: 맞아요. 그러려면 자기를 봐야 해요. 그런데 혼자서는 자기를 보는 게 어려우니까 공동체 안에서 다른 사람의 눈을 빌려야 하는 거죠.

4C: 그럼 잠에서 깨어난다는 것과 선잠 깬 상태의 차이점이 뭐죠?

8A-사회자: 주위에 있는 사람들을 보면요, 누구는 화를 잘 내고, 누구는 남 챙기느라 정신없고, 각자의 캐릭터가 있잖아요? 처음에 난 말야, 이런 자신의 캐릭터를 알면 잠에서 깬 건 줄로만 알았어요. 그런데 자신의 캐릭터를 아는 데에만 머무르는 게 바로 선잠 깬 상태인 거야. 자기의 격정을 의식하고 제어하는 데까지 가야 하는데… 이런 상태까지 가야 잠에서 깨어났다고 말할 수 있어요.

4B: 선잠 깬 상태에서는 감정이 올라오는 대로 행동하니까 갈등할 수밖에 없어요. 에니어그램이 잘못된 게 아니라, 또 에니어그램이 필요 없는 게 아니라, 에니어그램을 잘 이용할 수 없었던 것임을 알았습니다.

8A-사회자: 자~ 그럼 자기를 부인하고 십자가를 진다는 게 뭘까요?

4C: 그냥 자신의 한계를 인식하고 자기 수련을 하라는 거겠죠, 뭐.

8A-사회자: 그걸 에니어그램 용어를 써서 설명하자면, 자기를 부인하라는 것은 자기의 격정에서 벗어나라는 거고, 십자가를 지고 나를 따르라는 것은 격정을 제어하는 상태를 일상생활에서 유지하라는 거 아니겠어요!

4A: 그런데 격정을 제어하려면 먼저 자기를 의식해야 하잖아요.

2A: 하지만 자기를 의식하는 단계에 이르는 것도 은총이고 자기를 부정하는 영성으로 가는 것도 은총이라고 생각해요.

8A-사회자: 그렇죠. 은총으로 주어지는 것과 인간의 노력은 엄격하게 구분해야 하죠.

2A: 누군가가 나에게 험하게 말하거나 서운하게 하면 속이 상하는데… 그래서 내가 흔들렸다면 인간의 감정에 걸렸다는 거고, 결국 상대방의 격정으로 인해 내 격정이 휘둘렸다는 거잖아요? 나를 십자가에 못 박고 나를 부정해야 하는데, 그런 나의 격정으로 인해 은총이 임하지 못하게 된다면….

4A: 그래서 매 순간 끊임없이 그 갈림길에 서 있다고 생각해요. 세상에 속한 사람으로 사느냐? 그리스도인으로서의 믿음을 지켜내느냐?

2A: 결국 격정에 휘둘리느냐, 아니냐인데… 감정에 얽혀 지옥으로 가느냐? 자기를 부정하는 영성의 삶을 사느냐? 같은 그리스도인일지라도 사는 모습이 다를 수밖에 없어요.

8A-사회자: 우리가 더 밝은 삶을 향해 나아가려면 자신의 격정을 붙들고 객관적 의식의 상태를 유지해야 하는데… 그러려면 일상의 삶에서 아주 작은 부분에서부터 구체적인 선택과 실천이 있어야 해요.

4A: 그래서 항상 깨어 있으라고 하셨잖아요.

8A-사회자: 그렇죠. 그렇지 않으면 우리는 한 걸음도 앞으로 나아갈 수 없으니까요.

2 장
에니어그램은 통전적 영성의 길

성서적 관점에서 볼 때 영성은 그리스도인이 하나님을 알고, 하나님을 체험하고, 그 하나님 체험을 말로나 행동으로 표현하고, 그 표현을 성숙시키는 삶의 길을 가리킨다. 그리스도의 이미지를 회복하며 살아야 할 사람으로서 성령 안에서 변화와 성숙의 과정을 거쳐 '그리스도의 완전'에 이르기까지 온전함을 지향하는 삶을 영성적인 삶이라고 할 수 있다.

영성 신학의 표현을 빌리자면, 신자는 그리스도 안에서 새 사람으로 형성되어야 하고, 마찬가지로 그 신자 안에서 그리스도가 형성되어야 한다. 교회력으로 보자면 그리스도 예수는 성탄절에 탄생하여 현현절에 세례와 봉헌을 거쳐 세상 가운데 나타나고, 그 이후 공생활을 하시고, 사순절에 수난을 당하시고, 십자가에 달려 죽으셨다가 부활하셨다. 이 모든 과정이 신자의 내면으로부터 구체적인 삶의 모습으로 재현되고, 재형성되어야 온전한 영성적 삶이라 할 수 있을 것이다. 크리스천의 신앙과 생활양식이 이와 같이 통전적通全的으로 다듬어져서 하나님과의 관계를 심화시키고, 하나님의 현존 안에서의 삶을

민감하게 의식하며 실존적으로 살아가는 것을 포괄적으로 '영성'이라
한다면, 우리는 그리스도를 통전적으로 닮아가기 위해 현실 속에서
의식적인 노력과 자발적 고난을 통하여 '온전함의 영성'의 길을 가야
한다. 온전함의 영성 또는 통전적 영성을 지향하며 에니어그램을 배
우는 것이 바람직하다. 에니어그램은 영성 심리학의 체계로서 이해하
고 배워야 한다. 에니어그램은 영성적 차원에서 인성을 깊이 이해하
고 자아를 발견하고 자신의 인성유형을 바르게 알고 인격 완성에 이르
는 데 길잡이가 되어 준다.

우리는 어릴 적부터 '너 자신을 알라'라는 말을 자주 들어왔지만 정
작 어떻게 해야 자신을 알 수 있는지에 대해서는 누구로부터도 자세히
가르침을 받은 일이 없다. 인생을 사는 주체는 '나'다. 내가 이 세상에
서 사는 것이 분명하지만 내가 자신을 잘 모르고 있을 뿐만 아니라 내
주변의 세상에 대해서도 잘 모른다는 것은 두말할 나위가 없다. 내가
나 자신을 알지 못하는 데서 그치는 것이 아니다. 내 주변과 세상 전체
에 대해서는 더욱더 앎이 부족하다. 그러면서도 우리는 건강하고 행
복한 삶을 원하고 자유로운 삶을 꿈꾼다. 그러나 내가 자신을 모르는
데 어떻게 건강하고 행복한 삶을 살아갈 수 있겠는가? 자기 자신을 모
르면 행복을 원하면서도 실제로는 불행을 자초하거나 누리고 있었던
행복마저 쫓아 버리는 일이 허다하다.

스스로 마음속에 지니고 있는 두려움과 욕망과 불안을 바로 보지
못하면 아무리 자유를 원해도 자유로의 탈출구를 찾을 길은 멀고도 멀
다. 자기 자신과 세상을 알지 못하면 아무리 선한 삶을 원하더라도 바
라지 않는 악이나 불행을 겪을 수밖에 없는 것이 인생이다. 그러면서
그런 불편이나 불행을 숙명으로 받아들이곤 한다. 근본적인 치유책이
마련되지 않으면 그런 불행으로부터 도망칠 길은 없다. 물질적인 충

족감이나 망각으로 해결될 문제가 아니다. 인간의 본성을 되찾고 하나님의 형상을 회복하는 영성을 말하기 이전에라도 기쁨과 보람으로 조화된 삶을 원한다면 나 자신을 알고 세계를 알아야 한다. 그리고 알기 위해서는 먼저 자신이 모르고 있다는 것을 인정해야 한다. 알고 있다고 착각하는 상태에서는 앎을 추구하지 않을 것이기 때문이다. 에니어그램은 자기를 알고 세계를 아는 데에서 더 나아가 영성을 추구한다. 그러기에 에니어그램은 그리스도를 닮아가는 길이고, 하나님의 형상을 회복하는 길이며 그럼으로 하나님이 창조하신 섭리대로 인간의 본성을 되찾아가는 것이다. 에니어그램은 오랜 역사를 지닌 동방의 지혜로서 인간의 상황과 인성유형을 어떤 이론이나 체계보다도 정확히 표현해 줄 뿐만 아니라 자아를 발견하고 인격을 완성시키는 데 더할 수 없이 큰 도움을 준다. 그래서 에니어그램을 '자기 발견의 여행'이라든가 '자기 발견의 지혜'라는 말로 표현하기도 한다.

어떻게 자기 발견을 하여 본래 자기 안에 있는 본성을 회복하는가?
첫째: 자신에게 숨어 있는 격정compulsion을 발견하고,
둘째: 그 원인을 깨닫고,
셋째: 강박충동을 극복하는 것이다.

에니어그램의 핵심은 타고난 은사나 장점을 오용 내지 남용하면 그것이 곧 단점이나 강박충동으로 나타난다는 것이다. 죄가 그렇듯이 강박충동 역시 이기적인 것이기 때문에 에니어그램의 여로를 시작할 때 우선 자신이 죄인임을 깨닫고 인정하려는 마음이 무엇보다도 중요하다. 이는 참으로 어려운 일이기도 하다. 그러나 일단 문제를 정확히 발견하면 강박충동을 따를 것인지 따르지 않을 것인지 선택의 자유를

누리게 되며, 나아가서는 바른 선택으로 자유인의 길을 걷는 특권을 누리게 된다. 에니어그램을 통해 자기 자신과 세상을 더 깊이 들여다보기 시작하면서 우리는 '우리 스스로가 바라는 존재의 상태로 달려나가지 못하고 왜 번번이 좌절하는가'를 점차 이해하게 된다.

무엇이 우리의 깨달음을 방해하고 에너지를 가로막는가? 마음속의 무엇이 우리에게 두려움을 심어 주고 마음을 마비시키는가? 그리하여 우리가 왜 자동적으로 또는 기계적으로 강박충동에 의해 반작용을 일으키는가? 그러한 메커니즘을 이해해야 한다. 그럼으로써 에니어그램의 지혜가 성숙될수록 자기 발견과 자기 의식이 또한 성숙되는 것이다. 결국 에니어그램은 자유에 관한 지혜이며 철학일 뿐 아니라 진정한 자유와 건강한 행복을 얻을 수 있는 통전적 영성의 길이다. 이것은 곧 '내 안에 있는 보물'을 찾아가는 길이다.

통전적 영성의 삶은 하나님의 현존을 민감하게 의식하며 그리스도의 완전에 이르기까지 온전함을 지향하는 삶이다. 즉 그리스도 안에서 새사람이 되어, 예수의 삶을 나의 구체적인 삶의 모습으로 말로나 행동으로써 재현해 내는 것이다.

8A-사회자: 통전적이라는 개념을 온전함으로 받아들이면 가장 가깝다고 봐요. 온전한 인격 완성을 위해, 통전적 영성의 길을 가기 위해 에니어그램이 어떤 역할을 하는지 얘기해 봅시다.

2A: 에니어그램으로 나를 처음 발견했을 때 그 기쁨이 컸는데, 그게 온전함의 영성으로 가는 길이라고 생각했어요.

4A: 내 안에 있는 틀을 발견했을 때, 그것만으로도 내 안에 있는 틀에서 어느 정도 자유를 경험했기 때문에 내가 영적으로 성장한 줄 알았어요. 나중에 착각이란 걸 깨달았지만….

2A: 힘들었던 건 남이 보는 나를 발견했을 땐데… 그 충격이 엄청 컸어요.

4A: 때로는 내가 나를 보는 것보다 상대방이 나를 보는 게 더 정확하다는 걸 받아들여야 하더라고요.

2A: 그걸 받아들여야 온전함의 영성을 향해 갈 수 있다는 걸 나중에야 알았어요.

4A: 내가 잘하고 있다고 생각하고 있는 것들이 실제로 잘하고 있는 것들이 아니라는 걸 깨달았을 때 너무 부끄러웠어요. 정작 부끄러워해야 할 것들에 대해서는 뻔뻔했고 아무것도 아닌 것들을 붙들고 부끄러워했다는 걸 알았죠. 이런 걸 깨닫는 과정들 속에 있을 때 통전적 영성을 향해 가는 거잖아요.

8A-사회자: 너 때문에 내가 불행한 게 아니라, 왜 나 때문에 불행하고, 왜 나 때문

에 행복할 수 있는지를 에니어그램으로 찾아야 하는데… 에니어그램 수련을 하면서 왜 예수를 닮지 못하는지… 예수를 닮기 위해 어떤 노력을 하고 있는지 얘기해 봅시다.

1A: 마땅히 갖추어야 할 기준들을 갖추어야 내 맘에 드는데… 사람들이 내 기준에 못 미치고 부족하니까 얼굴 표정이 굳어지고… 그런데 이젠 그런 내 꼬라지를 알잖아요? 내 기준이 없어지는 거죠. 아~ 저~ 지난주에 아빠한테 갔다 왔어요. 아빠한테 다가가서 애교부리고 왔어요.

8A-사회자: 어머, 그랬어요? 1번은 아버지에게 부정적이라 아버지나 권위 있는 사람들 앞에서 굳어지고 긴장하는데… 그래 우리가 이렇게 달리 살 수 있는 거죠.

4A: 사람들이 먼저 내게 다가와서 관심을 가져주고 필요한 것들을 챙겨줘야 내가 특별한 존재가 되는 거잖아요? 전에는 가만히 앉아서 기다렸다면… 그러나 이제는 사람들에게 먼저 다가가서 관심을 가져주려고 노력하죠.

8A-사회자: 아~씨. 잘났어. 4번이 다가와 주면 우리가 얼마나 행복해지는지 알아요?

2A: 사람들을 보살피고 봉사하면서 속으로는 너희들도 나처럼 해봐, 싸우지 말고… 그렇게 생각했었어요. 내가 애쓴 걸 누가 알아주면 속으로 그걸 이제 알았냐? 그렇게 생각했었는데… 이젠 그 사람이 원하지도 않는 헤픈 사랑을 하는 게 아니라 내가 받은 은총만큼만 사랑하려고 해요.

1A: 사랑 참~ 어렵네.

8A-사회자: 암~ 2번은 자기도 좀 보살펴야지.

1A: 8번은 어때요?

8A-사회자: 나는요, 내가 옳다고 생각했기 때문에 상대방에게 우격다짐 식으로 내 주장을 잘했었어요. 그런데 상대방의 심정을 살피게 되다 보니까 이젠 내 말을 따르지 않더라도 이해해주게 됐어요.

4C: 사람들은 모두 자기 위주로만 살기 때문에 예수님의 삶을 재현하지 못한다

고 봐요.

8A-사회자: 예수님이 "회개하라, 천국이 가까웠다" 했어요. 구원을 얻기 위해 회개해야 하는데… 회개하기 위해 먼저 에니어그램으로 자신의 격정을 찾아야 해요. 격정을 찾았다는 건 자기의 죄를 깨닫게 되었다는 거잖아요? 죄를 깨달아야만 회개의 길로 갈 수 있어요. 진정한 회개 없이는 구원을 얻을 수 없어요. 내 안에 숨어 있는 격정을 발견하는 것, 이것 하나만 붙들고 다룰 줄 알면 되는데… 이처럼 영성은 거창하거나 막연한 게 아니라 단순해요. 우리가 회개를 통해 통전적 영성의 길을 갈 수 있는데… 그러나 예수님을 붙들지 않으면 갈 수 없어요. 그래서 예수님은 "나는 양의 문이라"고 하셨어요. 내 힘이 아니라… 예수님을 통하지 않으면 하나님 나라에 갈 수 없고 이 땅 위에 하나님의 나라를 이룰 수 없잖아요.

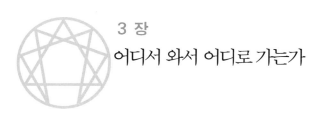

우리 인간들은 대부분 어린 시절 이후 습관적으로 살아가기 때문에 자기 자신을 이해할 수 있는 방법을 발견하지 못한 채 한 생애를 흘려버리고 만다. 만 여섯 살을 전후하여 형성된 인성personality은 습성과 습득에 의해 반사적으로 자기를 표현하는데, 사실은 자기도 모르는 격정과 강박충동에 따라 '꼭두각시'처럼 살면서도 그런 사실을 모르는 상태로 지내는 것이다. 이런 상태에서 살다 보면 자신도 모르는 사이에 기계처럼 살게 된다. 그래서 굴지예프는 이런 상태의 인간을 '인간 기계human machine', '자동화 기계', 혹은 '자동 인형automaton'이라고 부른다. 인간에게는 생각하고 느끼고 움직이고 행동하는 지성, 감성, 본능 등 여러 기능이 있지만 이들 사이의 균형과 조화가 이루어지지 않는 상태에서 타성적으로, 습관적으로, 기계적으로 살아가기 일쑤임을 지적하는 말이다.

생각Thinking, 느낌Feeling, 행동Doing 사이의 조화와 균형이 이루어져야 하고 그래야 인간의 존재Being와 지식Knowing 사이의 조화가 이루어지게 된다.

굴지예프가 지적하듯이 존재와 지식 사이에 조화와 균형이 이루어지지 않으면 먼저 나타나는 현상이 건망증이고, 다음이 히스테리이고, 그다음이 폭력이다. 사고와 언어의 폭력에서부터 시작되어 물리적 폭력으로 이어지게 된다. 현대인은 여러 방면에서 개발이나 발달에 대해 높은 관심을 나타내면서도 인간 스스로의 발달에 대해서는 관심이 상대적으로 그리 높지 않다. 특히 조화와 균형을 이루는 삶이라는 관점에서 보면 더욱더 미치지 못하는 점이 많다. 돈이나 권력, 지위나 명예를 얻는 일에는 관심이 높으면서 사람됨이나 인격, 또는 신앙과 영성에 대해서는 관심도가 훨씬 떨어진다. 지식에 관심을 두는 사람은 연구에 열을 올리지만 감성 발달이나 신체 발달에는 소홀하기 쉽다. 몸 만들기에 열심인 사람은 지성에 대한 노력을 게을리한다. 신앙인들의 경우에도 이런 불균형이나 부조화를 쉽게 찾아볼 수 있다. 내면의 영성을 강조하는 이들은 실천이나 행동을 소홀히 하고, 관계의 영성이나 환경의 영성을 강조하는 이들 가운데는 내면의 영성이 부족하기가 쉽다.

이처럼 간략하게 살펴보더라도 인간 발달의 조화와 균형을 이루기 위해서는 통합적인 노력이 필요하다는 것을 알 수 있다. 굴지예프는 그러기에 "자기 자신에 대하여 수련하라"(Work on yourself)고 권한다. 바꾸어 표현하자면 '자기 수련'의 필요성을 강조했던 것이다. 이를 뒷받침하는 것이 바로 에니어그램 체계이다. 그러므로 에니어그램을 공부하는 것은 단순히 에니어그램 체계에 대한 지식을 얻는 것만이 목적이 아니다. 스피드Kathleen Riordan Speeth는 『굴지예프 수련』(The Gurdjieff Work)이라는 제목의 책에서 이렇게 말한다. "굴지예프 수련은 인간이 자신의 잠재력을 온전히 펴게 하는 '해방에 이르는 과정'이다. 이는 인간 기능의 수많은 측면을 연결시키며 폭넓은 활동에 참여하도록 고안 되었다. 여기에는 지성적인 연구, 자기 관찰, 나날의 명상, 거룩한 춤 또는 동작, 협동적 노력 그리고 예술이나 공예품 또는 특별한 상황에서 하는 육체노동, 여행 등이 포함된다."

이같은 다양한 활동 속에서 항상 생각, 느낌, 행동 사이의 균형과 조화가 어떻게 이루어지고 있는지? 어느 한쪽이 강조되거나 편협하게 기울어지고 있지 않는지를 관찰하면서 중심을 잡고 균형을 이루어 나가는 것이 수련의 핵심이다. 하지만 사람은 다양한 기능과 함께 마음과 행동이 정지 상태에 있는 것이 아닌 만큼 에니어그램은 '영속적인 운동perpetual motion'임을 늘 의식해야 할 것이다. 따라서 에니어그램은 평면적으로나 정태적인 이해로 가능한 것도 아니요, 단기간의 수련으로 끝날 수 있는 성질의 것도 아니다.

에니어그램 수련은 평생을 두고 계속되어야 하고 에니어그램의 체계와 진리를 부단히 삶의 현실에 연결시키도록 애써야 한다. 이 과정에서 무엇보다 중요한 것은 기계적인 삶, 곧 타성과 습관에 젖어서 나오는 말이나 행동에 저항하며 살아야 한다는 것이다. 기계적인 흐름에 맡기지 말고 늘 깨어서 지켜보면서 타성에 젖은 습관에 저항하는 것을 자발적인 고난으로 삼아야 한다. 이것이 바른 수련을 위하여 지불해야 하는 대가이다. 기계적인 삶이나 타성적인 언행에 저항하며 제동을 걸면 자기 자신의 내면과 외면, 다른 사람들과의 관계와 환경 속에서 갈등이 따를 것은 말할 나위도 없다.

에니어그램 수련은 '야곱의 사다리'와 같다. 하늘 가까이로 상승하기 위해서는 의식적인 노력과 의도적인 고난을 대가로 지불해야 한다는 것이다. 부정적인 감정을 멀리하고 자신의 거짓스러운 상태를 의식해야 한다. 분투 노력하며 의식을 깨우는 데서 오는 불편과 고통을 견뎌내야 한다. 크고 작은 갈등이 생기더라도 좌절하거나 포기하지 않고 늘 깨어 있으면서 조화와 균형 있는 삶을 이룰 것을 상기하며 끈기 있게 수련할 때 하늘빛을 우리의 삶 속으로 끌어들일 수 있다. 그러나 우리가 아무리 노력을 한다 해도 하늘에서 내려오는 은혜가 없이는 아무것도 할 수 없다는 것을 알게 된다. 그러기에 우리가 인간을 이해하는 것과 우주를 이해하는 것은 긴밀하게 연결되어 있으며 결국 하나라고도 할 수 있는 것이다.

　　나를 이해하는 것과 우주를 이해하는 것은 긴밀하게 연결되어 있으며 하나라고도 할 수 있다. 우주, 즉 자기 자신을 둘러싼 세계를 올바로 이해하려면 먼저 나를 이해해야 한다.

8A-사회자: 하나님이 우주만물을 창조하셨는데, 이 드넓은 우주 안에서 나라는 존재를 생각해 보면 한 알의 모래알에 불과하다고도 할 수 있어요. 그럼에도 불구하고 주의 자녀 삼아주시고 이 땅에 보내신 사명을 감당해야 하는데, 우주의 한 부분을 이루고 있는 자기 자신을 생각하면서 떠오르는 것들을 얘기해보면 좋겠어요.

2A: 우주라는 전체와 연관된 넓은 관점에서 나를 바라봐야… 그래야 주관적 관점에서 벗어나게 되고, 우주의 작은 존재로서의 나를 우주 안에서 조화와 균형을 이루어가야 할 일원으로서 생각하게 되는 게 아닌가, 그런 생각을 했어요.

4C: 결국 피조물로서 예수의 사랑을 따라가야 하는데, 보통 발악을 하죠.

2A: 사랑은 희생을 의미하기도 하잖아요? 확고한 의지를 갖고 하는 게 아니라 체념하면서 그것이 무엇인지 모르겠지만 덤덤하게 따라가겠다는 게 사랑인 거다 싶기도 하고….

4A: 예수님이 "사랑하라"고 하셨는데, 내가 사랑이라고 생각하면서 했던 말들과 행동들이… 사실은 사랑으로 위장된 이기주의란 걸 알았어요.

8A-사회자: 그래요. 우리가 사랑이라는 이름으로 했던 것들 중에 많은 것들은 오히려 상처를 줄 수도 있는데, 그건 주관적 사랑을 했기 때문이에요. 우리가 예수의 사랑을 따라가려면 지금까지 해 온 주관적 사랑에서 벗어나야 해요.

4A: 맞아요. 내 주변에서 일어나고 있는 일들에 대해 객관적 시각으로 분별하지 못하면 잘못된 사랑을 할 수밖에 없어요.

8A-사회자: 그래서 우리가 객관적 의식의 상태를 유지해야 한다잖아요. 그러려면 먼저 자신이 어떤 기계적인 삶을 살고 있는지 알아야 해요. 기계적인 삶은 타성과 습관대로 사는 거잖아요. 자신의 기계적인 삶이 어떤 건지 얘기해 볼까요? 자기에게서 반복적으로 자꾸 튀어나오는 게 뭐죠?

5A: 행동으로 하지 않는데, 이도 저도 아니다 싶을 때 그래요. 이걸 선택해도 잘못된 거고 저걸 선택해도 잘못된 거고, 어느 쪽을 선택해도 욕먹을 거 같으니까 결정을 못 하고, 결정해도 또 뒤집히고….

2A: 5번은 그렇게… 이럴까 저럴까 하면서 생각만 해.

1A: 그럼 감정에 치우치는 건 어떤 건가요?

4A: 사람들과 함께 즐겁게 잘 지내고 왔는데도 집에 돌아와 혼자 있게 되면 불편한 감정이 밀려와요. 잘한 건 당연한 것으로 여기고 잘못한 것만 떠올리면서 나에게 만족하지 못하고 들들 볶죠.

4C: 행동 중심인 유형은 어떻게 하죠?

8A-사회자: 내가 걸려 넘어지는 건 인내하지 못하고 버럭하는 거예요. 상대방 입장에서 생각하지 못하고 말이 탁탁 튀어나와 공격해요. 조금만 참으면 되는데….

1A: 저는, 저의 기계적 패턴을 알고 난 후부터 그런 모습에서 멀어지고 있는데… 그게 조화와 균형을 이루어가는 과정이겠죠?

8A-사회자: 그렇죠. 그런 행동에 저항하고 뛰쳐나가려고 에니어그램을 공부하는 거거든요. 그런데 자신의 격정을 알고 격정을 잘 붙들고 가고 있더라도 에니어그램 수련은 역동성이 있어서 언제라도 과거로 돌아가 눌러 놓았던 격정이 또 튀어나오고, 또 기계적인 삶으로 되돌아갈 수 있어요.

1A: 그렇다면 에니어그램을 하나, 안 하나 마찬가지잖아요?

8A-사회자: 얏! 그렇다고 그걸 그렇게 생각하냐?

4A: 내가 잘하고 있는 줄로 여기다가 격정이 튀어나오는 그런 순간들을 보게 되면 괴롭죠.

8A-사회자: 하지만~ 우리가 그렇다는 걸 알고 있어야 그런 순간들이 올 때 또 재
빨리 알아차릴 수가 있다, 이거죠.

2A: 늘 해오던 대로, 꼭두각시처럼 사는 게 바로 세상과 타협하는 거라고 봐요.

8A-사회자: 그래서 의식의 잠에서 깨어나는 게 중요한 거예요. 그런데 우리는 자
기 자신을 잘 못 봐요. 자신의 이야기를 하지만 정확하지 않을 수가 있어요.
자기의 모습을 정확하게 보고 자기를 정확하게 아는 게 중요한 게… 그래야
만 자신이 어떻게 해야 하는지 알게 되고, 자기가 어디로 가야 하는지가 보이
기 때문이에요.

4 장
에니어그램의 기초

누구나 행복하기를 원한다. 마태복음에는 사람의 아들 예수가 이 세상에 오신 목적도 사람들이 자유와 건강과 행복을 누리게 하기 위함이라고 기술되어 있다. 그러나 예수나 부처, 다른 인류의 성인들이 인간 각자의 문제를 풀어줄 수 있는 것은 결코 아니다. 그들은 저마다 문제풀이의 방법을 제시할 뿐 해답을 손에 쥐여주는 것이 아니다. 저마다에게 주어진 문제는 각자가 풀어야 한다. 자유와 건강과 행복을 누리고 싶다면 그것을 간절하게 원해야 하고 또 그것을 이루기 위해 철저하게 지속적으로 노력해야 한다. 목표 달성을 위해 의식적인 노력이 필요하다는 말이다.

에니어그램은 그러한 노력의 도구라고 할 수 있다. 에니어그램은 자기도 모르게 영위해 왔던 습관적이고 기계적인 삶에서 벗어나 진정한 자유와 해방으로 가기 위한 '마스터키'이다. 에니어그램을 터득하면 어떤 유형의 자물쇠도 열 수 있기 때문이다.

에니어그램에 의하면 사람은 태어나서 만 6세가 되기까지 성격이 형성되고 확정된다. 그 이후에는 하나의 유형이 다른 유형으로 수평 이동을 하면서 바뀌는 일이 없다. '세 살 적 버릇이 여든까지 간다'는 우리 속담이 그대로 적용된다. 평생동안 성격이 수없이 변한다고 하는 것은 그럼 무엇을 뜻하는 말인가? 다른 성격유형으로 이동하는 것이 아니라 자기 성격유형 안에서 수직 이동을 하면서 보다 건강해지거나 불건강한 상태로 바뀌는 것뿐이다.

만 6세 때 성격이 확정되면서 다음과 같은 양상을 공통으로 경험한다.

첫째: 태어나서 부모의 양육을 받는 과정에서 부모가 아무리 잘 돌보아도 사람은 누구나 상처를 입는다.

둘째: 상처 입은 어린이는 본능적으로 사랑받기 위해 애쓰면서 자신의 생명과 안전을 지키려는 노력을 하게 되고 이것이 성격으로 발달한다.

셋째: 모든 사람은 어릴 적부터 자기 생존과 방어를 위한 전략을 세운다. 예를 들어 어린아이들은 자기가 원하는 것을 얻기 위하여 울든가, 떼를 쓰고 악을 쓰든가, 모르는 척 시치미를 떼든가 하면서 자기 나름대로 길을 찾는다. 생존을 위한 이런 전략은 다른 한편으로는 그 사람이 지니게 되는 격정과 강박충동으로 자라게 된다.

넷째: 어린 시절에 자기 생존과 방어 전략이 세워지게 되면 아무리 나이를 먹어도 속에서는 그 여섯 살짜리가 살면서 세상과 사람들에게 반응한다.

다음은 아홉 가지 유형의 어린이 에니어그램이다. 당신의 어린 시절은 어떠했는가?

- 1번 유형: 나이에 비해 책임감이 크다. 기대 이상으로 일 처리를 잘한다.
- 2번 유형: 또래 친구나 자매들을 돌봄으로 어른들의 관심을 끈다.
- 3번 유형: 모든 일에 항상 자신이 앞서야 하고 모두가 자기를 좋아해야 한다.
- 4번 유형: 민감하고 상상력이 풍부하다. 아웃사이더로서 외로움을 잘 탄다.
- 5번 유형: 외딴 섬처럼 혼자 떨어져서 책 읽기를 좋아하고 선생님이나 어른들에게 질문이 많다.
- 6번 유형: 또래들의 압력에 민감하고 규칙에 순종하면서도 불안하고 심하면 반항한다.
- 7번 유형: 활기차고, 말이 많고, 친구들에게 인기가 높고, 독창적이다.
- 8번 유형: 일찍이 독립심을 보이며 지휘 통솔력을 발휘한다.
- 9번 유형: 조용한 아이여서 말썽을 일으키지 않는다. 사람들의 눈에 잘 안 띄는 경향이 있다.

누구나 이 아홉 가지 유형 가운데 하나에 해당된다. 어린이 에니어그램의 특징은 어른들의 성격유형에도 고스란히 나타난다. 어릴 적보다 복잡하고 미묘한 관계와 환경 속에서 살기 때문에 그 사람의 건강 상태에 따라 다양한 변화가 나타난다는 점이 다를 뿐이다. 세상이 바뀌고 환경이 변해도 성격유형은 그대로 있기 때문에 늘 같은 반응이 나오고 따라서 같은 실수와 같은 잘못이 반복되게 마련이다. 우리가 에니어그램으로 자기 성격유형을 발견하려고 할 때 무엇보다 먼저 분명히 살펴야 할 점은 자기 자신의 단점을 확인하는 것이다.

에니어그램에서는 단점을 격정이라고 표현한다. 어느 유형이든 격정이 있게 마련이고 조건이 갖추어지면 이 격정이 폭발하여 자기 자신을 해치거나 심지어는 파멸로 몰아넣기까지 한다. 격정으로 인해 누구나 습관적으로 쉽게 빠져드는 함정이 무엇인가를 정확히 짚어서 확인하는 것도 아주 중요하다.

또한 격정이란 그 유형이 가장 '기피'하는 것이기도 하다. 예를 들면, 1번 유형은 '분노'를 기피한다. 완전주의를 지향하다 보니 완전하지 못한 것이 많고, 불만족으로 인해 화를 잘 내지만 화를 내는 것은 또 완전한 일이 아니므로 그것을 회피하려고 참다가 결국엔 화를 폭발시키곤 한다. 이것이 1번 유형의 격정이다. '완전'하게 되기를 원하지만, 원하는 대로 잘 안되니까 자신에게나 주변 사람들에게 화가 나는 것이다. 1번 유형은 하나님 한 분밖에는 누구도 완전할 수 없다는 것을 깨닫고 '완전'이라는 개념을 '성숙'으로 바꾸어야 한다. 전보다 약간 나아지는 점에다 무게를 두는 것이다. 그것이 에니어그램에 알맞은 회개이다. 격정을 '죽을 죄', 혹은 '죽음에 이르는 죄'라고도 부른다. 바로 이것을 회개해야 참된 변화가 일어난다. 이렇게 회개할 때 그 사람은 거듭나서 성숙과 성화聖火의 길을 가게 된다. 그러면 하나님의 은혜에 감사하게 되고, 격정, 기피, 함정이 변화하게 되어 '평정'을 이루어 내적 평화를 얻는 데까지 가게 된다. 그리스도의 온전하신 분량에 이르기까지 그리스도의 완전을 향하여 매진하게 된다.

부모가 아무리 잘 돌보아도 양육의 과정을 통해 누구나 상처를 입는다. 에니어그램에서는 그 상처가 성격 형성에 결정적인 역할을 하며, 만 6세 전후에 성격이 확정된다고 본다. 그리고 이렇게 한번 확정된 성격유형은 나이를 먹어도 변하지 않아서 어른이 되어도 여섯 살짜리 아이가 세상과 사람들에게 반응했던 방식과 동일한 방식을 일상생활 속에서 반복하게 된다.

4C: 사람들이 얼마나 다양한데… 1번은 이렇다, 2번은 이렇다 하면서 한정시키고 게다가 왜 아홉 가지로만 규정하고 있는지 의문스러워요.

2A: 오랫동안 수련하다 보니까 사람들의 성격유형이 아홉 가지로 분명해지더라고요.

8A-사회자: 머리카락까지 세신다고 했잖아요? 우릴 아홉 가지로만 만들어놓고 훤히 들여다보고 계시는 거겠죠 뭐.

4A: 에니어그램을 처음 만났을 때 4번이 이렇다고 얘기하면 그걸 다 받아들일 수가 없었어요. 그런데 시간이 흐를수록 못 보던 걸 점점 더 보게 되니까 어쩜 이렇게 정확할 수가 있을까… 에니어그램에 대해 놀라게 된 거죠.

2A: 에니어그램에서 아홉 가지 성격유형이 유아기때 부모와의 관계에서 결정된다고 보는 거잖아요.

8A-사회자: 그렇지. 어려서 부모와의 관계에서 형성된 패턴이 어른이 돼서도 동일하게 다른 사람과의 관계에서도 반복되고 있는 거죠.

4A: 에니어그램에서는 누구를 중요한 대상으로 여기느냐, 또 중요한 대상을 어떻게 보느냐로 구분하잖아요. 그러니까 중요한 대상으로 엄마냐, 아빠냐, 양쪽 부모냐 이렇게 세 가지(3)… 그 대상에 대해서 적극적이냐, 소극적이

냐, 양가적이냐 이렇게 세 가지(3)… 3×3하면 9가 되잖아요.

2A: 어머! 맞다! 3×3이네.

8A-사회자: 참, 이과 출신답다. 아홉 가지가 그거였네요.

4A: 이걸 발견하고 기뻤는데… 나중에 보니까 리소도 책에서 3×3에 대해 썼더라고요.

4C: 그렇다면 아홉 가지 유형에서 벗어날 수가 없겠네요.

8A-사회자: 만 6세 이전엔 다양한 성향을 보이다가 만 6세쯤 하나의 성격유형으로 정해지는데… 에니어그램에서는 그 사람이 만 6세를 전후해서 받은 상처 때문에 그렇다고 보는 거잖아요? 초등학교 입학을 전후해서 어떤 상처가 있었는지 얘기해 볼까요?

4A: 다섯 살 땐가… 위로 언니, 오빠가 있고 동생이 있는데 아무런 설명 없이 저 혼자만 외할머니댁으로 보내졌어요. 그때 버림받았다고 생각했어요.

4C: 어렸을 때 부모님이 외국에서 사업을 하셨기 때문에 친할머니한테 맡겨지기도 하고 외할머니한테 맡겨지기도 하고 그랬어요.

8A-사회자: 내가 여섯 살 때 해방이 됐어요. 철원에서 살다가 그해 가을에 부산으로 이사 가서 유치원에 다니기 시작했는데… 시골에서는 맨날 대장 노릇만 하다가 아무도 나하고 안 놀아주니까 유치원에 있는 그네 옆에서 가만히 서 있었던 게 생각 나요. 그때 친구들한테 무시당하는 느낌이 들었죠.

1A: 밖에서는 나를 인정해주고 필요로 하고 그러는데… 집에 오면 아버지가 문을 잠그고 엄마를 때리니까 그 공포 때문에 가슴이 두근거리고, 엄마를 보호해야겠다는 책임감이 생겼어요. 아빠는 엄마를 힘들게 하니까 아빠에 대해 부정적으로 생각하게 되고, 나한테도 그럴 수 있다는 두려움이 있었는데… 상처가 됐죠.

8A-사회자: 우리 딸이 여섯 살 때였는데… 6~7개월 된 동생을 안고 오다가 넘어져서 애기를 떨어뜨렸어. 그런데 그때 내가 딸한테 동생 떨어뜨린 것만 얘기하고 자기가 다쳐서 입술에서 피가 나는 건 얘길 안 했다는 거야. 집이 아파트 12층에 있었는데 길 건너 사무실까지 자꾸 동생을 데리고 오니까 내가 위

험하다고 몇 번이나 데리고 오지 말라고 말했었거든요. 그날도 동생을 안고 오다가 염려하던 일이 벌어지니까 나도 모르게 순간적으로 애를 떨어뜨렸니? 했었나 봐. 딸이 그날 일을 얘기하면서 엄마한테 받은 상처라고 하더라고요. 난 까맣게 잊고 있었는데 그게 상처라고 해서 깜짝 놀랐어요.

2A: 입술에서 피가 날 정도였으면 많이 아팠을 텐데… 엄마가 동생만 걱정하니까 많이 서운했겠네요.

1A: 어이구, 돌도 안 된 애긴데… 다치면 큰일 나죠.

4A: 아무렇지도 않게… 당연하게 했던 말이나 행동이 상대방에게는 상처가 될 수도 있다는 거네요.

8A-사회자: 그러게요. 그걸 이번에 알게 됐어요. 딸한테 미안하고 나도 아파….

1A: 요즘은 상처가 대세네요. 힐링이 어쩌고저쩌고 하던데….

8A-사회자: 암튼 성격은 말이죠, 자기가 받은 상처 때문에 아프니까 아프지 않으려고 애쓰는 거라고 에니어그램에서 말하고 있는 거잖아요?

5 장
에니어그램의 가능성

'건강은 건강할 때 돌보라'는 말이 있다. 에너지가 그나마 남아 있을 때 돌보아야지, 기운이 빠져서 손끝 하나 움직일 수 없는 지경이 되고 보면 병원에 실려 갈 도리밖에 없는 것이다. 그럼에도 우리 주변에는 어쩔 수 없는 지경에 빠지기 전까지는 자신을 돌보지 않는 사람들이 너무 많다. 왜 비상사태에 이르기 전에는 자기 상태를 알지 못할까? 답은 의외로 간단하다. 의식이 잠자는 상태에 있기 때문이다. 기계처럼 관성이나 타성inertia에 따라 움직이기 때문이다. 생명체이기에 동물처럼 본능에 따라 움직이는 것이라고 말할 수도 있다. 몸은 움직이는데 생각이 따라가지 못하거나 느낌이 없이 움직이는 경우가 많다. 그러므로 행복하기를 바라면서도 행복에 이르는 길을 모를 뿐 아니라 알려고 진지하게 애쓰지도 않는다.

마찬가지로 누구나 힘차게 살기를 바라면서도 자신의 힘이 어디서 오는지를 알지 못한다. 힘을 쓰기는 써도 어떻게 써야 할지 방법을 모른다. 힘을 부리는 것이 아니라 힘에게 부림을 당하는 것이다. 자기도 모르는 격정에 사로잡혀 떠밀리듯이 아니면 끌리듯이 생각하고 말하며 행동하고 살아간다. 이런 상태에서는 에너지를 어떻게 증진시킬지 알지 못한다. 일상생활 속에서 '나'를 모르고 '에너지'를 의식하지 않고 사니까 주체성도 없고, 삶의 의미나 목적을 상실한 채 살아간다. 본능 또는 욕망에 따라 살거나 할 수 있는 일조차도 두려움에 짓눌려서 지레 겁먹고 시도조차 하지 못한다. 의식이 결여된 인간은 기계나 다름없고 동물과 다를 바가 별로 없다. '인간 기계', 혹은 '인간 동물'로서 사는 사람은 의식이 늘 잠자는 상태여서 의지가 박약하거나 거의 없다. 격정의 조종에 따라 살기 때문에 하려고 마음먹은 일을 하지 못하고 안 하려고 마음먹은 것은 곧잘 한다. 생각도 없이 느낌도 없이 의지도 없이 본능대로 움직이면서 산다고 할 수 있다.

일단 말을 배우고 난 후에는 깊은 생각이 없이도 곧잘 말을 한다. 숨을 쉬는 일이나 음식을 소화시키는 일 등이 모두 자동으로 돌아간다. '자동 인형' 내지는 '자동화 기계automaton'와도 같다. 그야말로 화학 공장이다. 화학공장처럼 유기체로서 움직이면서도 자기 몸에 대해 스스로 알지 못하고 에너지가 어떻게 생기는지도 모른다. 그러니 에너지가 어떻게 새어나가는지 그 누수 현상과 손실을 알 길이 없다. 극단에 이르기 전에는 의식조차 안 하고 사는 것이다. 우리 몸의 에너지원은 자연으로부터 공급을 받지만 그것을 변화시켜서 활동하는 것은 우리 자신의 능력이다. 자신의 변화와 발전은 스스로 해야 하며 스스로 진화해야 한다. 변화하고 발전하고 진화하려면 본능에만 맡겨서는 안 된다. 참지식을 배워야 한다. 참지식을 배워서 그 지식을 바르게 쓸 수 있는 사용법을 제대로 익혀야 한다. 문제를 발견하고, 인식하고 객관적으로 의식하면 거기서부터 가능성의 세계가 열리기 시작할 뿐 아니라 받쳐주는 힘supportive power이 생기기 시작한다. 물론 의식이 잠자는 상태에서도 몸과 본능은 자연 그대로 움직이고 기계처럼 작용한다. 과체중이나 비만때문에 고생을 하면서도 운동을 하지 않는 사람들이 있다.

'몸만들기'도 그런데 의식을 깨우는 일이나 집중하는 일은 거의 하지 못한다. 지식은 늘어도 실천이나 수행은 대부분 하지 않는다. 주로 자기 감정 때문에 문제가 생기거나 상황이 심각해지지만 감정 컨트롤을 거의 하지 못한다. 격정에 사로잡혀서 충동적으로 '욱'하면 누구도 말릴 수가 없다. 에니어그램을 이해하기 시작하는 초기에는 분노를 마치 1번 유형의 전유물처럼 착각하기 쉽지만 전혀 그렇지 않다. 1번 유형에게는 '분노'가 격정으로 가장 크게 작용하여 그로 인해 자신의 에너지를 원활하게 쓰지 못하는 것일 뿐이다. 나머지 다른 유형들도 분노에 관한 한 제각기 다른 원인과 동기가 있고, 제각기 분노를 나타내는 빈도, 강도 그리고 형식이 다르다. 2번 유형은 자신의 프라이드가 거부될 때 몹시 화가 난다. 3번은 1등에 실패했을 때, 4번은 흠이 생길까봐 두려워하는 마음 때문에 화가 난다. 5번은 압도당할까봐 두려울 때, 6번은 불안한 나머지 반항하면서 화를 낸다. 7번은 불만이 터져 나올 때 불같이 화를 낸다. 8번은 자신의 권위가 서지 않고 다른 사람을 지배하지 못할 때 화를 낸다. 9번은 갈등을 기피하다가 끝내 그 갈등이 표출될 때 드물지만 크게 화를 낸다.

이제 우리는 에니어그램의 이해를 통하여 개인의 격정이 어떤 것인지를 확인하고, 어떤 원인과 동기에 의해 에너지가 누수 되는지를 분명히 확인해야 한다. 그것을 객관적으로 의식하면 거기서 저력이 나오고, 그것을 승화시키는 길로 들어서면 놀랄 만한 가능성이 펼쳐진다.

생명체인 우리의 몸은 자연으로부터 공급받은 에너지를 변화시켜 활용할 수 있는데, 그 에너지는 격정에 사로잡혀 충동에 의해 기계적으로 사는 과정 속에서 다 소진될 수도 있고, 그 에너지를 승화 발전시켜 우리 모두를 행복에 이르게 하는 저력이 되게 할 수도 있다.

8A-사회자: 자기도 모르는 새에 에너지가 손실되고 누수된다는데, 그럼 에너지는 언제 생겨요?

2A: (웃으면서) 내 맘대로 할 때요.

1A: 와~ 신난다~

8A-사회자: 에잇, 그냥 내 맘대로 살면 안 돼요?

2A: 저도 그러고 싶어요.

4A: 상대방이 내 맘대로 움직여주면 기분 좋잖아요.

2A: 너무 좋겠다~

1A: 그러면 세상 걱정 없을 것 같아요.

2A: 근데 내 맘대로 하는 게 오래 가질 못하고, 결국은 착각했던 걸 발견하고는 에너지가 확 빠지잖아요.

4A: 사실 문제는 이미 내 맘대로 할 때부터였는데, 내 맘대로 되지 않을 때 가서야 문제가 생겼다고 생각하죠.

8A-사회자: 우리가 문제를 만들지 않고 살면 얼마나 좋겠어요? 크고 작은 문제가 끊임없이 생기는데 문제가 발견되면 먼저 그 문제를 객관적으로 인식할 수 있어야 해요. 그래야 문제가 해결될 수 있는 실마리를 찾을 수 있어요.

1A: 더 이상 에너지가 손실되거나 누수 되지 않도록 할 수 있다는 거죠?

8A-사회자: 그렇죠.

4A: 관계 속에서도 에너지가 새나가지만 격정에 의해 기계적 행동이 반복될 때도 그런 거잖아요?

8A-사회자: 물론이죠. 우리가 의식하지 못하는 순간에도 에너지는 새나간다고 해요. 에너지 절약을 해서 생산적으로 쓸 수 있어야 하는데… 그러려면 뭐가 가장 먼저 필요하겠어요?

2A: 자기객관화가 필요하겠죠.

8A-사회자: 좋아요. 그럼 자기객관화를 뭐라고 말할 수 있어요?

4A: 남들은 이미 알고 있는 자신의 모습을 깨닫게 되는 거?

2A: 자신에 대해 부분적으로만 알던 것을 전체적으로 알게 되는 거겠죠 뭐.

8A-사회자: 자~ 그럼 에니어그램으로 자신에 대해 새롭게 알게 된 게 뭔지 한 번 말해 보자고요.

1A: 저는요, 완전하게 잘해보려고 이것도 해보고 저것도 해 보고…. 그래야 잘 사는 건 줄 알았는데… 그런데 이렇게 늘 반복되는 거 때문에 내 에너지가 분산된다는 걸 알았어요. 이게 다른 사람들에게 좋지 못한 모습으로 비춰지기까지 하고….

8A-사회자: 그래요. 그런 걸 볼 수 있는 게 바로 자기객관화의 시작이에요. 에니어그램은 자기를 객관화시킬 수 있도록 도와주는 도구잖아요? 자기를 객관화시킬 수 있는 만큼 주변에서 일어나는 문제나 상황을 객관화시키는 눈이 떠지고 귀가 열리는 거죠.

1A: 그렇게 자기를 객관화시키기 시작할 때, 에니어그램의 가능성이 시작된다는 거죠?

8A-사회자: 그렇죠. 또 뭐가 있을까요?

2A: 에니어그램으로 성격유형에 대해 알게 되니까, 저 사람이 왜 나한테 그러는지 이해하게 됐어요.

4A: 그래서 때로는 상대방의 공격에도 담담할 수 있고, 또 왜 그러는지 귀 기울여 들어줄 수 있는 거겠죠.

2A: 그게 자발적 고난을 자청하는 거라고 봐요.

8A-사회자: 우리가 그걸 해야 하는데… 그게 쉽지 않잖아요?

2A: 그렇죠. 그런데 그런 걸 봐주지 않을 때, 그래서 또 내 방식대로 상대방에게 반응할 때 에너지가 누수 되는 걸 느껴요.

8A-사회자: 우리가 격정에 휩싸여서 해석을 하고, 그걸 또 자기 유형의 방식대로 표현을 하니까 문제가 시작되는 거잖아요? 보통 자기 스스로는 객관적이라고 생각하고 상대방은 객관적이지 않다고 생각하는데… 에니어그램으로 미처 몰랐던 자신의 주관적인 모습을 보고 그걸 받아들일 때, 그럴 때 에니어그램의 가능성이 열린다고 말할 수 있어요. 자~ 그러면 앞으로 계속 수련을 하게 될 텐데… 우리가 이 부분에 대해 더 깊이 공부하도록 합시다.

6 장
인성유형의 결정 Ⅰ

다음에 나오는 36가지 성격의 특성을 읽고 자기 자신을 깊이 반영하는 진술에 표시를 한다. 가장 많이 선택된 번호가 당신의 기본 성격 유형일 가능성이 높다.

1. 나는 이상주의자이다. 원칙이 서면 결코 타협하지 못한다.

6. 나는 칭찬을 들으면 불편하고 부담스럽게 느껴진다.

7. 나는 이것저것 해보고 싶은 것이 많다. 여러 가지 일을 한꺼번에 처리하는 경향이 있다.

4. 나는 옷을 입거나 행동하는 것으로 다른 사람들과 차별된다는 것을 보여주고 싶다.

8. 나는 정의에 대하여 강한 신념이 있고 이를 위하여 싸우는 것도 괜찮다고 생각한다.

3. 나는 능률적이고 목표 지향적이다. 나는 성공하는 법을 안다.

2. 나는 나 자신보다 다른 사람들의 일을 더 잘 돌본다.

2. 나는 남들이 나를 필요로 할 때 나 자신의 쓸모 있음과 가치를 느낀다.

8. 누군가에게 반대하거나 누군가와 대결하는 것이 별로 거북하지 않다.

6. 나는 안전하다고 느끼는 것이 중요하다. 내 미래를 미리 알 수 있으면 좋겠다.

6. 나는 내 주위에서 무슨 일이 일어나고 있는지를 모르면 편안히 지내기가 어렵다.

7. 나는 부정적으로 생각하기가 싫다. 비관주의자는 정말 되고 싶지 않다.

9. 나는 사람들이 왜 잘 지내지 못하는지 이해하지 못하겠다.

3. 나는 할 수 있는 대로 사람들에게 좋은 인상을 주는 법을 안다.

1. 나는 주변의 상황을 향상시킬 사명이 나에게 있다고 믿는다.

4. 나는 마음속 깊이 내가 예술가이거나 낭만파 시인이라고 느낀다.

4. 나는 내가 다른 사람들보다 더 깊은 감성의 세계 속에서 산다고 믿는다.

3. 내가 가장 두려워하는 것은 실패다. 나는 실패를 정말 싫어한다.

2. 나는 사람들의 기대를 채워주고 싶어 한다. 나의 목표는 남을 기쁘게 하는 것이다.

5. 나는 깊이 있는 사상을 탐색하고, 추상적인 것을 즐겨 다룬다.

5. 나는 주위에 있는 모든 것을 관찰하면서도 남의 눈에 띄는 것은 그리 달가워하지 않는다.

9. 나는 태평하다는 소리를 자주 듣는다. 나는 사람들이 무엇 때문에 서두르는지 이해할 수가 없다.

3. 내가 하는 일에 최고가 되는 것이 나에게는 매우 중요하다.

8. 나는 직선적인 표현을 잘한다. 내 뜻을 있는 그대로 피력할 때가 많다.

9. 문제는 그대로 놓아두어도 저절로 풀리게 마련이라고 믿는다.

5. 문제가 생겨도 나는 한 발짝 떨어져서 객관적이고자 애쓴다.

8. 나는 누구든 나에게 이래라저래라 하지 못하게 한다. 그것은 절대 용납할 수 없다.

7. 나는 여러 가지 선택의 가능성이 있는 것이 좋다. 그러면 어려움을 이기기가 쉽다.

2. 나는 남을 위하여 희생하는 것이 스스로 자랑스럽다.

6. 나는 위험한 상황이 닥치지나 않을까 신경을 곤두세운다. 그러나 너무 조심만하고 지낼 수는 없는 일이다.

4. 내게는 우아함과 아름다움이 정말 필요하다. 추한 것은 고통스럽다.

5. 나에게는 아는 것이 힘이다. 나는 항상 나의 지식에 의존한다.

1. 나는 세상이 불완전하지만 그렇다고 체념하며 살 수는 없다고 생각한다.

1. 나는 내가 대부분의 사람들보다 더 높은 기준을 가지고 산다는 것을 안다.

7. 나는 하고 싶은 일들을 다 할 충분한 시간이 없다.

9. 나는 대부분의 사람을 편견 없이 잘 받아들인다.

8A-사회자: 성격유형이란 어떤 건지 얘기해볼까요?

4C: 성격유형은 결국 행동하는 방식이잖아요? 겉으로 반응하는 걸 보고 성격이 이렇다고 말하는 거니까….

8A-사회자: 그렇죠. 지금까지는 다른 사람의 행동방식을 보고 그 사람의 성격이 이렇다고 말해왔다면, 이제는 자신의 행동방식을 보고 내 성격은 이렇다고 말할 수 있어야 해요.

4A: 그게 자기 관찰의 시작인 거잖아요. 그런데 자기를 보는 게 쉽지 않아서… 물론 쉽게 자기 관찰을 하고 자신의 성격유형을 찾는 사람도 있지만… 많이 헤매기도 하잖아요.

2A: 자기를 보는 걸 두려워하는 게 아닌가… 회피를 하니까 헤맬 수밖에 없다고 봐요.

4A: 그래서 구르지예프가 자신에게 진지할 수 있느냐 아니냐에 모든 것이 달려 있다고 말했던 게 아닐까요?

8A-사회자: 자신의 인성유형을 정확하게 찾지 못하면 에니어그램 수련의 첫발을 내디딜 수가 없어요. 그래서 자신이 어떤 사람인지 정확하게 알아야 하는데… 그러려면 먼저 나는 어떤 사람인지 편하게 얘기하면서 자신을 찾아가는 것도 좋은 방법이라 생각해요. 그게 자기 대면이잖아요?

1A: 저에 대해서 말하자면, 내가 세운 원칙들이 있는데… 그걸 사람들이 무관심해하니까 심각해지고, 내 원칙에 따라 사람들을 교정해주는 걸 즐기는데… 전 그럴 때 제일 살아있는 느낌이 들어요.

4A: 1번이 그렇구나.

1A: 내가 생각하고 있는 이상이 있는데 거기서 벗어나면 비난받을까봐 날 가혹할 정도로 통제하고, 그렇게 날 억제하면서 스스로를 괴롭히는 거죠. 그러다

가 비난을 받으면 엄청 화가 나고. 뭐 내가 잘못됐을 리 없다고 생각하니까… 그래서 나를 제외한 모든 것에 대해서는 이거 제대로 된 거야? 하면서 의심부터 하고, 심지어 성경까지도 그대로 봐주질 않는 거죠.

8A-사회자: 와~ 어쩜 저렇게 자신에 대해서 솔직할 수 있니? 이만큼 자기 대면을 해야 하는 거죠. 그래야 자신의 인성유형을 정확하게 찾을 수가 있지요.

2A: 회개가 저절로 나오겠어요.

4A: 옆에서 듣는 사람은 그 사람이 솔직한지 아닌지 다 보이잖아요?

8A-사회자: 그럼요. 지만 모르고 있지.

2A: 그래서 솔직하지 않은 모습을 보면 안타까워요. 도와줄 수도 없고….

3A: 아니야, 난 이해할 수 있어. 약점이 드러나니까 무시당하는 게 싫어서 숨기는 거지 뭐.

4A: 자기 대면을 하려면 하고 싶지 않은 걸 해야죠.

8A-사회자: 쉽지 않을 걸 해야 하는데, 그럼 뭐? 이 세상에 거저 되는 게 있는 줄 알았어요? 암튼, 자신에게 솔직해지는 그 순간부터가 바로 에니어그램 수련이 시작되는 거라고 말할 수 있다니깐~요.

7 장
인성유형의 결정 II

다음의 서술 중 자신에게 해당된다고 여기는 것에 ○표 하라. 7가지의 종류, 총 63가지 문항 중 가장 많은 번호에 ○표 한 것이 자신의 성격유형일 가능성이 높다.

1. 만 6세를 전후하여 내 성격이나 경향은?

( ) 1 나는 나이에 비해 책임감이 강했고 심부름이나 일 처리를 잘했다.

( ) 2 나는 또래 친구들이나 동생들이 뭘 필요로 하는지 잘 알아서 돌보아주었다.

( ) 3 나는 무슨 일에서나 일등이어야 하고 최고가 되어야 했다.

( ) 4 나는 혼자 있기를 잘했고, 공상을 많이 했다.

( ) 5 나는 어른이나 형, 누나 같은 윗사람에게 질문이 많았고 생각이 많았다.

( ) 6 나는 아버지 같은 어른의 말씀을 잘 듣고 성실했지만 어른이 옆에 없으면 마음이 불안하여 견디기 어려웠다.

( ) 7 나는 활기차고 말을 잘하고 활동적이며 상상을 잘하고 사람들이 재미있어 하였다.
( ) 8 나는 일찍부터 독립심이 강하고 또래들 가운데서도 통솔이나 명령을 잘하였다.
( ) 9 나는 착하고 말썽을 일으키지 않았으며, 사람들의 눈에 잘 띄지 않았다.

2. 피하려고 애쓰지만 잘 안 되는 것

( ) 1 나는 화가 나도 애써 참으며 분노하지 않으려고 하지만 잘 안 된다.
( ) 2 나는 남을 도와준 것을 자랑하지 않으려고 하지만 잘 안 된다.
( ) 3 나는 실패하는 것을 못 견디기 때문에 실패해도 괜찮다고 마음먹으려고 하지만 잘 안 된다.
( ) 4 나는 평범한 것이 아주 싫다. 평범하게 지내려고 하지만 잘 안 된다.
( ) 5 나는 머리나 주머니나 뭐든 텅 비어 있는 것이 싫다. 텅 비어 있는 상태로 잘 지내려고 해도 안 된다.
( ) 6 나는 질서나 규칙 같은 것이 없으면 마음이 불안하다. 그런 마음을 없애려고 하지만 잘 안 된다.
( ) 7 나는 몸이든 마음이든 고통스러운 상태를 견디지 못한다. 참아보려고 하지만 잘 안 된다.
( ) 8 나는 남에게 약하게 보이기가 싫다. 약점도 노출시키려고 하지만 잘 안 된다.
( ) 9 나는 서로 부딪히거나 갈등하는 것이 싫다. 갈등상태에서도 그냥 그대로 표현하려고 하지만 잘 안 된다.

3. 나는 다음과 같은 경향이 너무 심하다. 그것이 나의 함정이다

(   ) 1 완전: 무엇이든지 완전하고 완벽해야 마음이 편하다.

(   ) 2 봉사: 어떻게든 남을 위해 도와야 직성이 풀린다.

(   ) 3 능률: 언제나 능률이 제일이다. 그래야 성공한다.

(   ) 4 진정성: 진정한 것이냐, 가짜냐를 우선적으로 생각한다.

(   ) 5 지식: 무엇보다도 지식과 정보가 중요하다.

(   ) 6 안전: 만사 안전하게 지내는 것이 제일이다.

(   ) 7 이상주의: 이상과 꿈이 무엇보다 중요하다.

(   ) 8 정의: 정의를 내세우지만 그렇다고 실천에 반드시 힘을 쏟는 것은
　　　　아니다.

(   ) 9 자기겸비: 나는 아무것도 아니고 잘하는 것이 별로 없다고 생각한
　　　　다. 그러나 실제로는 반드시 그렇지만은 않다.

4. 나에게는 다음과 같은 격정이 있다

(   ) 1 분노: 참고 참다가 화를 폭발하여 분노를 나타낸다.

(   ) 2 교만: 일부러 그러는 것은 아니지만 자랑하면서 떠벌이기를 잘한
　　　　다. 이것이 교만이다.

(   ) 3 기만: 실패하는 것이 싫기 때문에 자신이나 남을 약간 속여서라도
　　　　성공을 하여 자신을 인정받으려고 한다.

(   ) 4 시기: 평범한 것이 싫기 때문에 독특한 것을 추구하지만 자신에게
　　　　없는 것이 남에게서 발견되면 시기심이 솟는다.

(   ) 5 인색: 남에게 지식이나 정보를 주고 싶어도 그렇게 되면 자기가
　　　　가진 것이 없어져 텅빌까봐 인색하게 군다.

(   ) 6 두려움: 질서나 명령을 잘 지키지만 그것은 자기가 버림받을까봐

두려워하는 마음이 있기 때문이다.

( ) 7 탐닉: 고통을 싫어하기 때문에 어딘가에 푹 빠져서 탐닉한다.

( ) 8 정욕: 언제나 강자로서 자기 마음대로 하려는 정욕이 있다.

( ) 9 나태: 갈등이나 어려운 문제를 피하려 하기 때문에 일이 생기면 저절로 또는 다른 사람들에 의해 해결되기를 기다릴 정도로 게으르다.

5. 나는 이런 특성이 있다

( ) 1 완전주의자: 무엇이든지 완벽하고 깔끔하게 처리하려 한다.

( ) 2 협조자: 남을 돕는 일이 우선이다.

( ) 3 성공주의자: 무엇에든지 성공해야 한다.

( ) 4 개인주의자: 개성이 강하고 무엇이든지 혼자 하기를 좋아한다.

( ) 5 사색가: 자신이 속한 환경을 잘 이해하려고 관찰하면서 생각을 많이 한다.

( ) 6 충성가: 질서나 규칙을 잘 지키며 자기가 맡은 일에 충성을 다한다.

( ) 7 팔방미인: 꿈꾸는 것을 좋아하며 이것저것 잘하는 것이 많다.

( ) 8 지도자: 언제나 강자가 되기 원하며 다른 사람을 지도하면서 잘 도와준다.

( ) 9 평화주의자: 갈등 해소를 위해 노력하며 화해와 중재를 잘 시킨다.

6. 나는 다음과 같이 마음을 고쳐먹어야 편해질 것이다

( ) 1 성숙: 아무도 완전할 수는 없는 일이다. 완전을 기하기보다는 성숙을 지향한다면 아무래도 마음이 편해지고 남도 편하게 대할 것이다.

( ) 2 은혜: 내 것을 함께 나누었다고 생각해야 내가 겸손해질 수 있을 것이다.

( ) 3 하나님의 뜻: 능률만 앞세우고 성공만 바랄 것이 아니라 하나님의 뜻에 결과를 맡길 때 나 자신의 기만에서 벗어나 신실해질 것이다.

( ) 4 하나님과 일치: 진짜냐, 가짜냐를 따지며 너무 완전무결한 것을 추구하기보다는 하나님과 일치하려고 마음먹을 때 침착해질 것이다.

( ) 5 섭리: 지식과 정보를 얻으려고 집착하기보다는 섭리를 따라 살겠다고 마음먹고 내맡길 때 초연해지고 홀가분해질 것이다.

( ) 6 하나님을 의지함: 사람에게 복종하고 질서를 지키는 것을 통하여 안전을 보장받으려 하기보다는 하나님을 의지하고 살겠다고 결정할 때 진정한 용기가 생길 것이다.

( ) 7 창조에 동참: 만족을 얻기 위하여 꿈을 꾸며 이상주의에 빠지기보다는 창조에 동참하려 할 때 맑은 정신이 들 것이다.

( ) 8 뜨거운 동정심: 이기는 것만 생각하고 정의를 앞세워 대결하기보다는 다른 사람에게 뜨거운 동정심을 가질 때 소박하고 소탈한 지도자가 될 것이다.

( ) 9 무조건적인 사랑: 자기를 아무것도 아니라고 깎아내리면서 게으름에 빠지는 것에서 벗어나, 무조건적인 사랑을 믿고 의지할 때 근면해지고 적극적인 활동을 하게 될 것이다.

7. 나는 다음과 같은 유형이다

( ) 1 개혁형: 언제 어디서나 잘못된 것은 바로잡아야 한다.

( ) 2 봉사형: 필요한 사람에게 줄 것은 주고 도울 일은 도와야 한다.

( ) 3 성취형: 무엇이든 다른 사람보다 앞서고 성공해야 직성이 풀린다.

( ) 4 심미형: 낭만적이고 시적이고 예술적인 경향이 있다.

( ) 5 관찰형: 관찰을 잘하고 생각이 많다.

( ) 6 수호형: 늘 충실하면서 정해진 환경을 지키려고 한다.

( ) 7 이상형: 다재다능하고 활기차게 살아간다.

( ) 8 대결형: 언제나 강하고 오만하게 보이는 보스형이다.

( ) 9 보존형: 다른 사람들이 늘 마음 편하게 여기며 중재를 잘한다.

8A-사회자: 우리가 자신의 인성유형을 찾기 위해 먼저 설문지 조사를 하는데…
　사실 설문지 결과보다 더 중요한 건 자기 스스로 검증해 나가는 과정이에요.
　하지만 이걸 혼자 하다 보면 잘못 찾아갈 수 있기 때문에 공동체적으로 해야
　만 하는 이유가 되기도 하잖아요.

2A: 그럼요. 자기를 객관화하는 과정인데 혼자서 할 수 있다고 생각한다면 착각
　이죠.

4A: 에니어그램에 대한 시각이 다양하잖아요? 자신의 유형을 정확히 찾았느냐
　아니냐, 자기의 인성유형을 정확히 찾았더라도 자신의 유형에 대한 이해의
　깊이가 어느 정도냐에 따라 다르다고 봐요.

8A-사회자: 결국 그게 자신의 인성유형을 정확하게 찾았더라도 격정까지 볼 수
　있느냐 없느냐의 차이인 거죠.

4A: 자신의 격정을 발견하기가 쉽지 않고, 또 격정을 발견했더라도 지속적으로
　인정해야 하는데… 그게 역시 쉽지 않잖아요?

2A: 그래서 함정을 얘기하고 기피를 얘기하는 거겠죠.

4A: 4번의 격정인 시기를 봐라 하면 시기가 없다고 생각하기 쉬워요. 그런데 함
　정인 진정성을 얘기하면 그 말이 무슨 말인지 금방 감이 오거든요. 또 평범해
　지는 걸 기피한다는 말도 금방 감이 와요.

8A-사회자: 그래요. 8번의 격정이 정욕인데, 정욕은 욕심이거든요. 자기 마음대
　로 하고 싶은 욕심 때문에 정의를 말하고 또 약한 게 싫은 거예요. 8번은 정의
　라는 함정과 약한 걸 기피하는 데에서 자신의 격정을 찾아내야 하는 거죠.

4A: 그리고 그 함정과 기피는 결과적으로 욕망과 두려움이 아닐까요?

8A-사회자: 우리가 그걸 좀 더 쉽게 얘기해 보자고요.

3A: 3번은 1등을 하고 싶고, 성공하고 싶은 욕망이 있는데, 그건 실패하지 않으

려고 애쓰는 거잖아요?

8A-사회자: 그렇죠. 8번은 약함을 기피하는데 결국은 강해지고 싶은 것이거든 요. 강해져야 대장이 되는 거니까… 약하면 다른 사람 밑으로 들어가야 되니 까 싫죠.

4A: 자기의 욕망을 이루기 위해 반복적인 행동을 하는데… 그게 결국 함정에 빠 지는 거잖아요?

8A-사회자: 그렇죠. 자꾸만 하려고, 또 하려고 하는 게 함정이지요.

4A: 예를 들어 4번의 함정인 진정성이 부정적인 의미가 아니잖아요? 그런데도 함정이라고 말하는 건 진정성이 시기에서 비롯된 거고, 실제의 삶 속에서 부 정적인 영향을 주니까 진정성을 말할 때… 그럴 때 마음을 고쳐먹는 게 바로 회개라는 게 아닐까요?

2A: 그렇게 말하니까 감이 더 잘 잡히네요. 희한하게 남의 것을 들을 때 내가 더 잘 보이더라고요. 함정은 남을 불쾌하게 하고… 그래서 결국엔 나까지도 불 쾌해지는 거라 볼 수 있겠네요.

4A: 누구나 자기가 옳다고 여기는 걸 추구하잖아요? 그게 바로 함정이고… 그러 다가 자기 주관에 빠지게 되는 거라고 봐요.

2A: 그게 결국 '자기 의義'인 거죠.

8A-사회자: 그래요, 우리가 자신의 인성유형을 찾고 나면 자기가 어떤 '자기 의義' 에 빠져 어떤 식으로 자기가 옳다고 여기며 살고 있는지를 알 수가 있는 거 죠. 그걸 알아야 옳다고 여기며 했던 말이나 행동들을 회개할 수 있는 게 아 니겠어요?

8 장
아홉 가지 인성유형에 대한 개괄적 소개

- 1번 유형(개혁형. 완전주의자)은 합리적이고, 원칙을 잘 지키고, 규율적이고, 독선적이다.
- 2번 유형(봉사형. 협조자)은 잘 돌보고, 관대하고, 집착이 강하고, 조작적이다.
- 3번 유형(성취형. 성공주의자)은 동기부여를 잘하고, 각색(脚色)해서 적용을 잘하고, 야심적이고, 적개심이 있다.
- 4번 유형(심미형. 개인주의자)은 직관적이고, 개인주의적이고, 자기 스스로에게 깊이 빠지고, 의기소침해 있기를 잘한다.
- 5번 유형(관찰형. 사색가)은 지각력이 뛰어나고, 독창적이고, 도발적이고, 별나다.
- 6번 유형(수호형. 충성가)은 참여를 잘하며, 책임감이 강하고, 방어적이고, 안절부절못한다.
- 7번 유형(이상형. 팔방미인)은 열광적이고, 성취욕이 강하고, 좀 과도하며, 충동적이다.

- 8번 유형(대결형. 지도자)은 자신만만하고, 결단력이 있고, 지배적이고, 전투적이다.
- 9번 유형(보존형. 평화주의자)은 수용을 잘하고, 낙관적이고, 체념적이고, 자포자기한다.

	유형	특성	격정	기피	함정	회개	덕목
1	개혁형	완전주의자	분노	분노	완전	성숙과 감사	평정
2	봉사형	협조자	교만	필요	봉사	은혜에 감사	겸손
3	성취형	성공주의자	기만	실패	능률	하나님의 뜻	신실
4	심미형	개인주의자	시기	평범	진정성	하나님과의 일치	침착
5	관찰형	사색가	인색	공허	지식	하나님의 섭리	초연
6	수호형	충성가	공포	일탈	안전	하나님을 의지	용기
7	이상형	팔방미인	탐닉	고통	이상주의	창조에 동참	맑은 정신
8	대결형	지도자	정욕	약함	정의	뜨거운 동정심	소박
9	보존형	평화주의자	나태	갈등	자기겸비	무조건적 사랑	근면

8A-사회자: 아홉 가지 각 유형마다 장점이 있고 단점이 있어요.

4A: 그게 결국은 같은 모습인데 다르게 보이는 거잖아요?

2A: 문제를 해결하려고 할 때, 상대방에 대한 배려 없이 자기 방식으로만 해결하려 하니까 그 사람의 장점이 단점으로 보이게 돼요.

8A-사회자: 각 유형에게서 경험했던 특징들이 있을 텐데… 장단점을 간단하게 얘기해 보면 좋겠어요.

2A: 똑같이 수련을 시작했는데도 1번은 가장 정확하게 정답을 찾아가요. 똘똘해요.

3A: 샛길로 빠지지 않게 중심을 잡아줘요.

8A-사회자: 근데 지적질을 너무 잘하죠.

4A: 2번은 참 따뜻해요. 내가 미처 생각하지 못한 거까지 챙겨줘요. 그래서 나도 도움을 주고 싶은데… 그럴 때 나보다 더 큰 걸로 또 주려고 하니까… 내 걸 받아주지 않아서 무시당하는 느낌? 불편해져요.

2A: 3번은 자기표현을 잘해요.

4A: 활기차서 좋아요.

8A-사회자: 혼자 너무 튀려고 해요. 여러 사람이 강연을 듣는데 혼자서 '네네'하죠.

2A: 4번은 가만히 있어도 뭔가 있을 거 같은 매력이 있어요. 그런데 진정성을 갖고 확인할 때 넌 아무것도 아니야 하는 거 같아서 좌절을 해요.

8A-사회자: 5번은 참 신중해요. 그런데 거기에 비해 이랬다저랬다 하죠. 신중한 게 장점인데 왜 그러는지 모르겠어요. 그게 참 신기해요.

3A: 5번의 입장에서는 타당하니까 그렇게 하는 거겠죠.

1A: 6번은 성실하고 충실해요.

8A-사회자: 까다롭게 굴지 않고 공동체의 분위기를 흐리지 않아 편안해요.

4A: 자신이 지키는 규칙을 가족들에게 강요해요. 태풍이 오면 약속이 있어도 나가면

안 되고… 눈이 올 때도 운전을 하면 안 되고….

2A: 7번이 있으면 재미있어요.

4A: 정보가 무궁무진하더라고요.

3A: 에너지가 넘쳐서 분위기는 좋게 만드는데 말이 너무 많아요.

2A: 8번은 일이 되게 만들죠.

4A: 한참 앞서가고 일 중심이라 사람 마음을 배려하지 않아서 이해가 안 될 때가 많아요.

2A: 무섭죠.

4A: 9번은 여유가 있고 좋게좋게 생각하니까 편안한데 표현이 불명확해서 답답해요.

제2부

에니어그램,
내 안의 보물 찾기

9 장
격정의 에니어그램

사람은 누구나 자신을 알기 원한다. 자기 발견의 길에 들어서려면 먼저 자신의 성격유형을 발견하여 확인하지 않고는 한 발짝도 앞으로 나아가기가 어렵다. 그런데 에니어그램의 아홉 가지 성격유형의 특성들은 각 사람에 따라 정도의 차이가 있을 뿐 누구에게나 있을 수 있는 특성들이라는 것이다. 다만 어느 한 성격유형의 특성이 다른 여덟 가지 성격유형의 특성보다 두드러지게 강할 때 그 사람의 성격유형을 결정한다는 사실에 유념해야 한다. 그래서 성격유형을 확인하는 과정에서 이와 더불어 해야 할 일은 자신의 격정이 어떤 것인지를 발견하고 확인하는 것이다. 에니어그램 공부는 자신의 격정을 발견하고 확인하는 과정을 거쳐 그것을 분명히 알아야 비로소 출발 지점에 섰다고 할 수 있다.

강박충동은 우리를 강제하는 힘이다. 나의 의지나 생각과는 달리 자신도 모르게 행동하게 만드는 힘이다. 그래서 강박충동에 이끌려 실수를 저지르게 되면 '어째서 이런 일이 또 생기는가?'를 자꾸 묻게 된다. 스스로 답답하게 생각하면서도 안타깝게 얼마 안 가서 똑같은 일을 겪게 되고, 그때마다 '어째 또 이런 일이…' 하면서 되묻는 일을 반복한다. 강박충동은 자신의 단점과 밀접한 관계가 있다. 나의 에니어그램은 자신의 강박충동을 확인하는 데서 시작되고, 강박충동은 자신의 단점을 재확인하는 데서 시작된다. 사람들은 자신의 단점을 싫어한다. 나의 단점은 나에게 걸림돌이다. 이 걸림돌을 의식하며 피할 수가 있어야 하는데 사실은 그게 쉬운 일이 아니다. 피하려다가 오히려 걸려 넘어진다. 자기를 이기는 사람은 세상을 이긴다고 하지 않았던가.

고무풍선에 바람을 불어넣으면 부풀만큼 부푼 다음 터지기 직전에 이르면 어느 한쪽이 얇아지고 약해지면서 그곳이 불룩 튀어나오다가 끝내 터지고 만다. 이 경우에 약한 지점으로 튀어나오는 것, 터져 나오는 힘을 단점이라고도 하며, 격정이라고도 말할 수 있다. 부풀어 오른 풍선마다 터지는 지점이 다르듯 원 둘레의 어느 한 점으로 표시되는 에니어그램 성격유형은 저마다 약한 부분이 있다는 것을 나타낸다.

장·단점은 동전의 양면과 같다. 단점을 뒤집으면 그것이 바로 장점이 된다. 그 반대도 마찬가지다. 그러니 장점을 자랑할 일도 아니요, 단점을 숨기려고 애쓸 일도 아니다. 장점을 장점으로 살리고 단점을 뒤집어서 장점으로 만들기 위해서는 그 실체와 속성을 바로 알아야 한다. passion이라는 단어 속에는 열정, 수난, 격정이라는 세 가지 의미가 들어있다. '열정'을 뜻하는 이 단어가 성서에서는 예수가 당하신 '수난'을 뜻하고, 에니어그램에서는 성격유형이 내포하고 있는 '격정'을 뜻한다. 장·단점이 하나인 것처럼 그 사람이 가장 열정적으로 품고 있는 요소가 곧 그 사람의 격정이 되기도 한다는 사실에 주목해야 한다. 윌리엄 블레이크는 일찍이 말하였다. '격정을 사로잡으면 유익할 수 있다. 그러나 격정에 사로잡히면 무익하다.'(To be in a passion you good may do. But no good if a passion is in you). 열정이 우리를 위해 유익한 도움을 주지만 격정의 노예가 되어 휘둘림을 당하면 우리는 격정의 피해자가 될 것이라는 뜻이다. 좋은 뜻이든 나쁜 뜻이든 힘은 열정에서부터, 강박충동에서부터, 격정에서부터 솟아 나온다. 그 방향을 어떻게 조절하느냐에 따라 힘의 성격이 달라질 뿐이다. 방향이 잘 조절되면 창조적인 힘이 될 것이요, 어긋나면 파괴적인 힘이 될 것이다.

내가 나의 격정을 똑바로 알면 길이 보인다. 나의 열정이 보이고 나의 장점이 보인다. 나 자신이 보이고 나의 에니어그램이 보인다. 그러니 단점도, 강박충동도 두려워할 것이 아니다. 기피할 것은 더더욱 아니다. 격정과 강박충동을 오히려 크나큰 복으로 받아들일 수 있다. 토마스 무어나 제임스 힐먼 같은 이들은 원형심리학의 관점에서 이렇게 말한다. 문제를 해결하려고 들지 말고 그 문제의 속을 깊이 들여다보고 그 속에서 뜻을 찾으라. 그리고 나서 그 뜻을 존중하라. 그 뜻을 소중히 간직하고 살라. 그러면 거기에서 큰 힘이 나온다.

격정에 대해서도 마찬가지다. 격정 자체는 좋거나 나쁜 것이 아니다. 격정을 다루는 법을 배우고 익히는 것이 중요하다. 격정을 바르게 다루면 격정은 복이요, 스승이다. 우리는 격정에서 우러나오는 큰 힘을 이용하여 삶을 더 풍요롭고 자유롭게 구가할 수 있다.

각 유형의 격정

- 1번 유형: 격정이 '분노'로 표현된다. 누구나 화를 내지만, 1번 유형은 다른 여덟 가지 유형에 비해 화를 잘 낸다고 할 수 있다. '분노'가 1번 유형의 아킬레스건인 것이다.
- 2번 유형: 격정이 '교만'으로 나타난다. 남의 필요를 발견하고 도와주

면서도 그 일을 은근히 자랑한다. 그것이 교만이다. 사심 없이 겸허해져 자랑하지 않으면 성자가 될 수도 있을 것이다.

• 3번 유형: 격정이 '기만'으로 나타난다. 남보다 잘나고 싶은 마음이 앞서기 때문에 타인은 물론 자기 자신을 기만하면서까지 성공하고 싶어 한다.

• 4번 유형: 격정이 '시기'로 나타난다. 독특함을 추구한 나머지 자기에게 없는 것이 남에게 있을 때 시기심을 드러낸다.

• 5번 유형: 격정이 '인색'으로 나타난다. 내면의 허기虛氣 때문에 지식과 정보를 추구하지만 그것을 지켜내야 한다는 생각에 자기도 모르게 인색해진다.

• 6번 유형: 격정이 '공포'로 나타난다. 충실하게 살면서도 밑바닥에 불안한 심리가 도사리고 있기 때문이다.

• 7번 유형: 격정이 '탐닉'으로 나타난다. 끊임없이 만족을 찾아 어딘가에 푹 빠지곤 한다.

• 8번 유형: 격정이 '정욕'으로 나타난다. 남에게 강하게 보여야 한다는 생각이 지배적이기 때문이다.

• 9번 유형: 격정이 '나태'로 나타난다. 갈등을 두려워하고 피하려고 하므로 자기는 가만히 앉아서 해결되기를 바란다.

아홉 가지 격정 중에서 어느 하나가 다른 여덟 가지 격정보다 자신에게 더 뚜렷한 성질임을 확인해야 한다. 신기하게도 자신의 것을 찾기 전에는 헤매다가도 일단 하나를 분명히 발견하고 확인한 뒤에는 그것이 자신의 것임을 명백히 알고 확신하게 된다는 것이다. 장점이나 좋은 면만을 생각하면 어느 한 가지 특정 유형을 자신의 성격유형으로 선택하기가 수월치 않다. 그래서 혼란과 오해가 생기기 쉽고 성격유형을 잘못 확인하게 된다. 자신의 성격이 지닌 밝은 면이나 장점만을 생각하면서 에니어그램 유형을 찾는 것은 자기 발견의 여정에서 별다른 보탬이 되지 못한다. 따라서 장점이 아닌 격정(단점)을 가지고 자기 유형을 찾아야 한다.

　　자신의 에니어그램 인성유형을 발견함으로써 자신의 격정을 확인할 수 있다. 그것은 지금까지 자기 스스로 자신을 보호해 왔던 적응방식을 탐색하고 그 베일을 벗기는 작업이다. 그 작업은 결코 유쾌한 일이 아니며 자신에게 일종의 극단적인 위협이나 죽음으로 체험될 수도 있다. 그러나 이러한 과정을 통해서 자신을 해방시킬 수 있는 진리와 직면할 수 있는 진실성과 용기를 갖게 된다.

8A-사회자: 각 유형의 격정이 있는데… 그런데 각자의 그 격정 때문에 다른 사람을 고생시키는 거잖아요? 그 격정 때문에 다른 사람이 상처를 입어요.

2A: 상처보다 더한 거라고 봐요. 존재 자체를 흔들어 놓는 거니까… 그런데 본인은 그렇게 만들어놓는다는 걸 잘 몰라요.

8A-사회자: 그래요. 그래서 오늘은 에니어그램 수련을 하면서 자신의 격정에 대해 하나님이 무엇을 깨닫게 하셨는지 이야기를 나누면 좋겠어요.

4A: 나를 가장 잘 아는 게 나라고 생각했어요. 그런데 격정에 대해 깊이 들어가면 들어갈수록, 격정에 대해 알면 알수록 내가 얼마나 착각에 빠져 살아가고 있는지를 깨닫게 돼요. 내 격정에 대해 가장 잘 알고 있는 건, 내가 아니라 오히려 나와 가장 가깝게 지내고 있는 사람들이라는 걸 알게 됐어요.

8A-사회자: TV에서 봤는데 어떤 아버지가 나와서 얘기하기를, 자기는 가족을 사랑하는 마음으로 잔소리도 하고 화도 내고 그랬대요. 자기가 사랑해서 그렇게 한 거였는데 식구들이 무서워하고 싫어하는 걸 알고 깜짝 놀랐다는 거여요. 자기는 잘하려고 한 건데 가족들이 싫어하니까 본인으로서는 억울한 거죠.

2A: 그게 격정에 휘둘리며 사는 거잖아요.

4A: 자기 격정을 제대로 찾지 못하면 자기 안에 역동하는 힘을 알 수가 없잖아요?

8A-사회자: 내가 내 성격유형이 8번인걸 찾았으니까 다행이지, 그냥 2번인줄 알고 있었으면 어쩔 뻔했어요?

2A: 회개를 제대로 못했겠죠 뭐.

8A-사회자: 그렇지? 그래서 자기 것을 인정해야 편안해지는 거죠. 이젠 살 것 같아요. 2번으로 있었을 땐 뭔지 모르게 불편했는데… 내 격정을 제대로 찾아서 붙드니까 욱하는 것도 많이 없어졌어요.

4A: 이젠 화도 덜 내시고… 무섭다는 생각이 덜 들어요.

8A-사회자: 계속 2번을 붙들었으면 자랑 안 하려고만 애썼겠죠. 뜨거운 동정심을 갖고 다른 사람들의 마음을 헤아리려 했겠어요?

2A: 정욕은 어떤 거죠?

8A-사회자: 정욕은 욕심 사나운 거죠. 지가 다 가지려는 거지요. 세상을 다스리고 싶은 거죠. 내 욕심대로 해야 되는데 그게 안 되니까, 내 맘대로 안 되니까 화가 나는 거지요.

3A: 난 말이야, 상대방을 누르려고 우기는 게 있어요.

8A-사회자: 그게 기만이죠.

2A: 4번은 어떤 유형보다도 격정을 받아들이기가 쉽지 않아 보여요.

4A: 시기를 느끼는 순간 내가 그냥 꺾여버리니깐….

4C: 그렇지. 밑으로 죽 떨어져 버리지.

4A: 옆에서 자꾸 시기라고 얘기하면 이거 시기 아닌데, 하는 생각이 들어요. 시기라고 얘기하면 기분 나빠요. 내 행동에 대해 얘기하면서 그걸 시기라고 말하면 막 화가 나요.

2A: 어떤 유형이든 그렇지 않겠어요?

8A-사회자: 누군가에 의해 내가 건드려지면 그때 펄쩍 뛰게 되는데, 그게 격정인 거잖아요? 누가 건드리지만 않으면 난 스마트한 사람인데… 누가 건드려도 내 감정이 동요되지 않았으면 좋겠어요.

2A: 어떤 자극에도 동요되지 않는 게, 그게 바로 격정을 꽉 붙잡은 상태인 거죠.

4A: 4번은 혼자 있고 싶어 하잖아요? 사람들 속에서는 시기가 자꾸 건드려지니까 도망가서 혼자 있으려는 거죠.

2A: 저는 건드려지지 않으려고 버팁니다. 자랑하고 우월하다고 하면서 버티고 있는 거죠. 꼴 난 자존심 지키려고… 공격당하지 않으려고 버티는 거죠.

4C: 자기를 보호하는 거네요?

2A: 그러니까 이기적인 거죠. 그렇게 나를 지키려다가 남을 죽일 수 있는 거죠.

8A-사회자: 그래요. 남도 죽이고, 결국 나도 죽는 게 격정이죠.

4A: 그러니까 격정을 죄라고 하는 거겠죠. 4번의 격정을 발견하고 나서야… 내가 막연한 죄인이 아니라 하나님 앞에서 구체적인 죄를 짓고 있는 죄인이란 걸 알았어요.

2A: 격정을 붙들고 내 힘만으로는 어찌할 수 없으니까… 그래서 그 부끄러운 죄들을 붙들고 하나님 앞에 나아갈 수밖에 없어요.

8A-사회자: 그렇죠. 격정을 안다고 해서 격정이 없어지는 게 아니지요. 격정을 붙잡는다고 하는데 그게 잡히나? 뜬구름 잡기나 매한가지지. 하나님 붙들고 격정에 휘둘리지 않으려고 발버둥 쳐야 하는데… 그게 에니어그램 수련이지요.

10장
격정 다루기

격정을 없애려 하기보다는 다루는 법을 배워야 한다. 그렇다면 어떻게 다룰 수 있을까? 먼저 격정에 대한 기본적인 개념부터 바꿀 필요가 있다. 격정이 파괴적인 힘이 되기도 하지만 우리 안에 숨어 있는 격정을 잘 다루어 우리 자신에게 동지가 되면 아름답게 살도록 도움을 주는 창조적인 힘이 된다. 하지만 잘못 다루어 생각 없이 반응하면 실수와 사고로 이어진다. 뿐만 아니라 돌아보고 조심하고 또 돌아보고 조심하지 않으면 똑같은 실수와 사고를 반복하게 된다. 세계 각지를 다니면서 이런 주제로 세미나를 여는 라이스 박사Dr. Michael Ryce는『나에게 왜 이런 일이 되풀이 일어나는가?』(*Why is This Happening To Me Again?*)라는 책에서 정신력mind energy을 어떻게 다루어야 하는지, 어떻게 표현하고 적용해야 하는지에 초점을 맞춘다. 격정이 열정으로 표출되는 지혜를 발휘해야 한다는 것이다.

격정은 야생마와도 같다. 걷잡을 수 없도록 거칠게 밀어붙이는 힘이 있다. 거칠지만 잘 조련하면 천리마가 될 수 있다. 격정은 화도 되고 복도 된다. 함정도 되고 뜀틀도 된다. 격정passion이 열정passion으로 표출되도록 다스리면 우리에게 크나큰 복이 된다. 격정에 휘둘리는 것은 함정에 빠지는 것과도 같다. 분노와 기만, 정욕과 게으름, 교만과 시기 같은 격정의 폭발로 문제가 해결되는 법은 없다. 오히려 문제를 더 심각하게 꼬이게 하고, 더욱 풀기 어렵게 만들 뿐이다.

격정은 어릴 적에 입은 상처에서 비롯된다. 즉 어릴 적에 입은 상처 때문에 생기게 된 일종의 방어기제이다. 상처는 흠이나 결함과는 다르다. 상처로 말미암아 비롯된 격정은 흠이나 결함이 아니기 때문에 누구를 탓할 일도 아니고, 감출 일도 아니며, 그것과 싸울 일도 아니다. 격정은 우리 속에 숨어 있었던 여섯 살짜리가 불만을 품고 앞뒤 가리지 않은 채 자기 자신을 드러내는 것이다. 겉 사람의 나이가 몇이든 그것은 아무 상관이 없다. 사람 속에 있는 본능과 지성과 감정의 상호작용이 제대로 이루어지지 않고 조화와 균형이 깨지면 여섯 살 무렵에 형성된 숨은 격정이 표출되는 것이다. 지성과 교양이 인성을 억제하거나 통제할 때는 격정이 어느 정도 다스려질지도 모르지만 이런 억제력이나 통제력이 약해지거나 소홀히 하게 되면 속에 있는 여섯 살배기의 격정이 제멋대로 노출되는 것이다.

걸림돌이 되거나 함정이 되는 격정을 어떻게 해야 뜀틀이나 도약대로 변화시킬 수 있을까?

첫째: 격정을 붙잡아라

격정을 부정하지도 말고, 그런 것이 없는 것처럼 가장하지도 말라. 도망칠 생각도 하지 말라. 너무 빨리 없애려 하지도 말고 판단하지도 말고, 있는 그대로 격정을 받아들여라. 야생마를 길들이려면 고삐를 꼭 붙잡고 있어야 하는 것처럼, 격정의 고삐를 놓치지 말고 꼭 붙들고 있어라. 길길이 뛰더라도 고삐를 놓쳐서는 안 된다. 펄펄 뛰는 야생마를 그대로 뛰도록 놓아두면 거칠게 뛰던 힘이 사그라지면서 야생마 스스로 힘을 조절할 수 있게 된다. 격정 역시 그런 상태를 유지하다 보면 서서히 격정이라는 야생마를 부릴 수 있게 된다.

둘째: 관찰하라

그것이 어떤 모양인지, 어떤 색깔인지, 목표는 무엇인지 등을 똑바로 바라보라. 오랫동안 살피고 연구하라. 에니어그램은 자기 관찰이 밑바탕이요 토대가 된다. 자기 관찰의 핵심은 자기의 격정을 관찰하는 데에 있다. 전에는 멋모르고 격정을 터뜨리면서 화를 내거나 싸우거나 사고를 냈을지 모르지만 자기의 격정을 확인한 다음부터는 그것을 면밀히 관찰하라. 격정이 어디서 와서 어디로 가는지를 지켜보라. 끓어오르는 격정을 그대로 지켜보면서 충분히 오랫동안 관찰하면 무엇인가 불편하게 느껴지던 것이 슬며시 빠져나가는 것을 알아차리게 된다. "내가 왜 이런 식으로 행동하는가?", "내가 왜 화가 나서 격분하는가?", "내가 왜 이런 판단을 내리는가?" 등등 스스로에게 묻고 집중하여 자기 자신을 지켜보는 수련을 거듭하다 보면 자기 관찰에 숙달된다. 그러다 보면 자신의 인성과 진정한 본성 사이에 간격을 두고 자신을 지켜볼 수 있는 능력이 생기게 되고, 그럼으로 '조기경보체제'를 가동시킬 수 있게 된다.

셋째: 격정 속에 있는 최선의 힘을 믿어라

모든 것을 귀찮아하고 체념한 것 같은 사람일지라도 누군가가 자존심을 상하게 하여 숨어 있는 격정이 올라오면 순간적으로 무서운 힘을 드러내는 모습을 본 경험들이 있을 것이다. 그러나 속에 있는 상처 받은 어린이를 달래주어 격정을 조절하면 거기서 나오는 힘은 미움과 공격성에서 나오는 힘이 아니라 사랑과 협력의 힘으로 표출될 수 있다. 격정은 공격적이거나 파괴적인 힘으로 표출되기 쉽지만 자기 관찰을 계속하면서 그 속에 있는 최선의 힘을 믿고 인내심과 여유를 갖고 있으면 아름답고 놀라운 힘이 거기에서 우러나오게 된다. 격정 속에는 기막힌 힘이 있고, 그 힘은 아름다운 창조적인 힘으로 작용될 수 있다. 즉 욕망에 사로잡혀 행동하는 것에서 벗어나 하나님이 계획하시고 섭리하시는 뜻에 따라 살아가는 조화로운 사람이 되어 가는 것이다.

과거에 머무르거나 미래를 좇는 삶이 아니라 현재라는 시간 속에 존재하고 있는 자신을 경험해야 한다. 깨어있는 상태의 자신을 기억하고, 현재라는 환경 속에서 느끼고 생각하고 행동하는 자신을 관찰해야한다.

8A-사회자: 에니어그램을 공부하면서 어떤 게 속마음이고, 또 속마음을 겉으로 표현하는 게 어떤 건지를 아는 게 참 필요하고 중요하다고 말할 수 있어요.

2A: 격정이야말로 정말 속마음을 얘기하는 거죠.

4A: 그 속마음이 행동으로 나타날 때 에니어그램에서는 '기피하는 것'으로, 또 '함정'으로 설명하잖아요? 격정으로 인해 끊임없이 무언가 하지 않으려는 두려움이 있고 또 끊임없이 무언가 하려고 하는 욕망이 있다고 말이죠.

2A: 격정이 우리의 깊은 속에서부터 계속 올라오니까 강박충동이라 할 수 있고, 강박충동에 의해 기피와 함정이라는 강박행동이 나타난다고 할 수 있겠죠.

4A: 그게 결국 우리의 겉모습이잖아요?

4C: 그렇다면 에니어그램의 각 유형별 특성이 격정에 의해 나타나는 각각 다른 강박행동이라는 거네요.

1A: 아! 알겠어요. 격정을 다룬다는 건 결국 그 유형의 강박행동을 어떻게 다루느냐? 바로 그거죠?

8A-사회자: 어쭈? 1번 답네요.

4A: 자신에게서 반복되는 강박행동을 알고… 또 그 행동이 격정으로부터 오는 걸 발견하게 될 때… 거기서부터 자기 관찰이 시작되죠.

2A: 그게 자기 자신을 객관화하는 과정이잖아요?

8A-사회자: 그렇죠. 우리가 에니어그램의 도움으로 그 작업이 가능해지는 거잖

아요? 자신에게 나타나는 강박행동이 어떤 건지 얘기해 볼까요?

2A: 필요 없는 존재가 될까봐, 그게 강박으로 나타나요. 사랑을 못 받는 거니까… 그래서 다른 사람의 필요를 알려고 남을 너무 살피게 돼요.

1A: 미리 다 철저하게 준비해 놓고는, 빤하게 보이는 다른 사람들의 불완전한 모습을 지적하고 비판할 자세를 취하죠. 내가 지적했을 때 상대방의 반응에 어떻게 대응할 건가 생각을 하면서 눈치를 보고… 하지만 그렇게 지적은 잘하면서 지적 받는 건 죽기보다 싫죠.

8A-사회자: 그런 게 격정에 휘둘리며 사는 겉사람의 모습인 거잖아요? 그럼 에니어그램 수련을 하면서 격정에 휘둘리려는 순간이 올 때… 그럴 때 자기를 관찰하면서 어떻게 수련했어요?

4A: 4번은 시기 때문에 자기가 부족하다고 느끼는 거잖아요? 내가 부족하니까 사람들 속에서 의기소침해져서 자꾸 뒤로 물러나게 되는데… 그걸 아니까, 내가 움츠러들려고 할 때 용기를 내서 사람들한테 다가가려 하고… 물론 이런 과정이 쉽지 않지만 주어진 상황 속에 개입하려고 노력하게 되는 거죠. 최근에도 내 안에서 시기를 보았는데, '흥' 하면서 새침해지는 걸로 나오려 하고 그 사람과 거리를 두려고 할 때, '아… 또 시기가 나오고 있구나, 네가 정말 부족한 게 아니라 그냥 부족하다고 느끼는 거래, 이 감정을 눌러야지' 하고 의식적으로 그 사람과의 거리감을 두지 않으려고 애쓰면서 계속해서 대화를 했어요.

8A-사회자: 격정을 사로잡아야 속사람의 모습을 보여줄 수 있는 거잖아요? 에니어그램하면서 재밌고 행복한 게 무어냐면 속사람을 알아가는 게 이렇게 재미있는 거구나. 4번이 격정에 휘둘릴 때는 혼자만 있으려 하고 쌀쌀한데… 4번은 그게 겉사람의 모습이잖아요? 하지만 마음의 문을 열어주니까 그 속사람까지 구경할 수 있는데… 산천초목 금강산 구경보다 더 재밌어요. 속사람을 몰랐을 때는 왜 사람을 만들어 놓고 하나님이 좋아하셨을까, 모든 피조물 중에서 썩 좋은 게 아니라고 생각했는데… 마음의 문을 열어주니까 그 속

에 있는 모습이 보이잖아요. 자기를 보여주고 얘기해주고 하니까, 속사람과 함께 지내는 게 너무 재밌고 행복해요. 겉사람은 죄의 법을 섬기지만 속사람은 하나님의 법을 즐거워하잖아요?(롬 7:22-25) 죄의 법이 우리를 사로잡지 않을 때, 격정이 우리를 사로잡지 않을 때, 우리의 겉사람은 낡아지고 우리의 속사람은 날로 새로워지는 거지요(고후 4:16).

11장
상처의 힘

　여건이 좋아서 살기가 편하면 삶을 개선시키려고 애쓸 필요성을 그다지 느끼지 못한다. 그러나 어려운 조건과 환경 속에서 사는 사람들은 그것을 이겨내고 더 좋은 삶을 영위하고자 끊임없이 노력하게 된다. 그 결과 찬란한 문명과 문화를 창출해낸다. 마찬가지로 상처는 우리를 더 좋은 삶으로 향하게 하는 디딤돌이나 뜀틀이 될 수 있다. 상처를 어떻게 대하며 치유하고 극복하는가에 따라 상처가 복이 될 수도 있는 것이다. 그러므로 상처를 발견하고 끌어안을 수 있다면 그것은 곧 걱정이나 강박충동을 끌어안을 수 있는 힘이 되고 그 결과 '땅 속에 묻힌 보화'를 얻게 된다. 존 샌포드가 말한 것처럼, '내 안에 있는 천국'을 발견하는 데까지 이를 수도 있는 것이다.

　상처를 묻어두거나 외면한다고 해서 상처가 없어지는 것도 아니요, 잊히는 것도 아니다. 상처는 겉으로 아무리 잘 싸매거나 덮어두어도 '아픈 발가락'으로 계속 남아 있게 된다. 영혼 한쪽에 빈 구석처럼 남아서 언제라도 그것이 건드려지면 펄쩍 뛸 만큼 아프고 그것은 곧 격정으로 터져 나온다. 숨어 있었던 상처가 건드려지면 나도 모르게 격정이 폭발한다. 본능적으로 방어기제가 작용하여 반응하게 되는 것이다. 세상은 물론 하나님까지도 원수인 것처럼 생각하게 되고 현실을 객관적으로 볼 수 있는 여유를 잃어버린다. 상처는 우리의 정서나 감정의 중심을 쉽게 일그러뜨리기 때문에 머리로 생각하는 것과는 영 딴판으로 반응하며 행동하게 만들곤 한다. 상처 입은 영혼은 자신이 입은 과거의 상처를 대면하려 하지 않는다. 상처를 대면하는 것이 두려워 기피하기 때문에 의식에서 지난날의 상처를 기억하지 않으려 한다. 어린 시절의 상처가 웬만해서는 생각조차 나지 않는 경우가 많은 것은 바로 이 때문이다. 그러나 상처를 숨기려고 애쓰지 말아야 한다. 그것을 붙들고 씨름하거나 싸우지도 말아야 한다. 그것이 옳은 것인 양 합리화하거나 정당화시키려고도 하지 말아야 한다. 상처를 깊이 있게 들여다보면서 이해하려고 애쓰는 것이 무엇보다 중요하다.

'난생처음 받은 상처'를 이야기하는 데에는 아픔과 괴로움이 묻어 나게 마련이다. 잊어버리고 싶고 묻어두고 싶은 상처를 꺼내기란 생각처럼 쉽지 않다. 아픈 상처를 건드리는 격이 되기 때문이다. 하지만 상처를 치유하기 위해서는 먼저 드러내야 한다. 드러내지 않은 상처는 치유되기가 더 어렵다. 자기 발견의 길을 꾸준히 가면서 상처 때문에 나타나는 반작용을 관찰하고 그와 관련된 감정이나 정서를 객관적으로 바라보게 될 때 상처가 치유되기 시작한다. 전문가와의 상담이나 영성 지도가 도움이 되고 자신들이 받은 상처에 대해 서로 이야기를 주고받는 것도 큰 도움이 된다.

상처가 회복이 되려면 상처 입은 과정과 그 결과에 대해 깊은 이해가 있어야 한다. 특히 어릴 적에 입은 상처에 대해서는 기억을 더듬어 보면서 그것이 훗날의 삶에 어떤 그림자를 드리웠는지 곰곰 되새기지 않으면 안 된다. 어린 시절에 입은 상처를 이야기하면서 되짚어 볼 때 그 상처에 대한 기억이 선명해지면서 그것이 오늘날 나의 격정의 원인이요, 반작용이나 방어기제의 뿌리가 된 것을 확인하게 된다. 각자의 어두운 면은 상처에 대한 작용과 반작용이다. 상처를 확인하고 나면 표피적으로 덧없는 위로를 구하려 하던 내 모습이 부끄러워지고 영혼의 잠재력을 살리는 것만이 중요함을 깨닫게 된다. 그래서 두려움이나 거리낌없이 자신의 상처를 기억하고 겉으로 끌어내고 서슴없이 이야기하게 된다. 자신의 이야기를 남의 이야기하듯 담담하게 할 수 있게 된다.

이야기는 우리에게 힘을 준다(Story telling)

치유하는 힘이 이야기 속에 있기 때문이다. 특히 '난생처음 받은 상처'를 함께 이야기 나누는 것은 매우 중요하다. 만 여섯 살이 되던 때를 중심으로 기억을 더듬어 보자. 초등학교에 들어가던 때를 전후한 경험을 떠올리기 시작한다. 환경이 아무리 좋고 가족의 사랑이 아무리 커도 어린 시절에 상처를 입지 않은 사람은 없다. 크든 작든 배신감, 소외감, 고립감, 버림받은 느낌 같은 것이 우리 모두에게 상처가 된다. 함께 놀러 가기로 약속했던 아빠가 그 약속을 안 지키거나 못 지킬 때, 엄마가 동생하고만 재미있게 지내거나 동생만 보살피면서 자신은 거들떠보지도 않는다고 느낄 때, 친구를 사귀고 싶어서 다가갔는데 철저하게 외면당한다는 느낌을 받을 때, 우리 모두는 상처를 받는다. 상처 중에는 내내 잊히지 않고 생각나는 것도 있고, 까마득하게 잊었다가 어떤 계기로 인해 문득 표면으로 떠오르게 되는 것도 있다. 기억의 창고에 깊숙이 처박혀 전혀 생각나지 않던 것도 남의 이야기를 듣다

보면 연상 작용의 고리가 걸리면서 얽힌 실타래가 풀리듯 상처에 대한 이야기가 풀려 나온다. '난생처음 받은 상처'에 대한 이야기는 우리의 상처와 격정을 확인하고 상처를 치유 받게 하는 중요한 실마리가 된다. 누구나 자기 자신의 드라마를 쓴다. 자기가 드라마를 구상하고 쓰고 연출한다. 자신의 드라마를 이야기하는 것은 아주 소중한 경험이 될 수 있다. 이야기에는 힘이 있다. 나를 발견하게 하는 힘이 있다. 맺혔던 한을 풀어주고, 쌓였던 불만을 풀어주고, 응어리진 가슴을 쓸어주고, 아물지 않은 상처를 치유하는 힘이 있다. 이야기에는 위로와 치유와 회복의 힘이 있다.

상처를 묻어두거나 외면한다고 해서 없어지거나 잊히지 않고 상처
는 영혼 한쪽에 남아 현실을 객관적으로 볼 수 있는 여유를 잃게 만든
다. 그러나 상처를 깊이 있게 들여다보면서 상처 입은 과정과 그 결과
에 대해 깊이 이해하게 될 때 상처는 땅 속에 묻힌 보화처럼 우리를
더 좋은 삶을 누리게 하는 복이 된다.

8A-사회자: 우리가 기억을 못해서 그렇지, 누구나 다 상처가 있어요. 다만 그 상
　　처가 크거나 작거나 할 뿐이에요. 그런데 그 상처가 치유되면 복이라고 말해
　　요. 왜 그렇게 말했을까요?

2A: 대부분의 사람이 상처를 받게 되면 억울함을 호소하고 상처를 준 사람을 탓
　　하면서 얘기하는 경우가 많아요. 하지만 남을 탓하며 얘기하던 관점에서 내
　　가 왜 그런 상처를 받았을까? 나를 중심으로 새롭게 해석하려는 관점으로 바
　　뀔 때 그 상처가 복이 되는 거라고 봐요.

4A: 상처에만 묶여 있으면 제자리에서 맴돌기만 한다는 걸 알았어요. 상처가 치
　　유됐다는 건 나에게 반복되는 상처를, 지금까지와는 다르게 해석할 수 있는
　　능력이 생겼다는 거잖아요? 기계적 반응에서 벗어나 새 삶으로 전환될 수 있
　　으니까, 복으로 연결될 수밖에 없는 거겠죠.

8A-사회자: 상처란 말이죠, 가난이나 신체적 열등, 조실부모, 형제간의 서열과
　　같이 어쩔 수 없는 운명으로부터 오는가 하면, 폭력이라든가 왕따처럼 관계
　　나 체제 속에서도 받아요. 상처가 참 다양한데… 상처를 이야기하면 치유가
　　된다고도 하잖아요? 그런데 자기 상처를 잘 얘기하는 유형도 있고 잘 얘기하
　　지 않는 유형도 있어요.

1B: 전 속이 상하면 나이 많으신 카운슬러한데 전화해서 위로를 받아요. 그리고

젊은 사람들한테는 또래 집단에서 자기 애기하지 말라고 조언해요. 오히려 화를 더 돋게 할 수 있어서···. 5년, 10년 이상 세월을 더 사신 분들한테 힘든 내 애기를 해서 지혜를 얻으라고 말해요.

8A-사회자: 네. 자기의 이야기를 들어줄 수 있는 누군가를 만드는 게 필요해요. 그런데 말이죠, 내가 강하다 보니까 사람들이 나한테 상처를 받았다는 말을 많이 해요. 다들 나한테 준 상처들은 다 무시하면서 그렇게들 말을 하는데··· "상처를 받았다고 얘기해주지 않으면 상처를 준 사람은 잘 몰라요. 그래서 상처를 얘기해 달라고, 얘기해주면 조심하잖니?" 이렇게 말하면 어떤 유형은 왜 내 상처를 모르느냐고 하거든요. 네가 내 상처를 알아내라 이런 식으로 말해요.

2A: 그걸 알아주는 게 쉽지 않다고 생각해요. 그래서 당사자의 이야기를 직접 듣지 않으면 알 수 없는 게 상처라고 봐요.

8A-사회자: 누구나 자신의 상처가 있을 텐데··· 어디 누가 한번 이야기해 볼까요?

2A: 어렸을 때 유치원 다닐 때였어요. 앵두나무 아래에서 사진을 찍었는데 남자아이 하나에 여자아이 둘이면 셋이 찍어도 되잖아요? 남자아이 엄마가 아들한테 여자아이 둘 중에서 하나를 고르래요. 그런데 그때 제가 간택을 못 받았어요. 내 생애 처음으로 당한 거절이었는데··· 그날 그 엄마가 아들 사진 하나 찍어 줬으면 됐지, 잔인하게 아들더러 저랑 또 사진을 찍으래요. 너무 싫었지만 어른이 시키는 거니까··· 그래서 앵두나무 아래에서 어색한 표정으로 사진을 찍었는데··· 그때 제가 사랑을 못 받았잖아요? 거절당하는 아픔이 어떤 건지 그때 알게 됐는데··· 그 아픔을 아니까 내가 다른 사람들을 거절 못하게 되고··· 간택 받는 상황을 만들려고 애쓰게 됐던 게 아닌가··· 다른 사람의 비위를 맞추려고 했던 게 아닌가도 싶고···.

1A: 2번이 사랑받지 못하고 거절을 당했으니 상처가 됐겠어요.

2A: 그 사진을 오래전에 우연히 발견했어요. 그때 싫은 걸 억지로 찍느라 표정이 굳어있었는데··· 참 희한해요. 세월이 한참 흘렀잖아요? 지금도 사진을 찍으

면 사진 속의 내 표정이, 긴장하고 있는 내 모습이 그때와 똑같더라고요.

8A-사회자: 그 상처가 아직도 남아 있다는 거야.

1A: 난 무심코 던진 말인데… 그냥 한 말인데… 상대방에게는 상처가 될 수 있다는 거잖아요?

4A: 그래서 상처를 준 사람은 상대방에게 상처를 주었다는 걸 잘 몰라요. 그건 바로 의식적으로 의도된 상처는 그리 많지 않다는 게 아닐까요?

12장
영성 이야기

　속 깊은 이야기에는 힘이 있기에 이야기가 힘을 드러낼 수 있으려면 그만한 바탕이 있어야 한다. 다름 아닌 '정직'이다. 정직하게 자신만의 이야기를 할 수 있어야 한다. 남들에게 잘 보이거나 남들보다 돋보이려고 하는 이야기나 애써 숨기거나 감추려고 하는 이야기는 힘이 없다. 자신에게 정직하고 과거에 솔직하고 하나님 앞에서 솔직하게 자신을 드러낼 수 있어야 한다. 하나님 앞에서는 모든 것이 대낮처럼 밝은데도 자기 자신을 감추려 드는 이가 적지 않다. 그것은 두 손으로 하늘을 가리려는 짓임을 깨닫고, 아무런 걸림장치도 하지 말고 벌거벗은 심정으로 자신의 이야기를 꺼내 놓아야 한다. 이런 정직을 바탕으로 이야기를 나누는 과정에서 이야기 자체가 이야기를 끌어내어 사슬처럼 이어지면서 이야기 스스로 생명을 갖는다.

　우리 자신을 오롯이 드러내는 이야기는 위로의 힘이 되고, 치유와 회복의 힘이 된다. 이야기 속에 그토록 큰 힘이 있지만 우리는 이야기를 수다나 신변 잡담 정도로 받아들이기 일쑤이고 학문적인 관심은 더

더욱 받지 못했다. 그러나 1970년대 중반부터 '이야기 신학'이 미국과 프랑스에서 새롭게 발전되기 시작하였다. 성서신학과 영성신학 그리고 공동체 성서연구에 접목되기 시작하였고 이제는 많은 이들이 영성 수련을 통해 이야기가 드러내는 힘을 실감해 가고 있다. 성경은 하나님과 인간의 역동적인 이야기이다. 성경을 이야기로 풀듯이 나 자신의 이야기를 해보자. 예를 들면 아브라함의 일대기를 연상하며 나의 일대기를 대조적으로 비추어 보고 이야기를 엮어 보는 것이다. 일치하는 부분을 확인하고 다른 면들은 성경 이야기의 조명을 받아 다듬어 가든가 보충하면서 교정과 보완 작업을 해나가면 이야기가 갈수록 힘을 얻게 될 것이다. 그래서 믿음의 조상인 아브라함과 믿음의 후배인 나의 인생담이 어떻게 만나는가를 찾아내어 성찰하고 명상하는 것이다.

예수의 이야기 속에는 풍부한 영성 이야기의 패러다임이 있다

예수를 만난 사람들의 이야기 속에서도 우리 자신의 이야기가 살아 있다. 이야기는 아득한 옛날부터 전해 내려온 예술이다. 원초적 사회에서는 이야기꾼이 추장이 되었고 우두머리가 되었다. 현대 사회에서도 이야기를 잘하는 '정치가'가 좋은 지도자로 등장하곤 한다. 하지만 진실이 담기지 않은 이야기는 힘이 없다. 일시적으로는 통할지 모르지만 오래 가지 못한다. 이야기 속에 진실이 담겨야 비로소 힘이 생긴다. 그래서 함께 나누는 진실한 이야기는 모두를 하나로 묶어주는 힘을 지닌다. 진실된 자기 삶을 고백하는 이야기는 세대에서 세대로 전해져 사람들에게 감동을 주고 사람들의 삶에 변화를 불러일으킨다. 아우구스티누스의『참회록』이 대표적인 사례이다. 그 이야기 속에는 추억과 회상이 있고 하나님의 은혜와 구원이 있다. 그 이야기는 곧 해방의 이야기이다.

　'인생담'은 인생의 여로에 관한 이야기가 된다. 굴레를 쓰고 살던 질곡의 삶이 자유와 해방의 삶으로 대전환하게 되는 이야기, 삶이 슬픔으로 곤두박질쳐졌다가 어느 순간 기쁨으로 화학변화를 하는 이야기 등 모든 이야기는 결국 변화의 이야기이고 변화된 한 사람의 이야기는 다른 사람의 인생행로에도 변화의 자극제가 되어준다. '성공담' 도 좋지만 '실패담' 또한 삶을 살아가는 위로와 용기와 지혜를 안겨준다. 장엄한 패배의 이야기는 부끄러운 승리의 이야기를 능가한다. 예수 십자가 사건의 이야기는 그 어떠한 이야기도 갖지 못하는 역동적인 힘을 가진다. 어찌 보면 우리 모두 십자가를 지고 살아간다. 어떤 사람은 십자가를 외면하고 어떤 사람은 기꺼이 감당한다. 개개인이 경험하는 각자의 십자가 이야기는 자신은 물론 듣는 이들에게 힘이 된다. 각자의 십자가 체험을 통해 예수님의 십자가를 느낄 수 있고 예수의 삶과 나의 삶이 연결이 되는 것을 이야기로 나눌 수 있다. 그래서 상처를 함께 나누는 이야기는 힘이 있다. 상처 입은 사람이 이야기로 인해 위로를 얻고 치유가 되면 그 사람은 다른 사람을 치유하는 사람이 된다. '상처 입은 치유자'의 이야기는 내용의 무수한 변주곡과 다양성에도 불구하고 위로의 힘이 되어 서로에게 작용한다.

　이야기는 우리로 하여금 자기를 발견하게 만들고 영성이 깊어지게 만든다. 상처를 입고 실패를 경험한 기억과 회상이 처음에는 파편처럼 떠오를지 모르지만 하나둘씩 모이고 뭉치면서 모자이크가 되어 큰 그림이 형성되면 거기에는 생명력이 생긴다. 그럼으로써 이야기 자체가 살아있는 생명체처럼 움직인다. 그 움직임은 마침내 감동을 안겨주고 사람의 삶을 변화시킨다. 인생 여로는 각자가 자신의 영성을 찾는 이야기이기도 하다. 성취와 약속된 축복을 향하여 가는 길 위에서 우리는 수많은 만남을 경험한다. 고난과 실패, 희망과 성취, 시련과 극복, 시험과 승리 등등의 경험을 통해서 우리 모두는 하나님의 손길과 현존을 발견하고 경험한다. 인간 드라마는 단 일회적으로 하나님을 만남으로써 완결되는 것이 결코 아니다. 하나님의 손길을 경험하여 회심하고 변화의 큰길을 달려가다가도 늘 시험과 장애를 만나 넘어지곤 하는 것이 우리 인생이다. 가다가 넘어지고 가다가 넘어지기를 반복하면서 우리의 영성 이야기는 더 큰 폭으로 진동하고, 더 큰 공명을 낳을 수 있는 토대를 마련한다.

둘이서, 셋이서, 넷이서, 다섯이서 그룹을 지어 각자 자기 인생을 이야기하는 시간을 갖자. 모든 것을 자세히 말하되 보탬이나 꾸밈없이 해야 한다. 숨기지도 말아야 한다. 주요하고 본질적인 것은 강조하되 사소한 것을 자세히 말할 필요는 없다. 성실하게 하고 남들이 잘못 받아들일까봐 두려움을 갖지 말자. 왜냐하면 모두가 같은 위치에 있기 때문이다. 모두가 자신을 벗어야 한다. 각자가 자신을 있는 그대로 바라보고, 본 대로 보여주어야 한다. 그런데 한 가지 조건이 있다. 그룹 안에서만 남김없이 솔직하게 이야기하고, 그룹 밖에서는 아무 말도 해서는 안 된다는 것이다. 그룹 안에서 한 이야기가 밖에서 되풀이된다는 생각이나 의심이 들면 아무도 감히 자신의 이야기를 하려 할 사람이 없을 것이다. 자신의 이야기가 그룹 밖에서는 결코 누설되지 않을 것이라는 확신을 서로가 가져야 한다. 그래야 두려움 없이 말할 수 있고, 남들도 똑같이 하리란 이해심을 가지고 말할 수 있게 될 것이다. 영성 이야기를 함께 나눌 때 그 내용도 중요하지만 무엇보다도 중요한 것은 이야기의 주인공 각자가 자기 이야기에 충실하다 보면 그 이야기들이 우리를 재발견하게 해주고 우리가 다시 출발할 수 있도록 힘을 실어주게 된다는 것이다.

영성은 영적 존재인 인간이 물질세계 속에서 거룩한 삶을 추구하는 영적 삶의 능력이다.

8A-사회자: 우리가 영성이라는 말을 쓰잖아요? 영성은 하나님과 같이 사는 삶이라고 말할 수 있어요. 그러니까 우리가 하나님께 더 가까이 간다, 하나님과 더 친해진다고 할 때 그 말은 영성이 더 깊어진다는 걸 의미한다고 볼 수 있어요.

2A: 그런데 보통 하나님의 일과 하나가 되는 거에 집중을 하지 하나님과 하나가 되는 일에는 관심을 두지 않아요.

8A-사회자: 그래요. 우리는 하나님과 하나가 되는 일을 하나님의 일과 하나가 되는 것으로 혼돈하기 쉬워요. 자, 마가복음 4장 35-41절을 펼쳐보세요. 예수님이 제자들과 배를 타고 바다 저편으로 건너가고 있었어요. 그런데 잔잔한 바다에 갑자기 광풍이 일어나 물결이 거세지면서 배에 물이 가득 찼어요. 갑작스런 풍랑에 겁에 질린 제자들은 배에서 주무시고 계시던 예수님을 깨웠어요. 이럴 때 여러분들은 어떻게 하겠어요?

4C: 뭘 깨워요? 그냥 예수님 옆에 가서 같이 누워 자면 되죠.

8A-사회자: 와~ 여기 고수 하나 있었네! 제자들은 이미 예수님과 한 배를 탔기 때문에 안전하게 바다를 건너갈 수 있어요. 하지만 예수님이 함께 계시기 때문에 안전하다는 그 믿음이 없었어요. 풍랑이 이는 배 안에서 어떤 모습을 보여주느냐? 그게 바로 그 사람의 영성이라고 말할 수 있어요.

1A: 영성은요, 어려운 일 당했을 때 알겠더라고요. 평상시엔 영성이 깊은 사람 같아도 어려운 일이 닥치면 영성의 깊이가 바닥이라는 게 드러나요.

8A-사회자: 역시 1번 답네. 우리가 배 안에서 무서워하고 두려워하며 벌벌 떨든,

주무시는 예수님 옆에 가서 그냥 예수님과 하나가 되어 편안하게 잠을 자든, 한 배에 있었기 때문에 결과는 같아요. 풍랑 속에서 안전하게 바다를 건너게 되는 결과는 똑같은데… 의심하며 건널 수도 있고, 불안해하며 건널 수도 있고, 신뢰하며 평안하게 건널 수도 있어요. 하나님과 함께하는 게 영성인데… 그러나 어떻게 함께 하느냐에 따라 그 영성은 다르다고 할 수 있어요. 그러니까 영성이 얼마나 깊은지는 그 사람의 삶의 모습에서 그대로 드러난다고 할 수 있어요.

2A: 책에서 '상처의 힘'에 이어 곧바로 '영성 이야기'가 나온다는 건 상처와 영성이 연관되어 있음을 말하는 거라고 봐요.

4A: 발에 상처가 나면 신발을 신는 게 쉽지 않잖아요. 마찬가지로 마음의 상처가 있는 한 아픈 발로 신발을 신고 돌아다니는 것처럼 삶 속에서 상처로 인해 아플 수밖에 없잖아요? 이걸 에니어그램 언어로 말하면 격정에 휘둘리는 삶인 거고….

5A: 보통 상처를 받으면 피해자고 죄를 지으면 가해자라고 생각하지, 상처와 죄가 연결됐다고 생각을 안 하잖아요? '누구는 상처 안 입고 살았나?' 하고 욕할 때나 쓰지, 내 상처 때문에 내가 누군가에게 죄를 짓는다는 걸 미처 생각하지 못하니까… 그래서 자기를 성찰하는 쪽으로는 안 가잖아요?

8A-사회자: 그래요. 상처 때문에 죄를 지어요. 내가 받은 상처 때문에 내가 또 다른 사람을 미워하는 죄를 짓는 거야. 상처란 게 죄더라고….

2A: 그래서 상처는 영성으로 해결해야 돼요. 상처가 복이 되려면 상처를 영성적으로 풀지 않으면 풀 수가 없다는 거죠.

8A-사회자: 예수쟁이니까… 예수 믿는 사람은 하나님 붙들고 상처를 위로받을 수 있잖아요? 그래야 그게 복이 되는 거죠. 상처를 붙들고 상처 준 사람만 원망하고 있으면 상처는 상처로만 남아 있게 돼요. 남의 탓만 하고 있으면 그게 자기를 점점 더 죄악으로 몰아가는 거죠.

4A: 내가 어디선가 상처받아서 아프니까 아프지 않으려고 무언가를 했는데… 그

런 것들이 자신도 모르게 다시 다른 누군가의 마음에 상처를 주게 되고… 상처란 일방적으로 보이지만… 서로의 상처가 꼬리에 꼬리를 물면서 우리 안에서 계속해서 작용하고 있는 게 아닐까요?

8A-사회자: 그렇게 하지 않으려면 먼저 자기의 잘못을 인정해야 하는데… 자기 죄를 고백해야 용서받을 수 있는 게 하나님의 법이잖아요? 용서를 받고 나면 하나님의 은혜로, 이제는 상처가 더 이상 아프지 않은 거죠.

4A: 맞아요. 아프지 않아야 뭔가 새로운 것을 할 수 있지, 아프면 내가 늘 해오던 틀을 벗어날 수가 없더라고요.

8A-사회자: 그래서 상처는 화도 되고 복도 된다고 할 수 있어요. 상처가 부정적인 힘으로 드러날 때는 자기도 힘들고 남도 힘들게 하지만 상처가 치유되면, 병을 앓고 나면 재주 하나 더 는다는 옛말이 있어요. 아프기만 하던 상처가 긍정적인 힘을 드러내게 되는데… 재주 하나가 더 늘어서 든든한 재산이 되는 거죠.

우리가 살아가면서 저지르는 수많은 실수와 잘못들은 대개 같은 문제의 반복이다. 왜 똑같은 문제가 반복되는가? 피상적으로 해결하려 들면 문제는 늘 되풀이되어 나타난다. 문제 자체를 외면하거나 덮어두려 하면 똑같은 유형의 실수와 잘못이 반복되어 우리를 똑같은 함정으로 몰아넣는다. 생각하고 싶지 않고 잊어버리고 싶은 상처일수록 더 깊이 들여다볼 필요가 있다. 외면할수록 상처에서, 문제에서, 실수와 잘못에서, 그로 인한 곤란과 역경으로부터 도망칠 길이 요원할 것이기 때문이다. 용기를 갖고 통찰하면 그러한 실수와 잘못을 다시는 반복하지 않을 수 있는 실마리를 찾게 될 것이다. 그러나 이런 진실을 발견하거나 경험하지 못할 때는 상처가 두렵고 그것을 돌아보고 이야기하기가 싫을 것이다. 그래서 사람들은 자기를 대면하고 싶어 하지 않는다. 날마다 거울로 자신의 얼굴은 들여다보면서도 자신이 지닌 내면의 상처는 애써 외면한다. 상처나 두려움이 클수록 그것으로부터 도망치려 하거나 잊으려고 필사적인 노력을 기울인다.

'진리가 너희를 자유케 하리라'는 말을 음미해 보자. 영어에서는 '진리'든 '진실'이든 truth라는 단어로 통용된다. 진실을 알게 되면 우리가 해방될 수 있다는 말이다. 모든 문제는 진실을 회피하려 하고 덮어두려 하고 도망치려 하기 때문에 발생한다. 자유로운 삶을 살기 위해서는 두려워하지 말고 상처를 직면하고 자기를 대면해야 한다. 그러면 자유와 해방을 얻는다. 자기의 약점이나 단점이 생긴 것도 그 상처와 관련이 있고, 되풀이되는 문제와 실수와 잘못도 그 아픈 상처와 연결되어 있다는 엄연한 사실을 깨닫는 것이 무엇보다 중요하다.

어느 날 느닷없이 아이가 외친다. "엄마, 싫어!", "아빠, 미워!"

어려서만 그러한가? 커서도, 어른이 되어 살면서도 가장 많은 사랑을 퍼부어준 부모에게 대들고 소리친다. 입 밖으로 큰 소리를 내지 않을지라도 속으로 절규하듯이 외치는 경우가 얼마나 많은가! 엄마, 아빠가 밉다고 말하지만 사실은 자기가 싫고 미운 것이다. 자신이 엄마, 아빠의 뜻대로 따르지 못하기 때문에 엄마, 아빠가 미운 것이다. 죽도록 노력해도 고쳐지지 않고 없어지지 않는 문제나 단점이 자기를 괴롭히는데 막을 길도 없고 피할 길도 없다. 막막할 정도로 좌절감이나 절망에 빠지기도 하지만 별 도리가 없다. 그러니까 싫다. 밉다. 자신이 싫고 미운 것 이상으로 엄마나 아빠가 싫고 미운 것이다. 아이는 자신의 싫은 모습이 엄마에게 들킬 때면 그것이 싫다. 그것으로부터 도피하고 싶다. 그래서 다른 엄마가 부럽고 다른 엄마의 성격이 좋아 보일 수도 있다. 그래서 그런 성격을 닮고 싶고 또 그렇게 바뀌었으면 좋겠다고 생각한다.

우리는 성격이 변화되기를 원한다. 그러나 여기에서 명심해야 할 것이 있다

첫째: 만 6세에 확정된 에니어그램 유형이 다른 유형으로 바뀌는 것이 아니다. 기본유형은 한 번 확정되면 죽을 때까지 그대로 간다. 즉 성격 변화는 수평이동으로 이루어지는 것이 아니다. 자신의 성격을 현재 못마땅하게 여기는 사람에게는 실망스럽거나 절망적으로 들릴지 모르지만 이것은 부인할 수 없는 진실이다. 단점이나 격정이 없어지는 것이 아닌 것처럼 만 6세에 확정된 성격유형은 바뀌지 않는다.

둘째: 그래도 성격 변화는 가능하다. 수평이동은 아니더라도 수직이동은 가능하기 때문이다. 성격유형은 바뀌지 않지만 성격유형의 건강 상태가 변화하기 때문에 성격이 바뀐다고 말할 수 있는 것이다. 리소Don Richard Riso는 동일한 성격유형 안에서의 건강 상태를 1레벨에서 9레벨까지 아홉 가지 레벨로 구분한다. 이를테면 똑같은 성격유형이라 할지라도 평균 상태와 건강 상태, 불건강 상태를 오갈 수 있다. 아주 건강하면 성자처럼 될 수도 있고, 아주 불건강하면 정신병자나 범죄자처럼 될 수도 있다. 이런 양극단 사이를 마치 야곱의 사다리처럼 오르내린다. 에니어그램은 고정되어 있는 것이 아니라 영구적 운동성perpetual motion을 지니고 있으며, 누구나 연속태continuum로서의 성격 변화를 경험한다. 즉 가장 건강한 1레벨에서 아주 불건강한 9레벨까지를 오르내리며 살아간다.

셋째: 저마다 자기 성격유형을 발견한 뒤에는 "그 다음에는 어떻게 해야 한다는 말인가?" 하고 흔히 묻는다. 우리가 보통 성격이라고 말

하는 인성유형은 따지고 보면 '진정한 나'가 아니다. 이는 거짓 인성이다. 가면을 쓴 것이라고도 말할 수 있다. 그러므로 에니어그램 유형을 자기 자신과 동일시하는 것은 그다음 단계로 나아가기 위한 과정일 뿐이다. '참된 나'를 찾고 본성을 되찾기 위한 첫걸음이지만 대단히 중요한 첫걸음이다.

자기 발견의 과정에서 자신의 성격유형을 알았다고 해서 그것을 판박이stereotype로 이해하거나 취급하는 것은 지극히 위험한 일이다. 누구라도 에니어그램 유형을 발견하고 나면 그 사람의 단점이나 격정을 확인하게 되는데 그 사람이 어떤 유형이라는 고정관념을 갖고 이미지를 굳히는 것은 그를 그의 단점에 붙들어 매는 격이 된다. 자신의 성격유형을 발견하고 확인(동일시)하는 것은 출발점에 불과하다. 처음에는 나와 내 성격을 동일시해보고 다음에는 거기에서부터 떠나가야 하는 과정이 뒤따른다. 나의 성격이 '진정한 나'가 아니며 '진정한 나'를 찾아 나서려면 그다음으로 거짓 인성으로서의 내 성격과 나를 동일시하는 일을 멈춰야 하는 것이다. 예를 들면, 나의 에니어그램이 1번 유형이라고 하자. 화를 잘 내는 특징은 자타가 공인하는 바와 같다. 그러나 자기 성격유형을 확인했다고 하여 언제까지나 자기 자신을 화 잘 내는 사람으로 여기고 살아간다면 그것은 비극이 아닐 수 없다. 나의 에니어그램을 발견하고 확인하는 것은 나의 격정을 정확히 알고 그것을 잘 다룰 수 있는 길을 찾고자 함이다. 자신의 성격을 확인한 다음에는 그것을 자기 자신과 동일시하지 않는 과정인 다음 단계로 반드시 이어져야 한다. 나의 현재를 아는 것은 '참 나'를 발견하고 본성을 회복하기 위함이다.

에니어그램의 과정은,

첫째: 나의 에니어그램을 확인하는 것이며 이를 '동일시Identify'라고
    한다.
둘째: '참된 나'와 나의 성격은 동일한 것이 아님을 발견하고 거리를
    두기 시작해야 하는데 이를 '비동일시Dis-identify'라고 한다.
셋째: 헌 옷을 벗고 새 옷으로 갈아입듯이 옛사람을 벗어 던지고 '참
    된 나'를 찾고 본성을 되찾는 길에 나서게 된다. 이를 '회복Rest
    oration'이라고 한다.

이렇게 해서 우리는 역동성과 연속태 안에서 끊임없이 변화를 추
구하고 또 이루어내면서 영성을 찾아가는 여행을 하는 것이다. '동일
시(I)→비동일시(D)→회복(R)' 과정이 치열할수록, 우리의 의식적 노
력과 자발적 고난이 심대할수록, 우리의 참된 본성을 되찾게 되는 기
쁨 또한 더욱 커지게 될 것이다.

모든 문제는 진실을 회피하려 하고, 덮어두려 하고, 도망치려 하기 때문에 발생한다. 두려워하지 말고 늘 되풀이되는 문제 속에서 자기를 대면하여 자기를 발견함으로써 조금씩 조금씩 자유와 해방을 얻은 영성으로 회복되는 것이다.

8A-사회자: 자기 대면과 자기 발견을 뭐라고 말할 수 있을까요?

4A: 문제가 생기면 보통 남의 탓으로 여기잖아요. 늘상 남의 탓으로만 돌리다가 혹시 내 탓이 아닐까 생각하면서 그걸 찾으려 하는 게 자기 대면이고, 그러다가 내 탓일 수밖에 없는 그 원인을 찾아냈을 때 그걸 자기 발견이라고 말하고 싶어요.

8A-사회자: 주변 사람들에게 불편함을 주는 사람들이 있어요. 뭔가 잘못되어 갈 때, 그 원인이 자기에게 있지 않을까 한번 생각해 봐야 되지 않나요? 어떤 사람이 자기 대면을 못할까요?

4A: 자기가 옳다고 생각하는 사람, 자기에게는 아무 잘못이 없다고 생각하는 사람은 자기 대면을 못 하겠죠.

1A: 영적인 사람이, 영적으로 된 사람만이 자기 대면을 할 수 있는 거 아닐까요? 자기 스스로 잘났다고 생각하는 사람은 당연히 남의 탓만 할 테니까 자기를 대면하는 게 힘들 테고… 또 다른 경우에는 좋은 사람이긴 분명히 좋은 사람인데 자기가 갖고 있는 고정관념 때문에 자신의 가치관이나 신념을 우상처럼 섬기면서 자기 이념에 사로잡힌 사람은 자기 대면이 힘들 테죠.

8A-사회자: 참… 그렇더라고. 사람 자체는 순진해도 자기가 무얼 잘못했나를 전혀 생각지 않는 사람은 자기 대면을 못하더라고. 바울이 '오호라 나는 곤고한 사람이로다' 하면서 탄식했는데, 바울이 그랬던 것처럼 자기 자신의 모자라

는 점에 대해 속상해하지 않으면 자기 대면을 할 수 없어요. 자기가 잘못한 것을 고민하지 않는 사람은 자기 대면을 하기가 쉽지 않아요.

2A: 뭔가 안 된다는 지속적인 경험을 한 사람만이, 이런 실수를 또 했네 하는 사람만이 자기 대면을 할 수 있는 거겠죠.

8A-사회자: 그러면 자기 대면을 왜 하려는 거죠?

2A: 평화롭기 위해서? 외부에 문제가 있다고 생각하는 한 내면이 너무 시끄러워요. 물론 내 안에서 문제를 찾아내고 인정한다는 게 쉽지는 않지만….

8A-사회자: 내가 버럭이 적어졌다고 하잖아요? 그 이유를 알 수 있는게, 2번이라고 생각하고 있을 때에는 자랑하지 않고 교만하지 않으려고 노력했어요. 다른 사람들을 뜨거운 동정심을 가지고 이해하려고 노력하지 않았어요. 그런데 8번을 제대로 찾고 나서 보니까 8번의 회개는 뜨거운 동정심이잖아요. 그걸 노력하다 보니까 옛날보다 버럭이 적어질 수밖에 없는 거예요. 제 것을 제대로 찾지 못하면 헛다리 짚을 수밖에 없어요. 제 것을 제대로 찾아야 자기가 제대로 고쳐질 수 있다는 걸 깨달은 거야. 자기 대면을 해야 자기가 어떤 사람인지 발견을 하게 되고, 그래야 자기의 단점을 고칠 수가 있더라고요.

2A: 네, 그렇더라고요.

8A-사회자: 자기 발견을 하고 나서 나를 '쬐끔'만 의식하게 됐을 땐, 그렇게 하면 안 되는 걸 알면서도 나도 모르게 버럭 했어요. 우리가 보통 그렇게 많이 해오잖아요? '그렇게 하면 안 되지' 하는 행동을 또 하거든요. 예를 들어 누가 나를 쿡~ 찌르면 감정이 욱하니까… 가만있지 못하고 순간적으로 탁~ 반응을 했어요. 그런데 참 이상해요. 요새는 그럴 때 감정이 욱~ 안 해요. 감정적으로는 아무렇지 않은데 머리가 막 아프고 여기저기 쏴 하게 아파요. 몸이 이런 반응을 하는 건 무의식에서 나도 모르게 아파서 그런 건지 몰라도 의식에서는 감정이 하나도 안 아파요. 감정이 욱하지 않는 게 신기해요. 욱하지 않으니까 이젠 내가 살겠더라고요.

4A: 예전과 똑같은 상황인데도 다르게 반응하는 자신을 보게 되는 거죠.

2A: 그게 성령에게 온전하게 맡긴 상태인 거잖아요? 쉽지 않은 길이죠.

8A-사회자: 이걸 쉬워서 합니까? 재미로 합니까? 물론 재미도 있지만….

4A: 그 당시엔 재미가 없고 힘들고 고통스럽지만 지나고 나서는 그때 그렇게 하지 않은 게 현재에 이렇게 평안할 수 있는 거구나, 하는 생각을 했어요.

8A-사회자: 내가 재밌다는 건, 어? 내가 욱해야 하는데 왜 욱이 안되지? 그런데 그게 내가 욱하지 않은 게 아니라 누군가가 나를 욱하지 않게 만들어 준 거예요. 그게 재미있는 거죠. 그냥 '내가 욱하지 않았어' 그게 아니라, '뭐지? 누군가가 날 욱하게 안 만들었어, 어? 이게 뭐야? 어? 나 왜 이래?' 그래서 재밌다는 거예요.

4A: 에니어그램 수련을 하면서 내가 몇 번 유형이라고 찾는 게 자기 대면이고 자기 발견이라고 이해하는 데에서만 머문다면 에니어그램을 아무 쓸모 없는 것으로 만들어 버린다고 생각해요. 에니어그램을 통해 자신의 정확한 성격 유형을 찾은 그 순간이 바로 에니어그램 수련이 시작되는 순간이라고 말할 수 있고… 그 순간부터 끊임없이 자기 대면을 해야 하고 자기 발견을 해야 하는데… 끊임없는 그 과정이 에니어그램 수련 자체이고 에니어그램 수련의 목적이라고 생각해요.

8A-사회자: 영성을 회복하기 위해 우리가 자기 대면을 하는 거잖아요? 그래야 거기서 자기 발견도 하고 또 회개까지 할 수 있어요. 회개를 해야 영성을 찾기 때문이에요. 그래서 자기 대면을 해야 하는 건데… 그러나 그 회개는 한 번으로 끝나는 게 아니라 하늘나라로 가는 그날까지, 완전한 구원이 이루어지는 그 날까지, 삶 속에서 지속적으로 행해져야죠.

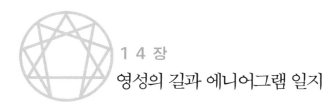

14 장

영성의 길과 에니어그램 일지

난생처음 받은 상처를 비롯하여 각자가 걸어온 인생길을 이야기하는 것이 결국엔 영성을 찾아가는 이야기라는 것은 이미 살펴본 바와 같다. 이야기의 처음 단계는 과거를 이야기하는 데서 시작하지만 다음은 현재의 이야기가 될 것이고, 그다음은 미래에 대한 이야기가 될 것이다. 과거의 이야기가 회상으로 엮어진다면 현재의 이야기는 자기 관찰과 자기 기억으로 이어지고 자기를 이해하게 되어 자신을 객관적으로 바라볼 수 있게 된다. 그리고 미래의 이야기로 이어져 비전을 담는 그릇이 생긴다. 이야기의 시제가 과거, 현재, 미래의 어느 때이든 영성 이야기는 온전함의 영성을 의식하고 그것을 지향해야 한다. 영성 이야기를 나누기 전에는 별다른 생각 없이 지내왔을지라도 지금부터는 개인의 내면과 사람들 사이에서의 상호 관계, 체제 안에서의 경험과 환경의 영성을 통합적으로 살피고 의식하면서 이야기해 나아가야 한다. 그래야 이야기가 발전하여 실제의 삶과 온전함의 영성을 지향하는 삶으로 변화시켜 줄 실마리가 마련될 것이기 때문이다.

삶의 체험담이 사람들끼리 나누는 것이라면 영성 이야기는 하나님 앞에서 나누는 이야기이다. 영성 이야기가 하나님과의 관계 안에서 다른 사람들과 함께 나누는 것이라면 영성일지는 각자가 내밀하게 하나님과 나누는 이야기이다. 영성의 길을 가는 사람은 자기 관찰과 자기 기억을 바탕으로 일지를 씀으로써 많은 도움을 받을 수 있다. 굳이 일기와 일지를 구분하자면 외면적인 삶에 대한 관찰과 기록을 일기라 하고 내면의 길을 성찰하며 기록하는 것을 일지라 할 수 있다. 수련 인성으로서 살면서 버릴 것과 취할 것, 포기할 것과 확인할 것을 관찰하여 기록한다면, 성숙과 통합의 길을 가는 과정과 경험이 멋진 '에니어그램 영성일지'로 엮어질 수 있을 것이다.

에니어그램 영성일지

하나님의 은혜와 인간의 결단이 어떻게 조화를 이루어갈 수 있는지를 기록하는 일이다. 이제까지의 경험을 회상하며 영성 이야기를 기록으로 남기면 영성일지가 되는 것이다. 영성 이야기를 영성일지로 기록하고 엮어나가다 보면 무심코 반응하며 살던 덧없는 인생이 의식적 노력과 자발적 고난을 받아들이는 성숙된 인생으로 바뀌게 된다. 습관적으로, 기계적으로, 자동적으로 격정에 사로잡혀 똑같은 패턴의 잘못이나 실수가 되풀이되던 삶에 제동이 걸리기 시작하는 것이다. 이른바 자신의 약점을 되풀이하여 드러내며 '직성이 풀리도록' 행동하면서 살아온 사람이 자기 관찰과 자기 기억을 명료하게 하면서 살아간다면, 겉사람이 드러내는 '거짓 인성'과 속사람이 지닌 '본성' 사이에 간격이 생기면서 객관적인 의식에 이를 수 있게 된다. '거짓 인성'은 하나님의 형상대로 창조된 인간이 누리고 살 자유와 행복과 건강을 깨뜨리거나 잃게 만들곤 한다는 사실을 똑바로 바라볼 수 있게 됨에 따라 '거짓 인성'에 끌려가던 삶에서 벗어나기 시작한다.

이런 과정을 구체적으로 기록하는 일지를 '에니어그램 영성일지'라고 부른다. 자신의 에니어그램 유형을 발견하고 확인하는 동일시에서 시작하여 비동일시하고 회복해가는 과정을 통해 통합과 성숙의 길을 가며 '에니어그램 일지'를 기록하는 것이다. 에니어그램 일지를 쓸 때는 삶 속에서 자신의 에니어그램과 관계되는 모든 언행, 생각, 느낌, 통찰 등을 마음 가는 대로 쓰도록 한다.

영성수련의 목표

1. 의식이 살아 있음(Aware)
2. 깨어 있음(Awake)
3. 주의력 집중(Attention)

에니어그램 영성수련의 목표는 위의 세 능력을 높여서 자유인이 되고 성숙한 인간이 되는 것이기에 이를 지향하며 모든 삶의 과정과 경험을 일지로 엮어가는 것이다. 에니어그램 일지를 쓸 때는 그림, 사진 자료를 모으거나 활용할 수 있다. 리비Elizabeth Libbey는 일지 치료 전문가로 일지를 쓰게 하고 또 기록된 일지를 분석함으로써 심리치료를 하고 있다. 그녀의 말을 참고하면 에니어그램을 관심 있게 공부하며 꾸준히 수련하는 사람들은 누구라도 각자 자신의 에니어그램과 관련된 목록을 만들어 가면서 일지를 쓸 수 있다.

에니어그램 성격유형에 따라 다음과 같이 관찰하며 영성일지를 기록한다.

- 1번 유형은 자신이나 타인에 대해 판단한 내용을 기록한다. 속으로 질책하거나 비판하는 소리가 일어나는 것, 반복적으로 일어나는 내면의 소리를 기록한다. 그리고 어떤 때 화가 나는지, 화가 나는 것을 참을 때는 어떤 결과가 나타나는지를 기록한다.
- 2번 유형은 분명히 거절해야 마땅한 경우에도 어떤 관계나 상황 속에서 거절할 수 없는지를 기록한다. 어떤 사람들에게 자신이 없어서는 안 된다고 생각하는지 그리고 도움을 주고 나서는 어떻게 자랑을 했는지를 기록한다.
- 3번 유형은 각기 다른 상황과 관계 속에서 자신이 어떻게 다른 이미지를 나타내거나 살렸는지를 기록한다. 남들과 경쟁하는 마음의 실상을 토로하고, 경쟁하면서 남이 실수하기를 바라거나 속임수를 쓰고 싶은 마음이 어떻게 생겼는지를 기록한다.
- 4번 유형은 과거나 현재의 관계에서 밀고 당기는 성향이 어떻게 나타났는지 기록한다. 특별하거나 독특해 보이려고 얼마나 애쓰는지를 기록하고, 시기심이 일어날 때나 인생에 회의가 들어 우울해질 때의 느낌을 기록한다.
- 5번 유형은 자기만의 공간을 확보하려고 노력하거나 자신이 처한 환경을 이해하려고 어떻게 애쓰는지를 기록한다. 이와 관련된 정보와 지식을 얻으려고 얼마나 마음을 쓰는지 기록한다.
- 6번 유형은 이제까지 걱정하던 것이 얼마나 기우였던가를 찾아서 기록한다. 안전제일주의로 살면서 자신도 모르는 사이에 안절부절못하거나 불안해 한 경우에 대해 기록한다.

- 7번 유형은 과거나 현재에 어떤 고통을 피하려고 하였는지 구체적으로 기록한다. 무엇에 약하고 어떤 것을 탐닉하는지 그리고 한계를 느끼는 것이 어떤 것인지를 기록한다.
- 8번 유형은 힘이나 권력에 대해 어떻게 느끼는지를 살핀다. 평소 강자와 약자에 대해 어떤 태도를 취하는가를 기록한다. 어떨 때 잘 대결하는지에 대해 살펴보고, 매사에 다른 사람을 다루려고 하는 자세에 대해 기록한다.
- 9번 유형은 자기 자신의 의식이 깨어있을 필요에 대하여 관심을 가지고 현재 자기가 어떻게 살고 있는가를 살피며 기록한다. 문제가 생기면 미적거리고 뒤로 미루다가 어떻게 큰 문제로 확대되었는지를 기록한다.

　이밖에도 에니어그램 유형에 따라 각자 기본적인 욕망과 두려움, 기피하는 것과 함정, 격정 등이 어떻게 나타나며 작용하는가를 살피고, 언제 어떻게 그런 것을 이겨내거나 통제할 수 있었는지를 성찰하고 기록한다. 이제는 자신의 에니어그램을 모르는 채 진실로 회개하는 마음도 없이 겉으로만 회개한다고 말하던 습성에서 벗어나야 한다. 무엇보다도 중요한 것은 거짓 인성으로 살면서 하나님의 성품이 깃든 '참된 나'를 외면했다는 것을 구체적으로 회개하고 변화와 성숙과 통합을 향하여 나아가야 한다는 것이다. 이런 일에 공동 관심을 갖고 영성의 길을 함께 가는 사람들끼리 위로와 격려와 협력을 하는 것은 진실로 아름다운 일이다.

15 장
참된 나를 깨우는 에니어그램 수련

소크라테스는 "인생을 왜 사는가를 묻지 않는 사람은 인생을 살 가치가 없다"고 말한다. 굴지예프도 근원적인 물음을 제기하는 것으로 제자 수업을 시작한다. "생명의 의의는 무엇이며, 인생의 목표와 목적은 무엇인가?" 스스로 인생의 목적과 의미를 묻지도 않고 또 알지도 못한 채 살게 되면 기계적인 삶이나 동물적인 삶이 되어 인간의 삶이라고 할 수가 없게 된다. 이렇게 철인이나 현인들은 왜 무슨 이유로 이와 같은 본질적인 물음을 제기했을까? 그만큼 대부분의 보통 사람들은 타성에 젖어서 기계처럼, 꼭두각시처럼 살고 있다는 반증이 될 것이다. 돈과 섹스와 권력에 대한 사람들의 관심과 열정을 보면 가히 감탄스러울 정도이다. 물론 그것 자체를 나쁘다고만 할 수는 없다. 문제는 그것보다 더 중요한 인격 완성이나 자기실현에 대한 관심이나 열정이 그것과 균형을 이루지 못하는 데서 비롯되는 부조리가 생각보다는 심각하다는 데 있다.

대다수 사람이 인생에서 실상이 아닌 허상을 좇고 있다. 플라톤도 이런 모습을 가리켜 비유로 말한 적이 있다. 인간은 마치 동굴 안쪽 벽에 비친 춤추는 그림자에 매료되어 거기에 지나치게 몰두한 나머지 자기 등 뒤에 있는 동굴 바깥세상은 까마득하게 잊어버린다고 말이다.

에니어그램을 현대인들에게 처음 가르치기 시작한 굴지예프는 인간이 자기 자신의 본질에 대해서 깨달음을 얻도록 돕는 일에 중점을 두었다. 그의 저서의 대부분은 여기에 초점을 맞추고 있다. 그 중에서도 직접적으로 이 주제를 다룬 책은 제목에서부터 그 의도를 분명히 드러낸다. 『'내가 나'라고 할 수 있을 때, 그때라야 인생은 진짜다』(*Life Is Real Only Then, When 'I am'*). 여기에서 '내가 나'라는 말은 보는 관점에 따라 달리 설명할 수 있을 것이다. 그러나 먼저 구약성경의 말씀에 비추어 보자. 모세가 불타는 떨기 가운데서 하나님을 만났을 때 하나님은 스스로 이름을 '야훼', 즉 '나는 곧 나다'라고 말씀하셨다. 이는 '스스로 존재하는 나'를 말한다. 예수께서는 '에고 에이미', 곧 '나는 곧 나다'라고 자신을 표현하신다. 이는 자신의 본질적인 정체성을 가리켜서 하신 말씀이다.

1960년대에 굴지예프는 파리의 근교 프리외레에 '인간의 조화로운 발달 연구원'이라는 이름의 연구소를 열었다. 그리고 인격 완성이나 자기실현을 지향하는 사람들은 무엇을 하든지 조화와 균형을 이루며 통전성 곧 온전함을 지향해야 할 것을 역설했다. 예수께서도 "하늘 아버지께서 온전하신 것처럼 너희도 온전하라"고 하셨다. 오늘날 만연한 물질주의와 성공지상주의를 생각할 때 인간 발달의 조화와 균형이 여느 때보다도 절실히 요청된다. 돈을 많이 버는 것도 좋고 좋은 상대를 만나 사랑하며 하나가 되는 것도 중요하다. 힘을 갖고 능력을 발휘하는 것도 좋다. 그러나 그 무엇보다도 사람이 온전해지는 것이 중요하다. 이 같은 지향점이 명백해질 때 성경에서 말하는 '사랑과 진리 안에서 성숙하고 자유한 사람'이 될 수 있다. 사람은 변화와 성숙을 통해 끊임없이 온전함을 향해 나아가야 한다. 그러기 위해서는 자기 발견이 급선무이다. 과거와 현재의 나를 알아야 '진정한 나'를 찾을 수 있고, 회복할 수 있다. '나는 나다'라고 할 수 있기 위해서는 무엇이 필요한가를 먼저 알아야 한다. 오늘날 수많은 사람이, 예수를 믿는다는 사람들조차도 '돈이 제일'이라고 서슴없이 말한다. 그러나 예수는 '너희는 먼저 하나님의 나라와 그 의를 구하라'고 가르쳤다. 굴지예프는 '너희는 인류를 위하여 살아라'라고 하였다. 인생의 우선적 가치를 설파한 분들은 인생의 목적과 의미가 어디에 있는지를 먼저 살펴야 한다고 강조하셨던 것이다. 이것은 인류를 위해 목숨까지 내어주신 예수의 사랑을 실천하라는 말이다.

에니어그램 영성을 살피면서 이런 본질적인 물음을 재확인하는 까닭이 있다. 이미 밝힌 바와 같이 에니어그램은 우주적 상징이요, 자기 발견의 지혜요, 인간 해방과 자유의 길이다. 학문의 길을 걷는 사람들에게도 숨은 진리를 터득하게 만드는 체계이다. 에니어그램은 모든 지식을 해석할 수 있는 체계이다. 굴지예프가 '인간이란 대개 자아라는 감옥에서 사는 포로'라고 한 말은 에니어그램 이론을 정확하게 파악하고 자기 자신을 외면하면서 살던 삶에서 뛰쳐나오기를 바라는 것이다. 그런데 보통 사람들은 자기 자신을 모를 뿐만 아니라 에니어그램을 만나도 그 참뜻을 지나치고 만다.

아침부터 밤까지 모두가 분주하게 무엇인가를 좇으면서 살아간다. 돈을 버는 일이든 노는 일이든 모두가 남에게 지지 않으려고 열심을 부린다. 매사에 뒤지지 않으려고 경쟁을 벌이면서도 인격의 완성이나 영성이 깊어지는 일에는 남에게 뒤떨어져도 상관없다고 생각한다. 이러한 무사태평은 어디서 비롯된 근성인 것일까? 핵심적이고 중심적인 것을 소홀히 하고 주변에만 신경을 쓰는 것은 대들보가 무너지는데도 울타리만 튼튼히 하면 된다고 생각하는 것과 같다. 단 한 번 주어진 인생에서 자기 자신을 모르는 채 인격의 완성이나 영성이 깊어지는 일을 해도 그만, 안 해도 그만이라는 식으로 살 수는 없는 일이다. 비본질적인 일이나 비본래적인 일이 아닌 가장 핵심적이고 중심이 되는 일이 무엇인지를 발견하고 거기에 목숨을 거는 몸부림과 분투 노력을 하는 것이 마땅하다.

에니어그램의 기초를 이해하기 시작한 사람이라면 자기 발견에 대한 작업과 수련을 치열하게 지속해야 할 것이다. 에니어그램의 체계에 자기를 비춰보면서 자기 성찰을 시작한 사람이라면 그동안 진짜라고 여기며 살아온 자신이 '진정한 나'가 아니란 것쯤은 익히 알았을 터이기 때문이다. 마음먹은 대로 사랑하지 못하는 나, 격정에 사로잡혀 꼭두각시처럼 사는 나, 쳇바퀴를 돌리는 다람쥐처럼 끝없는 경쟁을 하며 '정신없이' 달리고 또 달리다 지친 나, 일등을 하면서도 그 자리를 빼앗길까봐 쫓기며 불안해하는 나, 남들이 보기에는 그럴듯한 지위에 올라가 제법 잘 나가는데도 왠지 열등감에 시달리는 나, 남들은 인정하고 신뢰해 주는데도 자신은 늘 두려움과 불안에 빠지는 나, 거짓 인성이 지닌 수많은 그늘진 얼굴의 나를 못 본 척 외면하지 말고 정면으로 자기를 마주 대면하기만 한다면, 에니어그램은 그야말로 '오아시스'가 된다. 에니어그램의 궁극적인 목적은 저마다 자기를 알아서 참된 자아를 발견하고 우주의 비밀을 재발견하는 데에 있다. 예수 그리스도께서 가르치신 대로 '하나님께서 온전하신 것처럼 온전해지려면', 거짓된 인성에 사로잡혀 자기가 자기를 속이고 있지는 않은지 늘 깨어 있어야 하고 '진정한 나'로서 사는 일에 관심과 정신과 정성을 집중해야 할 것이다.

나를 발견하지 못하고 나를 모르는 상태를 잠자는 상태라고 말한다. 의식의 잠을 깨우는 자기객관화의 과정 속에서 때로는 내면의 갈등이나 외부와의 갈등을 경험하기도 한다. 하지만 그로 인해 좌절하거나 포기하지 말고 의식의 잠을 깨우는 불편이나 고통을 지속적으로 끈기 있게 견뎌내야 한다.

8A-사회자: 수련하면서 느낀 점이 있으면 말해보세요. 일반적으로 수련을 한다 하면 자기와의 싸움을 통해 자신의 한계를 이겨내는 과정 속에서 깨우치는 거잖아요? 에니어그램 수련을 10년, 20년 해오면서 말하고 싶었던 게 있으면 한번 말해보세요.

2A: 자기객관화는 긴 시간이 필요한 과정이고…이제는 객관화가 됐나 싶었는데 또 아니고… 그래서 계속 자기 수련의 과정에 있어야겠죠. 내가 상대방을 위해 선한 일을 했다고 여겼는데… 하지만 나중에 내 말과 행동이 상대방을 아프게 했었다는 걸 뒤늦게 알게 됐어요. 그나마 뒤늦게라도 이렇게 알게 돼서 다행이지만, 알지도 못하고 내가 잘했다고 여긴 일이 얼마나 많을까 싶어요.

4A: 법을 어긴 것도 없고 남에게 해코지한 것도 없으니까 내가 잘못하고 있는 게 없다고 생각했어요. 그런데 에니어그램은 바르게 잘살고 있는 줄로만 알고 있는 내가 얼마나 잘못 살고 있는지를 알려주는 거잖아요? 혼자라도 나를 볼 수 있는 거니까 내 잘못을 깨달았죠. 그런데 함께 수련을 하다 보니까 내가 나를 보는 거하고 옆에서 나를 보는 거하고… 또 다르다는 걸 알았어요. 나만 아프게 하고 나에게만 상처를 준다고만 생각했었는데… 오히려 내가 그 사람에게 상처를 줄 수도 있다는 걸 알게 됐어요. 혼자 하는 수련이었더라면 이걸 몰랐겠죠. 내가 선이라고 여기며 했던 게 선이 아니라 오히려 그게 상처

였다는 얘기를 듣는 순간, 그걸 받아들이기가 쉽지 않았지만… 그래서 내가 죄인이구나, 깨닫게 되었는데… 옆에서 그렇게 얘기할 때, 그때는 화가 났지만 다시 한번 생각을 더 하게 됐어요.

8A-사회자: 1a는 에니어그램을 공부하고 수련을 시작한 지 얼마 안 됐잖아요? 아픈 아이를 혼자 돌보는 엄마로서 에니어그램을 알기 전하고 알고 난 후하고, 뭐가 달라졌어요?

1A: 각자 사람마다 겪어 온 환경이 있어서 그 환경 때문에 '너는 이런 사람이다'라고 단정지어 버리니까 그게 '나'라고 생각했었어요. 그런데 에니어그램을 통해서 지금까지 내가 알고 있던 것과 다른 '나'를 보게 되었어요.

8A-사회자: 지금까지 알고 있던 나는 어떤 '나'였지요?

1A: 책임감이 투철하니까, 책임감 있게 완전하게 해내니까, 그게 '나'라고 생각하고… 그렇게 해야 하는 게 '나'인줄 알았어요. 희귀병으로 아픈 아이를 위해 의료제도의 혜택을 받으려고 보건소, 주민센터, 구청으로 여기저기 돌아다니면서 완전하게 일처리를 다 해내니까… 또 가장으로서의 책임을 다 해내니까… 수퍼우먼으로 사는 게 당연한 '나'였고, 그런 '나'에게 자부심을 가졌어요. 아픈 아이를 돌보고, 생계를 맡아야 하는 가장으로서의 삶을 책임감 있게 잘 해왔다고 생각했었는데….

8A-사회자: 1번은 책임감이 강하죠.

1A: 내가 그렇게 노력해왔던 게 사실은 그걸 견디기 어려웠다는 걸, 내가 참아왔다는 걸 알게 됐어요. 그런 삶이 계속되니까 지치고 짜증나고… 그러다 보니 식구들을 자꾸 지적하게 되고… 가족 앞에서 완전하지 않은 나를 보여주고 싶지 않아서, '나도 힘들어' 이 말하기까지 자존심이 상하고….

8A-사회자: 지금은 어때요?

1A: 내가 부족한 사람인데도 그렇지 않은 사람인 거처럼 살면서, 그런 나를 보고 '대단하다, 똑똑하다'고 인정해 줄 때, 이 사람 저 사람이 나한테 와서 '어떻게 해야 하냐'고 조언을 구할 때, 한 벼슬하는 사람처럼 그게 내 지위가 되고 명

예가 되고 그랬었는데… 하지만 에니어그램으로 알면서도 모르는 척하고 있었던 나의 단점을 인정하고 나니까… 다른 사람 앞에서도 나의 단점을 얘기하고 나니까 좀 더 명확해지는 느낌? 나 혼자 인정할 때보다 결단을 할 수 있는 계기가 된다고 할까? 하는 척만 하는 게 아니라 실천하는 동기가 생긴다고 할까요?

8A-사회자: 혼자 수련을 해도 깨닫기는 깨달아요. 하지만 같이 수련하면서 여러분들이 나한테 지적도 하고 권면도 하니까 시간을 덜 낭비하게 되고….

1A: 그게 바로 참 '나'를 알아가는 과정이구나, 생각했어요.

8A-사회자: 그럼요, 함께 수련을 하다 보면 실행할 수 있는 계기가 되고 통로가 되고 실천의 장이 되니까 여러분들과 함께 수련하는 게 꼭 필요하다는 생각이 들어요. 이렇게 같이 수련하다 보니까 이제는 내가 가지고 있는 감정을 처리하는 능력이 생겼어요.

1A: 내가 완전하지 않다는 걸 받아들이고 나니까 전보다 삶의 무게가 가벼워졌어요.

8A-사회자: 그래요, 나도 감정조절을 할 수 있는 사람이라는 생각이 들어 행복해요. 하지만 여러분을 보면서 '난 아직 멀었구나'라는 생각이 들고 뜨거운 동정심을 가지려고 더 노력해야겠어요. 참 '나'를 찾아 진정으로 사랑하는 사람이 되도록 노력하겠습니다.

1 6 장

제4의 길

리소는 '제4의 길'에 대해 다음과 같이 말한다.*

굴지예프는 의식을 변화시키는 데 네 가지의 길이 있다고 가르쳤다. 그중에서 세 가지는 '세 중심의 각각과 관련된 전통적인 길'이고, 나머지 한 가지는 '세 중심 모두와 관련된 제4의 길'이라고 했다. 그리고 세 가지 전통적인 길은 세속을 떠나 수도원과 같은 곳에서 은둔하며 수련하는 것이라면 제4의 길은 세상 안에서 사람들과 더불어 일상의 삶을 살면서 수련하는 것이라고 했다. 세 가지 전통적인 길 중에서 제1의 길은 '고행자의 길'이다. 본능 중심에 초점을 맞춰 수련하여 육체의 한계를 넘어섬으로써 의식까지 변화시키려는 것이다. 제2의 길은 '헌신의 길'이다. 감정 중심에 초점을 맞춰 수련하는 것으로 거친 감정을 차원 높은 순수한 사랑으로 바꿈으로써 무아지경 속에서 신과

---

* Don Richard Riso, *Understanding the Enneagram: the practical guide to personality types* (Mariner Books, 2000), 327~330에 있는 내용을 요약하여 추가하였습니다.

일치되려는 것이다. 제3의 길은 '지식으로 마음을 고요하게 하는 길'이다. 사고 중심에 초점을 맞춰 수련하는 것으로 마음을 들여다보는 방법을 배워 세상의 것들에 매이지 않게 되려는 것(초연해지려는 것)이다. 굴지예프는 에니어그램이 제4의 길의 상징이라고 가르쳤다. 에니어그램이 나타날 때는 제4의 길이 열려있음을 의미한다고 했다. 인간은 의식의 도약을 위해 도전을 해야 할 필요가 있으며, 이를 위해 더 많은 도움이 높은 곳에서 온다는 것이다. 따라서 의식의 개발을 위해 수련을 한다면 높은 곳의 도움을 받아 에니어그램은 우리를 변화시키는 강력한 도구가 될 수 있다는 것이다.

왜 자기 수련이 필요한가?

자기 수련은 초심자에게나 오랫동안 정진한 사람에게나 간단치가 않다. 그러나 노력하는 만큼 홀가분해지고 자유로워진다. '격정'이라는 짐 때문에 자기 수련이 필요하다. 격정이라는 짐은 죽을 때까지 끈질기게 붙어 다니는 족쇄와 같은 것이다. 강아지처럼 잠시도 떨어지지 않고 평생동안 따라다니는 것이 바로 격정이다. 그러나 바쁘다는 말을 입버릇처럼 하는 현대인들은 그야말로 정신없이 살기 때문에 격정을 사로잡고 있는지, 격정에 사로잡혀 사는지 의식하지 못하고 있다. 자기 수련은 바로 이 점에 초점이 맞추어야 한다. 즉 자기 자신의 격정을 관찰하는 것은 자기 수련의 기본이며 가장 중요한 부분이다.

인성은 본성을 에워싸고 있는 껍질과 같다. 겉사람인 인성은 능동적이어서 생각을 하지 않더라도 기계적으로 습성과 타성에 의해 잘도 나선다. 여기에 비해 속사람인 본성은 수동적이다. 본성은 의도적으로 끌어내지 않으면 수면 밑에 가라앉아 있듯이 무의식 속에 잠겨 있다. 본성과 인성의 이런 양극성을 역전시켜야 한다. 그래서 본성은 능동적으로, 인성은 수동적으로 만들어야 한다. 본성인 속사람이 전면으로 나오고 인성인 겉사람이 배경 속으로 물러서야 한다. 그러나 끈질기게 자기 관찰을 하면서 수련에 정진하지 않으면 어느새 인성이 전면으로 나서게 되고 그렇게 되면 자신도 모르는 사이에 '격정에 사로잡히게' 되어 강박충동이 '욱'하고 나타나게 된다.

날마다 끊임없이 자기 관찰을 하는 것이 매우 중요하다. 이를 잘 수행하려면 아침마다 잠에서 깰 때 5분간 자기 관찰을 하는 것이 좋다. 지난 24시간을 단위로 기억을 되살리며 자기 관찰을 한다. 기억에 남는 것을 대상으로 관찰을 하게 마련이지만 특히 격정과 관련하여 관찰해야 한다. 하루 동안 내가 격정에 사로잡혀서 말하고 행동한 것이 어떤 것이었고 그 결과나 반향이 어떠하였는가를 살피는 것이다.

자기 관찰은 말처럼 쉽지가 않다. 그래서 명상이 요청된다. 에니어그램 수련에 있어서 '깨달음', '깨어 있음', '집중' 이 세 가지는 늘 맞물려 있는데 어느 한 가지도 명상과 관련이 없는 것이 없다. 그만큼 명상은 중요하다. 명상은 몸과 마음의 긴장을 풀고 바르게 편한 자세로 앉아서 할 수 있는 만큼 심호흡을 하는 데서 시작된다. 내면의 침묵 가운데 명상을 시작하고 그냥 편안한 가운데 기억이 떠오르면, 그 기억 속에서 자기 관찰을 시작한다. 특히 기계적인 삶에 저항하며 살기로 마음을 정하고 수련하는 이라면 격정에 사로잡혔던 경험을 되풀이하지 않기 위해서라도 생각과 느낌을 가다듬고 고요히 명상하는 일이 중요하다. 격정을 이겨내려는 노력은 의식적으로 하지 않는 것이 오히려 낫다. 그보다 더 중요한 것은 명상을 통하여 자기의 격정을 인정하고 있으면 마음의 평정을 이루어낼 수 있는 기회를 찾을 수 있다.

에니어그램 수련을 하는 이들은 아홉 가지 격정 가운데서 자신의 성격유형이 갖는 독특한 격정을 의식하고 거기에 초점을 맞춰서 수련하게 마련이다. 주의할 것은 아홉 가지 격정으로 지칭되는 죄를 모두 회개하고 아홉 가지 덕목으로 지칭되는 장점을 모두 살려야 한다는 고정관념의 틀에서 벗어나야 한다는 점이다. 아홉 가지 죄를 모두 회개하려 하면 하나도 하지 못할 수 있기 때문이다. 마찬가지로 아홉 가지 격정을 모두 이겨내려 하면 한 가지도 이기지 못한다. 그러나 자신의 에니어그램 유형의 독특한 죄와 격정을 회개하고 이겨내려 하면 나머지 여덟 가지 죄와 격정으로부터도 해방될 수 있다.

자기도 모르는 사이에 일생을 두고 같은 형태의 사건, 사고, 실수를 저지르는 사람이 많다. 그래서 "나에게 왜 이런 일이 되풀이 일어나는가?"라는 물음을 되풀이하며 묻게 된다. 그러나 똑같은 실수를 반복하지만, 왜 그런지 원인도 모르고 또 알려고도 하지 않기 일쑤이다. 그러다 보니 동형 반복적인 사건, 사고, 실수를 또 다시 경험하게 되는 것이다. 동형 반복적인 문제 속에는 격정이 작용하고 있게 마련이다. 그것을 알아차리지 못하므로 되풀이되는 것이다. '성격이 운명'이라는 말은 이런 점을 말하는 것이다. 우리는 얼마나 자주 감정에 치우쳐서 중요한 일을 그르치는지 모른다. 격정에 사로잡혀 말하고 행동하기 때문에 빚어지는 결과이다. 격정의 포로가 되어 잘못이나 실수를 저지르지 않으려면 깨어나서 우리 자신을 지켜보아야 한다. 격정에 사로잡혀서 행동한 결과로 사건, 사고, 실수를 경험했다 하더라도 그다음 순간 자기 관찰과 자기 기억을 진지하게 하면 적어도 똑같은 잘못을 되풀이할 가능성은 그만큼 줄어든다.

자기 관찰을 다른 말로 표현하자면 '자기 객관화' 또는 '자기 초연'의 과정이라 할 수 있다. 자기 지식과 세계 지식, 자기 의식과 세계 의식, 주관과 객관 사이의 균형을 잡기 위한 노력이다. 굴지예프가 말하는 네 번째 수준의 인간이 되는 길을 찾는 것이다. 본능에 의해 사는 첫 번째 수준의 인간, 감정에 치우치는 두 번째 수준의 인간, 감정은 메마른 채 생각과 지식만 앞세우는 세 번째 수준의 인간을 뛰어넘어 본능과 감성과 지성의 조화와 균형을 이루어 나가는 네 번째 수준을 향해 수련하는 과정에서 자기 관찰이 무엇보다 중요하다. D(행동), F(느낌), T(생각), 이 세 가지의 조화와 균형이 이루어지면 격정의 포로가 아닌 격정을 포로로 사로잡을 가능성이 그만큼 높아진다. 자기 관찰을 소홀히 하면 우리는 유혹과 함정에 빠지기 쉽다. 뿐만 아니라 그것을 피하려다 결국 덫에 걸려 넘어지게 되고 결과적으로 격정에 사로잡히게 된다. 그로써 각자가 지닌 기본적인 욕망을 이루지 못하고 오히려 그 반대로 치닫게 된다. 자기 관찰은 늘 깨어 있는 삶을 위한 기본적이고 필수적인 과정이다. 기계적인 삶에 저항하며 살기 위한 기본적인 토대가 되는 것이 자기 관찰이다. 자기 관찰을 시작하면서 처음에는 간격이 뜰지 모르지만 수련을 해나감에 따라 그만큼 자기 관찰의 시간과 빈도와 강도가 높아지게 되고 그러다 보면 늘 깨어있는 삶을 살 수 있게 된다.

8A-사회자: 제4의 길이 뭘까요?

4A: 우리가 3차원 세계에 살면서 3차원적 사고로는 이해할 수 없는 4차원 세계에 대해 얘기하잖아요. 쉽게 이해할 수 없는 길, 그래서 쉽게 갈 수 없는 길이지만 새로운 세계로 가는 길, 그 길을 제4의 길이라고 하는 게 아닐까요?

8A-사회자: 옛날부터 사람들은 영성이 깊어지려는 노력을 해왔는데, 구르지예프는 세 가지로 그 전통적인 방법론을 설명했어요. 본능에 초점을 맞춘 수련을 제1의 길이라 했고, 감정을 변화시키려는 수련을 제2의 길, 지식을 추구하는 수련을 제3의 길이라 했어요. 영성이 깊어지게 하는 수련들을 해왔는데… 육체의 고행을 통해서 자신의 한계를 넘어서려 했고 감정을 바꾸거나 마음을 들여다보는 방법을 배워 사랑을 실천하고 마음의 평온함을 추구하려고 했던 거지요.*

1A: 그렇다면 제4의 길은 우리의 선인들이 해왔던 방법과는 다른 방법으로 영성이 깊어지는 또 다른 길이라는 거네요.

8A-사회자: 그렇죠. 이 세 가지 길과 다른 새로운 길이 있다는 거죠. 그러니까 전통적인 방법으로서의 이 세 가지 길은 일상의 삶으로부터 물러나, 사람들로부터 떠나, 수도원에서나 할 수 있는 것들이에요. 그런데 구르지예프는 평범한 생활을 하면서 평범한 삶 속에서 일어나는 일들을 통해 남들의 눈에 띄지 않게 자신의 영성을 닦는 길이 있다고 했어요. 그리고 그 길을 구르지예프는 제4의 길이라고 불렀다고 해요.**

4A: 그렇다면… 우리가 제4의 길을 걸어가려면 에니어그램의 도움이 필요하다는 거네요.

---

* 돈 리차드 리소·러스 허드슨, 『성격을 알면 성공이 보인다』(중앙M&B, 2003), 394-395.
** 같은 책, 396.

8A-사회자: 그렇죠. 그래서 구르지예프는 에니어그램을 제4의 길의 상징이라고
했어요.[*] 하지만 에니어그램을 공부했다고 해서 누구나 다 제4의 길로 들
어서게 되는 것도 아니고… 사실 아직까지 제4의 길을 제대로 아는 사람도
없고 완전한 제4의 길을 걷고 있는 사람도 없어요. 단지 그 길을 걸어가려고
할 뿐인데, 우리가 생활 속에서 제4의 길을 걸어가려면 어떻게 해야 하는 건
지 한 번 얘기해 볼까요?

4A: 에니어그램은 내가 현재 어떤 모습으로 살아가고 있는지를 알려주고, 또 내
가 어떤 모습으로 변화되어야 하는지를 알려주잖아요. 그리고 그렇게 변화
시켜주는 해법이 명상인가 해서 나름 흉내 내려고 애썼는데… 그런데 잘 안
되더라고요.

2A: 본능, 감정, 지식을 통합해야 하는 줄 알았어요. 하지만 주관적 관점에서의
통합은 점점 더 미궁에 빠지게 하고, 그래서 전혀 다른 길을 갈 수밖에 없도
록 만들더라고요. 객관적 관찰을 해야 하는데 에니어그램을 하면 할수록 오
히려 주관적 관찰에 머무니까 한계에 부딪힐 수밖에 없었어요. 에니어그램
을 공부하는 것만으로는 문제가 풀리지 않고 모두 제자리걸음만 하고 있다
는 걸 느꼈는데… 그래서 에니어그램은 도구일 수밖에 없구나, 영성이 깊어
지려면 신앙이 아니고서는 한 걸음도 앞으로 나갈 수 없다는 걸 깨달았어요.

8A-사회자: 제1, 제2, 제3의 길을 다 가보고 나서야 깨달을 수 있는 길이 제4의
길이 아닐까요? 리소는 제4의 길이 높은 곳에서 온다고 했어요.[**] 그 말이 뭘
까요?

1A: 내가 알고 있는 상식과 이해하고 있는 것들이 있는데 거기서 벗어나면 내가
갖고 있는 한계 때문에 불안해지고 걱정, 염려하다가 할 수 없다고 포기하고
맡길 수밖에 없을 때… 그 이후에 나의 상식과 한계 밖에서 정말 일어날 수
없는 곳에서 문제가 해결되는 것을 보게 되고, 그뿐 아니라 문제가 해결되지

---

[*] 같은 책, 396.
[**] 같은 책, 396.

않았는데도 걱정이나 염려가 안 되는 걸 경험하고 나서는… 높은 곳에서 오는 거구나, 내가 하는 게 아니구나, 고백할 수밖에 없었어요.

2A: 내가 진정으로 할 수 없다는 고백을 하고 나서야 내 힘을 빼고 나서야 저절로 주어지는 다른 어떤 힘을 경험하게 됐어요. 그 힘이 평화의 힘이었는데 그게 샬롬이 아닐까? 그게 제4의 길이 아닐까? 그리고 그 길을 갈 수 있게 될 때 그걸 은총이라고 고백할 수밖에 없는 게 아닐까?

8A-사회자: 내 맘대로, 내 주장대로만 하던 거에서 돌아서는 게 회개라고 할 수 있는데, 에니어그램에서는 각 유형에 해당하는 회개를 알려주잖아요? 1번은 성숙, 2번은 은총, 3번은 하나님의 뜻, 4번은 하나님과 일치, 5번은 섭리, 6번은 하나님을 의지함, 7번은 창조에 동참, 8번은 뜨거운 동정심, 9번은 무조건적 사랑이라고 말해주고 있어요. 회개의 표현은 유형별로 다 다르지만 내 멋대로 살다가 결국 우리가 어떻게 하나님께로 가서 어떻게 하나님을 의지하며 살아가느냐인 거죠.

4A: 아하~ 알겠어요. 일상생활 속에서 회개하면서 걷는 길, 하나님과 함께 걷는 길, 그 길이 바로 제4의 길이겠구나 싶네요.

1A: 하지만 말이 쉽지… 회개하는 게 쉽지 않잖아요?

2A: 그 회개라는 게 막연한 죄를 붙들고서는 아무것도 할 수 없더라고요. 그동안 모르고 지내왔던 죄를, 어떤 모습으로 하나님께로부터 돌아서서 살고 있는지를 깨닫지 못하면… 그래서 그 죄를 붙들고 하나님 앞에 나아갈 수 없다면… 회개도 적당히 할 수밖에 없다고 봐요.

8A-사회자: 그래요. 예수님이 회개하고 복음을 믿으라고 했는데 회개하려고 몸부림친다고 되는 것도 아니고… 인간적 노력을 다하면서 애써도 안 되던 부분이… 그런데 어느 날 인간의 힘을 뛰어넘어 다른 데서부터 오는 은총을 경험하게 될 때 그걸 제4의 길이라고 하는 게 아닐까요?

4A: 내 힘에 의해서가 아니라 예수 그리스도로 인해 이루어진 거라고 고백할 수밖에 없을 때… 그게 그리스도인의 믿음이 아닐까요?

17장
에니어그램 프로필

    자신의 성격유형을 아는 것은 진정한 나를 찾는 출발점이 된다. 그리고 성격유형은 어디까지나 '거짓 인성'에 불과하다는 점을 유념해야 한다. 자신의 거짓 인성을 알게 된 사람이라야 '수련 인성'으로 살아가게 되고 지속적인 수련으로 '참 나', 즉 '진정한 본성'을 찾고 밝히는 데까지 나아갈 수 있다. 에니어그램을 어느 정도 공부한 사람들도 자신의 에니어그램 유형에 대한 지식이나 이해가 고착되기 쉽다. '나는 에니어그램 몇 번 유형'이라는 식으로 생각하는 데서 멈춘다면 위험한 일이 아닐 수 없다. 어릴 때부터 '나는 원래 이런 애야'라고 자포자기하든가, 어른들이 화가 나서 격정에 사로잡히면 '그래, 나는 그런 사람이다. 어쩔래?' 하고 소리치는 것과 별반 차이가 없다.

    에니어그램은 늘 '현존' 안에서 이해하고 받아들여야 한다. 언제나 나의 '현재' 상태가 어떤가를 포괄적으로 생각해야 한다. 과거를 돌아보고 기억하며 현재를 느끼고 경험하며 관찰하고 어떻게 변화와 성숙을 지향한 것인가를 현재의 시점에서 아우르며 '깨어있는 의식으로 집중'해야 하는 것이다. 그런 만큼 긴장하면서도 한편으로는 여유를 가지고 수련을 지속해야 한다.

에니어그램을 배우기 시작하면 '나'를 발견하기 시작한다. 내가 나를 이해하고 알고 있는 주관적인 면이 있는가 하면, 동시에 남들이 이해하고 알고 있는 '나'가 존재한다. 그러므로 나와 다른 사람들 '자기 지식'과 '세계 지식'이 서로 조화를 이루어야 한다. 그러나 시작은 내가 '나'를 발견하는 데서부터이다. '나'를 발견하는 것은 '나'의 성격을 아는 데서 시작되고, 나의 성격을 아는 것은 나의 '단점'을 아는 데서 시작된다. 그것이 오늘의 나를 아는 데로 이어지게 된다. 그런데 그 과정에서 우리는 헤매는 경험을 종종 한다. 미로를 헤매는 것 같고, 때로는 숨은 그림을 찾는 것 같고, 어떤 때는 수수께끼를 푸는 것 같기도 하다. 또 자기를 대면하다 보면 기분 나쁘고 자존심 상하고 부끄러움도 느끼게 된다. 그렇게 에니어그램 유형을 발견하고 확인하는 과정에서 우리는 몇 가지 기본 단계를 거치면서 자기를 발견하게 된다. 그러나 남의 도움에 의존하다 보면 자기 관찰이나 성찰이 부실하게 되고, 그렇게 해서 자기 성격유형을 발견한 사람은 거기서 멈추고 고착되기 쉽다. 고통스럽더라도 스스로 대가를 지불하고 자신의 에니어그램 유형을 발견하기 위해 애쓰는 사람일수록 변화와 성숙을 위한 기초를 튼튼하게 닦게 된다.

에니어그램의 기초를 이해하는 사람이 '나의 에니어그램 프로필'을 작성하는 것은 매우 중요하다. 이 작업은 에니어그램 방법론을 비교적 포괄적으로 수렴하는 것이기 때문이다. 에니어그램에 관한 기초적인 이해의 바탕 위에서 먼저 나의 어린 시절을 떠올린다. 대개 9번 유형들은 어린 시절을 잘 기억하지 못하는 경향이 있다. 갈등을 피하려는 성향이 강한 9번 유형은 지난 일의 아픈 상처를 기억하지 않으려는 성향이 습관화되고 패턴화되었기 때문이다. 그러나 그들도 스토리 텔링이나 다른 연상 작용을 통하여 어린 시절을 기억해낼 수 있다. 특히 사건을 중심으로 경험을 이야기하면 도움이 된다. 만 여섯 살을 전후하여 경험한 것에 대해 기억을 더듬어 이야기하는 것에서 출발한다. 야단을 맞거나 혼난 경험도 있을 것이고, 길을 잃어버리거나 부모가 안 계신 밤중에 깨어나서 놀란 경험도 있을 것이다. 가장 좋아하는 것을 선물로 받거나 바닷가에 갔을 때 기쁘고 즐거웠던 경험을 떠올릴 수도 있다. 그때에 양쪽 부모 또는 한쪽 부모와의 애정 경험이 어떠했는지를 기억하는 것이 중요하다.

반복되던 경험보다 단 한 번 있었던 일이지만 자꾸 생각나는 경험이 아주 중요하다. 예를 들면 유아기 기원을 이야기할 때 6번 유형 중에는 아버지를 좋아하는 사람도 있지만 엄한 분으로 경험할 수도 있다. 왜곡된 기억으로 인해 실제 무서운 것 이상으로 과장되게 생각하는 경우가 있는 것이다. 그리하여 아버지와의 관계가 좋은 6번 유형이 편안하지 않은 아버지를 경험하는 1번 유형으로 오판할 수 있다. 일생에 단 한 번 아버지에게 매를 맞았더라도 그 경험이 두고두고 의식적, 무의식적으로 작용하여 1번 유형으로 자라는 경우도 있다. 이유는 기억이 안 나지만 몹시 매를 맞은 경험이 있고 그 뒤로는 아버지 얼굴만 보면 그때 생각이 나서 긴장을 한다. 그래서 매사에 반듯해야 하고 바르게 해야 되고 야단맞지 않으려고 애쓰며 산 결과가 1번 유형의 성격으로 살게 되는 것이다.

유아기 기원을 어린이 에니어그램과 연관 지어 기억하는 것을 시작으로 자기 성찰을 한다.

■ 격정

격정이 솟아나는 그 순간에는 의식하지 못할 수도 있다. 격정을 나타내고 나서야 자기가 격정에 휘말렸다는 것을 알게 된다. 자신이 격정에 사로잡혔을 때 그 감정이 어떻게 표현되는가를 살핀다. 우리가 흔히 말하는 것처럼, '욱'할 때 나타나는 특징이라 할 수 있다. 몹시 화가 났을 때 참다 참다 더 이상은 못 참겠다고 감정이 폭발할 때 나타나는 감정 상태를 살핀다. 때로는 이와 대조적으로 감정이 몹시 위축되어 일을 뒤로 미루거나 게으름을 피우는 것으로 반응하기도 한다.

■ 기피

자신이 기피하는 것이 무엇인가를 알아낸다. 아홉 가지 유형에 따라 각기 싫어하거나 기피하는 것이 있다. 어떠한 생각이나 행동을 하지 않으려고 피하고 피하려고 하는 것이 기피이다. 책이나 자료에서 서술되어 있는 것을 찾기보다 자기 내면을 들여다보고 자신의 습관이나 행동 패턴을 성찰하는 것이다. 자신에게 '반복적으로 뚜렷하게 나타나는 것'을 관찰하며 기억하는 것이 중요하다.

■ 함정

우리는 평생을 두고, 성격유형에 따라 각기 빠져드는 함정이 있다. 강박충동이라 할 수도 있고 각자의 취약점이라 할 수도 있다. 결국 할 수도 없고 될 수도 없는 것에 집착하기 때문에 생기는 문제이다. 흔히 해야겠다고 마음먹은 것은 못하고, 안 하려고 다짐하는 일은 하게 되는 것과 무관하지 않은 것이다. 함정에 빠지는 것을 즐길 사람은 없다. 그런데 빠지지 않으려고 발버둥 칠수록 빠져드는 것이 함정이다. 여기에 빠져들면서 격정에 사로잡히게 되는 것이다.

■ 덕목

그러므로 함정에 빠지지 않으려는 노력보다 더 중요한 것은 자신의 장점, 곧 덕목을 지향하는 것이다. 이와 같이 약점에서 장점으로, 함정에서 덕목으로 이행하는 변화과정은 성장의 결정적인 계기가 될 수 있다. 이 과정에서 우리는 버릴 것과 살릴 것, 포기할 것과 확인할 것을 재확인하고, 마음에 각인시키며 노력하게 된다.

이같은 과정을 전체적으로 생각하면서 '나의 에니어그램 프로필'을 작성해 보자. 그런 후 그것을 일상의 삶 속에서 다시 성찰하며, 자기 관찰과 자기 기억을 예리하게 집중하며 수행해 나아갈 일이다.

18 장
에니어그램과 영성

토마스 풀러는 "사람과 사람 사이의 진정한 차이는 에너지로 나타난다"라고 말했다.

에니어그램을 통하여 자기를 발견하는 사람은 자아라는 감방에서 문을 박차고 뛰쳐나갈 수 있는 지혜를 얻게 된다. 그것은 자유와 건강과 행복을 찾아가는 단초이다. 하지만 에니어그램을 좁은 의미로 이해하여 성격유형을 파악하는 도구 정도로만 생각하는 사람은 얻을 것이 많지 않다.

성격유형 검사 방법에는 여러 가지가 있지만 에니어그램은 다른 검사 방법과 차별화된다. 그 이유로,

1. 성격유형의 발견은 출발 지점에 지나지 않는다.
2. 성격유형을 발견하는 것을 계기로 성격 형성의 배경과 과정을 이해하게 된다.

3. 그로써 변화와 성숙과 통합의 길이 열리게 된다. 그 결과 에니어
   그램을 통해 수련하면서 열매를 거두게 되는데 그것을 한마디
   로 '파워 에니어그램'이라 할 수 있다.
4. 나를 아는 자기 지식과 세계를 아는 객관적 의식의 조화와 균형
   을 통하여 에너지가 증진된다. 격정을 빠르게 관찰하여 그 속에
   있는 최선의 힘을 신뢰함으로써 무서운 저력이 나오게 된다.

에니어그램은 자신의 단점(격정)을 알게 해주고, 그 단점이 왜 생
겼는지를 살펴보게 하여 자기 자신에 대하여 관심을 갖게 해준다. 그
리고 그 단점을 어떻게 고쳐나가는지(회개하는 방법)를 가르쳐주고, 그
단점이 변하여 어떤 장점(덕목)으로 나아가는지를 알게 해준다. 그리
하여 자기의 단점에 빠져서 허우적대는 삶에서 벗어나 그 성격유형에
따른 행복을 찾아가도록 도와준다. '너 자신을 알라'는 말에는 사람이
자신을 알면 잠재력을 훨씬 더 크게 끌어내게 되고 저력을 살리게 되
어 '본래의 자기'를 누리게 된다는 의미가 내포되어 있다. 요즘 사람들
은 눈앞의 이익 때문에 진실을 쉽사리 외면하는 경향이 있다. 그로써
작은 이익은 얻을지 몰라도 더 큰 에너지를 잃는다는 것을 깨달아야
한다. 자신을 모르고 살아가면 자기에게 주어진 에너지를 제대로 쓰
지 못하고 만다.

먼저 에니어그램 상징을 미리 속에 그려본다. 원은 원만한 통합,
조화, 일치, 완전을 상징한다. 누구나 태어날 때는 이렇게 온전한 상태
로 태어난다. 만 2살 때까지는 이런 상태가 지속된다. 그다음에 삼각
형이 있다. 이는 사람이 만 3살을 넘어가면서부터 에너지는 1/3로 줄
어드는 것으로 나타낸다. 이때부터 나를 내세우고 주장하기 시작하여
엄마와의 갈등이 본격적으로 시작된다. 나밖에 모르는 아이로 커간다.

그래도 어른들에 비하면 에너지가 크다. 마음도 순수하고 부정적인 감정은 순식간에 잊어버리고 누구하고도 잘 지낼 힘은 아직은 있다. 그다음에는 옥타브 선이 있다. 삼각형이 3의 법칙을 상징하듯이 옥타브 선은 7의 법칙을 나타낸다. 만 3살이 되면서 원에 삼각형이 더해진 것처럼 만 여섯 살이 되면 옥타브 선이 더해지면서 그 결과 에니어그램 상징이 나타나는데 아홉 가지 유형인 아홉 포인트가 나타난다. 사람이 태어날 때의 잠재력이 만 여섯 살이 되어 성격유형이 확정되는 시점에서 1/9로 축소된다.

그렇다면 왜 어떤 사람들은 잠재력의 2/9를 쓰는데 어떤 사람은 1/9을 쓰는 데서 그치고 마는가?

여기서 우리는 에니어그램 상징을 통찰할 필요가 있다. 온전한 상태로 태어나는 사람의 본래적인 모습은 순수하고, 원만하고, 사랑으로 가득하다. 성경에서 말하는 것처럼 하나님의 모습을 따라 이루어진 것이다. 하지만 데이비드 코쏘프가 말하듯 만 3살이 지나면 내리막길로 접어든다. 심리학자들은 이를 두고 개체 발달이 시작되면서 자기보존 본능이 작용하기 시작한 것이라고 말한다. 이때부터 나를 먼저 생각하고 나를 중심으로 생각하는 버릇이 들게 된다. 마음이 그만큼 좁아지고, 마음이 좁아지는 데 따라 의식과 생각이 좁아지고, 그 결과 에너지가 축소된다. 따라서 잠재력의 8/9는 수면 밑으로 가라앉듯이 남아 있고, 수면 위로는 1/9만이 고개를 내미는 형태가 된다. 빙산의 일각으로 나타나는 것이 각자의 에니어그램 유형인 것이다. 이와 같이 에니어그램 성격유형이 아홉 가지 가운데 하나로 확정되면서부터 격정이 그 방향으로 나타난다. 이를 달리 표현하자면 각자 개인에게 반복적으로 뚜렷하게 나타나는 현상이 있다는 것이다. 성격유형에 따라 각자 에너지 표출 방식과 방향이 고착되어 고정된 한 방향으로만 주로 작용하다 보니, 에너지 표출이 1/9로 축소되고 그 방향으로만 에너지가 나타난다. 기본 성격유형의 양쪽에 있는 유형 중 어느 한 유형이 접혀 있는 날개이고 다른 한쪽 날개만 펼쳐져서 작용한다. 이것 또한 우리가 잠재력의 1/9만을 쓴다는 반증이 된다. 그러므로 누구나 자신의 성격유형을 발견하고 격정을 확인한 다음, 날개를 찾아서 접힌 날개를 알게 되면 변화와 성숙을 거쳐서 회복의 길로 들어서게 된다.

성격유형과 함께 격정과 강박충동을 확인하고 나면 자신의 성격을 알게 되고 그와 더불어 속성과 특징을 알게 된다. 그러면 자신이 무엇을 두려워하며 기피하는지, 어떤 함정에 빠져 걸려 넘어지는지를 이해하게 된다. 스트레스를 받으면 자기도 모르게 '욱'하고 실수하게 되던 것을 밝히 보고 자제할 수 있게 된다. 천천히 자기를 객관화하기 시작하여, 마침내 감성(느낌feeling), 지성(생각Thinking), 본능(행동Doing)의 균형과 조화를 이루게 된다. 이처럼 D-F-T사이의 균형을 이루게 되면 격정을 제어하여 늘 함정에 빠지던 습관적인 걸림돌에서 벗어날 수 있게 되는데 이것이야말로 '버전을 바꾸는 것'(회개Conversion)이다. 즉 변화와 성숙의 길로 들어서게 되는 것이다. 흔히 '통합'이라 부르는 이 상태에서는 균형 감각과 안정감을 갖고 에너지가 긍정적으로 힘차게 발휘된다. 에니어그램을 모르고 살았던 과거를 돌이켜보더라도 알 수 있는 진실이 있다. 공부나 놀이나 시험이나 일 등 어떤 경우라도 우리가 베스트를 발휘하는 것은 가장 편한 마음으로 누구도 두려워하지 않고 누구하고도 경쟁하지 않고 다만 자신이 할 수 있는 최선을 다하고 결과에 집착하지 않는 마음을 먹었을 때이다. 그러나 자기 자신을 모르고 살다보면 이런 경험은 나이가 들면서 점점 더 어려워진다.

　에니어그램을 배우면 자신의 격정과 강박충동을 알고 접힌 날개를 확인함으로써 자신의 한계와 걸림돌을 확인하게 된다. 그 결과 자기 관찰과 자기 기억을 날마다 새롭게 함으로써 걸림돌에 걸려 넘어지는 경우가 줄어들고 펴진 날개는 더욱 힘차게 움직이는 반면에 접힌 날개를 열심히 펴는 노력을 계속하게 된다. 그렇게 되면 마음이 편안해지는 동시에 넓어지고, 의식과 생각이 열리고, 감정이 부드러워지면서, 결과적으로 1/9에서 2/9를 향하여 커다란 에너지가 분출된다. 이때에 '파워 에니어그램'이 그 위력과 함께 빛을 드러내기 시작한다. 그런데 '진인사 대천명'이라는 말이 있다. 사람들이 자기로서의 책임과 의무를 다하고 나서, 그다음에는 하늘의 진행을 기다린다는 말이다. 에니어그램은 사람의 노력이나 심리 연구로 되는 것이 아니라 하늘의 뜻을 살펴 가면서 자기를 바라보아야 자기 속에 있는 본래의 자기, 즉 '내 안의 보물'을 찾을 수 있다는 말이다. 그래서 에니어그램은 심리적으로만 공부할 것이 아니라 영성으로서 공부해야 한다.

8A-사회자: 사람이 태어날 때의 잠재력을 100%라고 한다면 만3세를 넘어가면서 3/9로 축소되고 만6세가 되어 성격유형이 확정되면서 1/9로 축소되는데… 이 얘기는 온전한 영성으로부터 멀어져 격정에 따라 사는 거라고 할 수 있어요. 에니어그램을 가지고 어떻게 온전한 영성을 향해 가야 하는지 얘기해 보면 좋겠어요.

2A: 1/9로 축소됐다는 건 온전했던 자아가 욕망이나 두려움에 휩싸여 나를 보호하고 지키려는 이기적인 자아의 모습으로 변형됐다는 거잖아요. 그게 자아라는 감옥에 갇힌 거고, 바울이 말하는 옛사람인 거고, 격정을 드러내는 모습인데, 그런 식으로 내가 괜찮은 존재인 거로 버티고 있는 거잖아요.

1A: 그래서 에니어그램에서는 나를 알고, 격정을 사로잡고, 덕목으로 가기 위해 회개를 해야 한다고 알려주죠.

2A: 그 회개라는 실체가 뭔지… 자기를 지키려다가 상대방을 죽이려는 게 각 유형마다 꿈틀거리는 자아인 거잖아요. 자신의 그런 모습을 인정하기 힘들어하죠.

8A-사회자: 왜 그럴까요? 왜 자아를 인정하는 걸 두려워할까요?

1A: 자기의 격정이 드러나는 게 두려우니까, 그래서 포장하거나 숨기고 싶어 하는 게 아닐까요?

8A-사회자: 그런데 참 이상해요. 자아를 인정하고 나면, 자신의 부정적인 모습을 인정하고 나면, 평화롭고 행복한 표정으로 바뀌잖아요?

2A: 해방감을 맛보니까 그런가 봐요.

8A-사회자: 그러니까, 감옥에 갇혀 사는 자신의 모습을 인정하고 나니까 순식간에 감옥 문이 열렸던 거죠. 하지만 회개는 자아라는 감옥에서 뛰쳐나와야 하는 거잖아요. 회개는 그 감옥으로부터 벗어나 자유를 얻는 거죠.

4A: 그런데 자신의 그런 모습을 인정하고 감옥에서 뛰쳐나왔다가도 다시 감옥으로 들어가 버리잖아요. 그게 다시 잠들어버리는 거고… 다시 죄인의 모습으로 살아가는 거잖아요.

8A-사회자: 맞아요. 우리가 죄로부터 벗어나 해방되어야 하는데… 그동안 에니어그램 수련을 해온 사람으로서 우리가 어떻게 해야 죄로부터 해방될 수 있는지, 여러분은 뭐라고 말하고 싶어요?

2A: 대속의 은총이죠, 뭐.

4A: 죄와 연합하여 살던 것에서 하나님과 연합하여 사는 삶으로 건너뛰어야 하는데… 그러려면 그 사이에 대속의 은총이 개입되지 않으면 불가능하다는 걸 알았어요.

1A: 그게 바로 십자가의 도….

8A-사회자: 우리에겐 이미 은총이 선물로 주어졌어요. 하지만 우리에게 이미 주어진 그 은총을 누리려면 꼭 거쳐야 하는 과정이 있어요. 그건 먼저 우리의 죄를 자백하는 거예요. 그래서 죄사함을 받아야 하는데… 왜냐하면 우리에게 흘러들어오는 은총을 바로 그 죄가 막고 있기 때문이지요.

2A: 열심히 남을 돕고 있는데… 거기서 더 남을 도우라고 하면 2번은 죽어요.

4A: 남의 부족함을 보지 말고 자신의 부족함을 보라고 하잖아요? 그러잖아도 화살을 자신에게 쏘고 있는 4번에게 자신의 부족함을 탓하라고 하면… 살 수가 없어요.

8A-사회자: 그래서 일반적인 죄의 자백이 아니라, 뭉뚱그리는 죄의 자백이 아니라, 에니어그램으로 정확한 자기의 죄를 찾아 그 죄를 붙들고 주 예수 그리스도 앞으로 나아가라 하는 거예요.

4A: 믿음은… 내 죄를 사하심을 믿어야 하잖아요? 나의 어떤 죄를 사하여 주셨는지 구체적으로 잘 모른다면 그 믿음도 흐려질 수밖에 없다고 봐요.

4C: 천국은 방문을 하는 게 아니라 방문을 받는 거라고 하더라고요.

8A-사회자: 천국도 내가 노력을 해야 천국의 방문을 받을 수 있어요.

4A: 내가 하는 노력이 바로 지속적으로 죄를 고백하는 거라고 생각해요. 그래서 은총은 지속적인 죄의 고백을 통해 서서히 오랜 시간을 통해 조금씩 조금씩 내게 다가오는 게 아닌가 싶어요.

8A-사회자: 우리는 은총으로 인해 죄로부터 돌아서서 하나님의 현존 안에 있을 수 있고, 하나님의 현존 안에 있을 때 주의 능력을 힘입을 수 있어요. 우리가 보통 기도할 때, 어려운 상황에 있거나 누군가가 미우면 우리는 '견디게 해주세요, 이해하게 해주세요' 하고 기도를 해요. 그런데 이런 기도보다는 오히려 '이미 내 안에 들어와 계시는 하나님을 알고 느끼게 해주세요'라고 주님의 현존을 느끼는 기도로 바뀌어야 하는 게 아닐까요? 그래서 주님의 이끄심을 경험하고, 내가 그 상황을 극복한 게 아니라 어떤 힘에 의해 이루어졌다고, 내가 용서한 게 아니라 어떤 힘에 의해 용서하게 되었다고… 이렇게 고백하게 되는 게 아닐까요?

4A: 내 힘에 의해서가 아니라 예수 그리스도로 인해 이루어진 거라고 고백하는 거겠죠.

8A-사회자: 그걸 다른 말로 하면 내 힘으로 한 게 아니니까 구원받았다고 말할 수 있는 게 아닐까요?

윌리엄 블레이크는 사랑의 빛을 띠는 법을 배우도록 권면하였다. 파워 에니어그램이란 에니어그램 수련의 목적이 밝히는 바와 같이 잠재 능력을 살려서 모든 면에서 파워가 충분한 상태로 이루어진 것을 의미한다. 한마디로 표현하자면 온전함의 영성이요, 구체적으로는 감성과 지성과 본능과 몸의 움직임 속에 조화와 균형이 이루어진 상태를 가리킨다. 그런 온전한 상태가 어떻게 현실이 되느냐 하고 반문하는 이들이 적지 않다. 그런 비전이나 희망을 가질 수는 있으나 현실과는 거리가 멀다고 전제하기 때문에 회의가 생기는 것이다. 그러나 파워 에니어그램을 현실로 산 사람들이 있다는 것에 주목하자. 타고나기를 걸출한 인물로 태어나서가 아니다. 에니어그램 수련의 방법과 과정을 거쳐 후천적으로 그렇게 성취한 사람들이 분명 적지 않다.

태산이 높다 하되 하늘 아래 뫼이로다
오르고 또 오르면 못 오를 리 없건만

사람이 제 아니 오르고 뫼만 높다 하더라.

왜 뫼만 높다고 하면서 오르지 않는가? 이상과 현실 사이에서 갈등하거나 방황해 본 경험이 우리를 주저하게 만들 수도 있다. 가능성과 현실 사이에서 좌절해 본 경험 때문에 움츠러들 수도 있다. 그러나 분명하게 알아야 할 것은 인류의 입에 오르내리는 수많은 영웅들이 어린 시절이나 젊었을 때는 보잘것없고 초라했거나 남과 다를 바 없이 평범했던 사람들이었다는 사실이다. 영웅들 중에는 평균인보다 작거나 약했던 사람들이 의외로 많다는 것이 통계적으로 나타나 있다.

우리의 주위를 둘러보면 흔히 만날 수 있는 사람들 가운데, 놀기 좋아하여 그야말로 플레이보이 기질이 강하고 산만하여 집중력이 없고 시작은 잘하지만 끝마무리를 못하는 사람들이 있다. 뭐든지 한번 붙들면 푹 빠져서 탐닉하다가도 싫증이 나면 헌신짝처럼 내팽개치는 사람들이다. 이런 사람들이 자기 발견을 하게 되면 놀라운 변화를 하곤 한다. 바로 에니어그램 7번 유형들이다. 7번의 대표적 성인으로는 성 프란체스코를 꼽을 수 있다. 플라톤도 7번 유형이다. 그는 정치학자이고 시인이고 극작가이며 육상 삼종 경기의 참피언이었다. 현대 영화감독 가운데 이름을 떨치고 있는 스필버그Steven Spielberg도 빼놓을 수 없다.

사람이 태어날 때의 잠재력을 100%라 한다면 만 여섯 살에 이르게 되면 잠재력이 1/9로 축소된다. 이는 보통 사람들은 잠재력의 1/9인 11.111%, 즉 12% 이하를 쓰게 됨을 나타낸다. 이것을 우리가 알고 있는 IQ수치로 바꾸면 120 정도가 된다. 그러나 역사적으로 크게 공헌한 사람들 중에는 IQ가 200에서 250 정도인 천재들이 있다. 보통 사람들은 1/9를 쓰는 데 비해 앞에서 예를 든 사람들은 잠재력의 2/9인 20~25%를 썼다고 설명할 수 있다. 논란의 여지가 없지는 않으나 보통 사람들은 IQ가 110~120 정도인데 비해 별로 눈에 띄지 않다가 나중에 탁월성을 드러낸 사람들은 IQ가 200~250 정도인 경우가 적지 않다는 점에 연결시켜 볼 수 있다. 이런 사람들은 기상천외한 힘을 밖으로부터 얻어서 그렇게 된 것이 아니다. 외부의 도움이나 영향에는 한계가 있을 뿐 아니라 한시성이 있어서 오래 가지 못한다. 그러나 자기를 발견하고 자기 스스로 '자아의 포로Prisoner of self'라는 사실을 자각하고 자신의 격정passion을 붙들고 나가기 시작하면 내부로부터 힘이 솟구친다. 현재 겉으로 나타나서 사용 중인 능력이 12%인데 비해 속에 잠재해 있는 88% 가운데서 일부를 점진적으로 끌어내게 될 때, 파워 에니어그램이 현실로 나타나기 시작한다.

'못난 사람은 조상 탓만 한다'는 옛말이 있다. 이를 오늘날의 상황으로 번안한다면, '실패하는 사람은 변명할 조건만 찾는다'라고 바꿀 수 있을 것이다. 자기 욕심에 빠져서 눈이 어두워지거나 지나치게 경쟁하다가 정당하게 얻을 수 있는 몫까지도 놓치고 마는 사람들은 실패의 탓을 다른 사람이나 외부 환경으로 돌리는 경향이 있다. 그러나 자기를 발견한 사람들은 자신의 격정을 먼저 확인한다. 확인한 다음에 그 격정을 붙잡고 관찰해 나가면서 그 격정 속에 좋은 부분, 곧 베스트 에너지가 있다는 사실을 믿고 자기 관찰과 자기 기억을 십분 살려서 파워 에니어그램을 현실로 끌어낸다.

이 과정에서 무엇보다 중요한 것은 자기 내면의 어둠을 발견하고 객관적으로 의식하는 것이다. 특히 어린 시절에 받은 상처와 그 속에 있던 고통을 직시하고 대면하면 치유의 경험을 얻을 수 있게 된다. 그렇게 되면 자기가 받았던 상처와 그로 인해 생겼던 두려움과 격정, 콤플렉스로부터 도피하기 위해 취했던 행동이 사라지고 거기에서 해방을 받는다. 이런 경험을 하게 되면 아무리 유복하게 자랐던 사람들도 은연중에 받았던 자기만의 상처를 싸매게 되고 어쩌다 부모로부터 사랑을 받지 못했을 경우에도 그것 때문에 아파하고 괴로워하는 것이 아니라 자기 스스로가 '부모 노릇'(parenting 또는 reparenting)을 하면서 단순한 자기 연민이 아니라 내면의 자아에 대한 뜨거운 연민compassion을 품게 된다. 그러면 더 이상은 자기를 자신의 인성personality과 동일시하지 않게 되어 자기의 본질을 발견하고 본래적 자아로서의 본성을 깨닫게 된다.

이렇게 참된 자아true self를 찾아 나아갈 때, 어렸을 때 상처받지 않았던 내면의 어떤 한 부분에서 진정한 사랑의 힘이 되어 솟아 나온다. 그 힘은 힘들고 괴로웠던 고난과 고통을 똑바로 바라볼 수 있게 하고 그것이 치유될 수 있게 한다. 자신이 직접 경험했기에 아는 고통과 상처는 오로지 자신만이 치유할 수 있음을 비로소 발견하며 힘을 얻는다. '보는 것이 믿는 것Seeing is believing'이듯이, '보는 것이 치유하는 것Seeing is healing'이다. 이런 치유 능력은 밖으로부터 오는 것이 아니다. 상처를 치유하는 사랑의 능력은 외부로부터 오는 것이 아니다. 바로 우리 내면에 있으면서 상처받지 않았던 부분, 그래서 고통 받지 않고 이지러지지 않은 부분에서 비롯되는 힘이다. 깨어있는 의식과 집중력으로 자기를 지켜봄으로써 상처받지 않았던 참된 자아가 살아나고 그와 동시에 상처받은 자아로서의 인성은 그동안 지켜온 자기 자리를 떠나게 된다. 블레이크William Blake가 말했듯이 우리가 지구에 온 것은 '사랑의 빛을 띠는 법을 배우기' 위함인 것이다.

20세기의 가장 탁월한 과학자로 손꼽히는 아인슈타인Albert Einstein은 파워 에니어그램을 현실로 살았던 대표주자이기도 하다. 그는 창조주 하나님처럼 모든 피조물에 사랑과 연민을 품을 수 있어서 대자연과 하나가 되는 것을 인간 모두의 궁극적인 지향점으로 보았다. 인간 개개인은 대자연과 지구와 우주와 동떨어진 존재가 아니다. 우주와 동떨어진 존재인 것처럼 생각하는 것은 착각이고 망상이다. 개인의 욕망과 가족이기주의에 갇혀 살아가는 한 우주와의 일체감을 느낄 수 없다. 뜨거운 연민의 원 circle of compassion 을 점점 넓혀 나가서 살아있는 모든 피조물을 끌어안고, 마침내 아름다운 대자연에 이르기까지 넓혀가야 한다. 파워 에니어그램은 멀리 떨어진 어떤 이상향이나 신기루가 아니다. 우리가 마음먹고 팔을 뻗치면 닿을 곳에 있다. 바로 우리 자신의 내면에 있다.

20장
날개와 본능

에니어그램을 공부하면서도 변화와 성숙을 이루지 못하는 까닭에 에니어그램에 대해 의심하고 회의하는 경우가 종종 있다. 에니어그램 자체가 효험이 없거나 옳지 않아서가 아니라 에니어그램의 지혜를 감당하지 못한 데서 비롯되는 현상이다. 에니어그램이 일러주는 대로 수련을 하지 않는 결과일 뿐이다. 지식이 아무리 많아도 존재와 인격 형성에 적용되지 않으면 그런 지식은 차라리 없느니만 못하다. 앎이 많아져도 사람 됨됨이가 성숙하지 않으면 지식과 존재 사이의 균형과 조화가 이루어지지 않아서 오히려 부정적인 결과가 나타나기 시작한다. 나이에 상관없이 첫째, 건망증이 심해지고, 둘째, 감정의 불안정과 불균형이 생기고, 셋째, 폭력적인 사람이 되기 쉽다. 지식사회학에서 지적하는 것처럼 지식인/지성인의 허위의식이 높아간다. 그러므로 지식이 늘어나는 것만 추구할 일이 아니라, 지식이 느는 만큼 인격이 변화하고 성숙되도록 자기 수련(work on oneself/self-discipline)을 부단히 지속해야 한다. 에니어그램 수련은 자기 관찰과 자기 기억에서 시작된다고 말하였다. 누구를 막론하고 에니어그램에 발을 들여놓은 사람의 공통된 불문율이다. 지식이 많고 적음에 상관없이 수련이 아무리 깊어지더라도 이것만큼은 계속해야 마땅하다. 이를 지속적으로 수행하지 않으면 수련이 어렵게만 느껴지고 회의만 늘어간다. 수련을 계속적으로 수행하지 않으면 에니어그램은 제 기능을 발휘하지 못한다.

'자기 관찰'과 '자기 기억'을 지속해야 '자기 지식self-knowledge'과 에니어그램 지식의 심층에 이르게 되고 그것을 현실에 적용할 수 있게 된다. 그래야 비로소 앞으로 설명하고자 하는 날개와 본능에 대한 지식과 지혜를 터득하게 되고, 그제야 지속적으로 수행하는 힘을 얻고 아울러 보람과 기쁨을 누리게 된다. 무엇보다도 에니어그램의 기본 유형에 대한 깊은 이해와 통찰이 선행되어야 한다. 그러면 날개와 본능에 대한 이해 또한 동심원을 그리듯이 이해가 넓어지고 깊어진다. 날개에 대한 이해가 깊어지면 본능에 대한 통찰을 하게 되고, 비로소 수련이 실감나기 시작한다. 그리하여 지속적으로 정진하면 파워 에니어그램이 현실로 다가온다. 만 3살 이후 잠재력이 1/3로 줄기 시작하고, 따라서 마음이 좁아지고 이기적인 태도가 커지면서 결국은 만 여섯 살부터 에니어그램 성격유형이 결정된다는 것은 이미 아는 바와 같다. 이를 상기하는 까닭은 만 여섯 살 전후해서는 어린이들이 스스로 느끼지도 못하거니와 객관적으로 관찰해도 양 날개의 차이가 거의 나타나지 않기 때문이다. 그러다가 만 8살 이후부터는 양 날개의 차이가 점점 벌어지면서 불균형에 따른 편향성이 나타나기 시작한다. 그리하여 청소년기 이후로는 양 날개의 차이가 뚜렷해지고, 어느 한쪽 날개가 '접혀진 날개'가 된다.

에니어그램을 모르는 사람 중에도 자기 성찰을 꾸준히 하는 사람은 명료하게 의식하지 못하고 에니어그램의 이론에 대한 지식도 없으나, 양 날개의 속성이 고르게 나타난다. 특히 중년 이후에는 양 날개의 균형이 이루어질 가능성이 무르익어서 인격 성숙의 가능성이 그만큼 높아진다. 이런 경우는 예외적일 수밖에 없다. 그러나 이런 사람도 에니어그램을 터득하고 맑은 의식을 지니고 수련하게 되면 더욱 성숙될 뿐 아니라 어렴풋이 느끼던 진실을 명료한 의식으로 가꾸어 나아가게 된다. 기본 유형과 날개 및 본능이 위축되거나 고착된 것도 따지고 보면 모두가 상처를 입은 결과이고, 그로 인해 자기 자신을 제한시키는 격정에 묶이거나 자기 감옥에 갇혀서 살게 된다. 그러므로 에니어그램을 터득하는 것과 상처를 치유하는 것은 서로 상부상조하는 결과를 낳는다.

만 여섯 살 이후에 아홉 개 중 하나로 에니어그램 포인트가 자리잡고 각이 생기는 만큼 잠재력이 축소된다. 그리고 양 날개 가운데 하나, 세 가지 본능 가운데 어느 한쪽만이 강해지면서 다른 쪽이 약화되기 시작한다. 환경과 인간관계와 양육에 의해 큰 영향을 받아 축소지향적으로 방향이 결정되기 때문이다. 이런 점을 깊이 이해하게 되면, 그 의식이 명료해지고 지혜가 심화되기 때문에 조화와 균형이 이루어질 바탕과 가능성이 그만큼 커진다. 그래서 에니어그램 수련의 목적인 '인간 발달의 조화와 균형'이 이루어져서 우리에게 본디 주어졌던 잠재력이 현실 속에서 맘껏 나타나게 되는 것이다.

이제 날개와 본능에 대하여 좀 더 구체적으로 살펴보자. 날개는 에니어그램 포인트 양쪽에 있는 포인트 숫자로 지칭된다. 나의 성격유형을 가리키는 중심 포인트는 기본 유형basic type이고, 양쪽의 포인트는 부차적 유형sub types이다. 기본 유형이 결정되는 과정에서 부모와의 관계, 특히 애정 경험에 큰 영향을 받는다. 마찬가지로 양 날개인 부차적

유형에서도 어느 한쪽이 펴진 날개로, 다른 쪽이 접혀진 날개로 결정 되는 것 역시 부모와의 관계가 크게 작용한다.

예를 들어보자. 엄마에게 사랑받고, 칭찬을 자주 듣고, 인정받고, 전적으로 지지받고 자란 어린이는 에니어그램 3번이 기본 유형으로 형성된다. 그 과정에서 아빠와 함께 지내는 시간이 적어서 아빠가 안 아주거나 놀아주는 경우가 드물고, 아빠의 칭찬도 못 듣고 자녀의 입 장에서 아빠의 사랑을 별로 느끼지 못하고 경험하지 못한 정도가 더 크면 4번 날개로 결정되고 2번 날개는 접히게 된다. 이런 환경과 관계 속에서 자라는 어린이일지라도 만 5~여섯 살 때에는 2번 날개와 4번 날개의 차이는 거의 없다. 그러나 만 7~8살 이후부터는 어느 한쪽 날 개가 비활동적으로 접혀진다. 이 무렵부터는 본능도 편향성을 나타내 어 생각이나 느낌보다 본능이 더 빠르게 작용하여 나타나기 때문에 수 련을 하는 데 있어서 이를 의식하고 수행하지 않으면 불필요한 낭비는 물론 좌절을 경험하게 된다.

본능은 누가 가르쳐주지 않아도 태어날 때부터 지니고 있는 행동 능력이다. 본능은 세 가지로 분류되는데, 개체보존을 위한 자기보존 본능self-preserving instinct, 사회생활을 위한 사회적 본능social instinct, 종種의 보 존을 위한 일대일 본능sexual instinct이 그것이다. 일상적으로는 이 셋 중 에 둘이 함께 작용하여 나타나는 반면 나머지 한쪽은 비활동적이다. 자기 관찰과 기억을 통해 이를 예의 주시할 필요가 있다. 각기 자신의 내면과 함께 세 본능 가운데 어느 쪽이 뚜렷하게 작용하는가를 관찰하 고 기억하며 다듬어 나갈 일이다.

4A: '4번 유형의 3번 날개'와 '4번 유형의 5번 날개'는 다른 유형으로 보일 정도로 현저하게 다르다고 리소가 말했어요.*

8A-사회자: 어떤 한 사람의 성격은 기본 유형과 날개의 조합이라고 할 수 있어요. 그래서 같은 성격유형이라도 날개에 따라 차이가 크잖아요.

4A: 날개를 몸통(기본 유형)으로 잘못 찾는 수도 있더라고요. '3번 유형의 4번 날개'는 날개가 작동하는 정도에 따라 3번 유형보다는 오히려 4번 유형을 닮았다고 해요.**

8A-사회자: 책에 보면 "날개에 대한 이해가 깊어지면 본능에 대한 통찰을 하게 되고, 비로소 수련이 실감나기 시작한다"(107)고 했는데 이게 도대체 뭘까요?

4A: 글쎄요… 날개는 본능과 관련이 있어서, 한 유형 안에서 날개가 다르다는 건 본능이 다르다는 게 아닐까요?

---

* 『에니어그램 성격유형』, 67.
** 위의 책, 158.

21장
격정과 본능

격정은 그 자체가 잠재력^{potential}의 오남용, 또는 미사용 내지 과소
사용에 의한 것이다. 본능도 기본 유형의 잠재적인 에너지가 어느 방
향으로 쓰이며 표현되느냐에 따라 결정된다. 격정에 사로잡히게 되면
무익한 것처럼, 본능의 조화가 깨지면서 잘못 표출되면 무익할 것은
말할 나위도 없다. 본능의 부조화는 퇴화, 불건강, 혹은 미숙으로 나타
나고, 실제로 스트레스, 공포, 불안, 우울증이나 노이로제, 폭력 등으
로 나타나기 때문이다.

에니어그램 기본유형이 같은 사람이라도 본능이 다르면 나타나는
모습이 아주 다를 수 있다. 본능이 성격 형성에 영향을 미치기 때문이
다. 나란조^{Claudio Naranjo}는 이렇게 말했다. "자기보존 본능은 배에서 일
어나고 보호와 관계가 있다. 사회적 본능은 혀에서 일어나고 인정욕
구로 작용한다. 일대일 본능은 생식기에서 일어나고 성욕이나 오이디
푸스적인 문제로 끌린다."

한 사람의 본능적 욕구는 여러 욕구 중에서 가장 '손상된' 쪽이 과

용되면서 지배적으로 나타난다. 그 결과 나타나는 불균형이 우리 자신의 본질적인 필요에 대한 바른 이해나 지각을 왜곡시킨다. 우리 삶의 대부분이 이 '손상된' 본능적 욕구를 충족시키려고 노력한다. 균형이 깨지는 경우는 주로 세 가지 본능 가운데 두 가지 본능이 거의 동등하게 지배적일 때 나머지 한 가지가 배제되면서 나타나는 현상이다.

세 가지 본능이 고르게 쓰이고 균형 잡히면 아홉 가지 격정은 아홉 가지 덕목으로 변화한다. 어떤 상황이나 필요에 따라 적절하게 또는 완벽하게 행동하며 처신하게 된다. 그리고 변화와 성숙을 향해 갈 수 있는 내면의 에너지를 가동시킬 수 있다. 그러나 이런 균형은 극히 드물다. 보통 어느 한쪽은 훼손되어 있거나 상해 있기 때문에 거기에 집중하는 것이 필요하다. 따라서 본능적 불균형을 다루느라 쓰이는 에너지가 결국은 자신의 집착fixation을 극복하고 변화 지향적으로 나아갈 에너지를 감소시키게 된다. 본능적 욕구인 '동물적 본능'과 인간의 본성, 이 두 가지 본성이 합쳐져서 '거짓 인성false personality'을 만든다.

각자 자신의 에니어그램 유형과 특정한 격정을 관찰하면서 꽉 잡고 나가는 것이 중요하다. 그럼으로써 자신의 '손상된' 본능적 요구가 자기의 격정을 자극하고 움직인다는 것을 분별할 수 있게 되고 그럼으로써 격정을 통제할 수 있게 된다. '자신을 아는 사람이 성숙한 사람이다.' 이를 에니어그램 체계에 적용시킨다면 자신의 격정을 알고 본능을 아는 사람이 성숙의 계기를 틀어쥐게 된다고 할 수 있다. 자신의 격정이 어떻게 형성되고 결정되었으며 격정에 사로잡힐 때와 격정을 사로잡았을 때 어떻게 생각하고 말하고 행동하게 되는가를 알아차리는 것이 대단히 중요하다. 자신의 격정이 어떻게 본능을 자극하거나 상호작용을 일으키는지 깨어있는 마음으로 지켜볼 수 있어야 한다.

성숙한 사람은 자신의 본능을 이해한다. 세 가지 본능 가운데 어느 쪽이 손상된 것인지, 손상된 원인이 무엇인지, 어떻게 상처를 입어서 그렇게 되었는지를 안다. 따라서 자신의 약점이 무엇인지, 어떤 함정에 잘 빠지고, 어떤 유혹을 잘 받는지를 이해한다. 그리고 자신의 집착과 격정이 어떻게 상호작용을 하는지도 안다. 따라서 성숙한 사람은 격정이나 본능으로부터 자유로워지면서 아름다운 덕목을 잘 살려 나갈 수 있다. 그러나 이런 정도로 성숙한 사람은 실로 보기 드물다. 다만 자기를 발견하고 성숙해지기 위해 수련을 계속하며 변화를 향해 정진해 가노라면 진정한 자유와 풍요로움을 누리면서 살 수 있는 날이 올 것이라는 마음가짐으로 살아가야 하지 않을까! 수련 과정에서 여러 가지 노력이 필요하지만 그 중에서도 격정을 다스리고 본능을 다스리는 수련이 가장 중요하다. 격정과 본능을 잘 다스리면 통합의 방향으로 나아가 건강하고 성숙한 사람이 된다. 그렇지 못할 때는 퇴화하여 불건강하고 미숙한 상태에서 얽매여 산다.

에니어그램을 어느 정도 파악하고 나면 자신의 에니어그램을 다른 사람들과의 관계 속에서 관찰하며 기억하는 것보다 남의 에니어그램을 먼저 생각하는 경향이 있다. 그리고 포괄적 이해나 통합적인 관찰이기보다는 단편적인 생각에 멈출 때가 많다. '저 사람이 저런 것은 에니어그램 몇 번이니까 그렇지' 하는 식이다. 자기 자신을 남들이 그런 식으로 판단한다면 기분이 어떨 것인지 바꾸어서 생각해 보라.

에니어그램의 성격유형을 찾고 나면 기본 유형에 따르는 기본적인 격정이 있다. 펼쳐진 날개, 곧 활동적인 날개에 따르는 부차적인 유형과 부차적인 격정이 있다. 그리고 접혀진 날개, 즉 비활동적인 날개와 거기에 따른 소극적인 격정이 있다. 세 가지 본능 중 어느 두 가지가 강하고 어느 한 가지가 약하느냐에 따라 다양한 변주곡이 등장한다. 더욱이 변화과정에서 어디쯤 가고 있는지, 건강 수준은 어느 정도인지에 따라 다양한 삶의 모습이 나타난다.

　이런 것을 지나친 채 에니어그램의 유형 번호로 남을 판단하는 것이 위험한 까닭에 처음부터 경계하라고 한 것이다. 사람들이 서로 사귀거나 협력하는 관계 속에서는 에니어그램 유형보다는 본능적 욕구의 패턴이 오히려 더 성공 여부를 좌우한다. 왜냐하면 같은 에니어그램 유형보다는 같은 본능 패턴이 더 서로를 지원하는 공통분모가 되기 때문이다. 이런 현상이 나타나는 것은 생각과 느낌과 본능의 조화와 균형이 이루어지지 않은 상황에서는 무엇보다 본능이 먼저 빠르게 작용하기 때문이다. 그러나 이런 부조화와 불균형을 알고 자기 관찰과 자기 기억을 게을리하지 않으면 피차의 격정과 본능을 이해하면서 조화와 균형을 이루어 나가기 때문에 스스로 건강하고 자유한 사람이 될 뿐 아니라 서로 큰 도움을 줄 수 있다.

　에니어그램 수련을 할 때는 누구나 시행착오를 겪는다. 가파른 길을 오르는 것과 같이 힘이 든다. 그래서 혼자서는 거의 불가능하다. 에니어그램을 이해하고 수련하는 사람들이 함께 해야 큰 보탬이 된다. 굴지예프의 초기 제자 그룹 가운데에는 "The Rope"라는 그룹이 있었다. 왜 로프 그룹이라고 이름이 붙여졌는가? 굴지예프는 어느 날 수련생들에게 수련 과정이 마치 가파른 산을 오르는 것만큼 힘든 일이니 서로를 동여매고 상부상조해야 한다고 말했다. 그 가르침에 감동을 받은 제자들이 자기네 그룹의 이름을 지을 때 로프The Rope 그룹이라 한 것이다. 자기 기억과 자기 관찰을 웬만큼 열심히 하는 사람들도 혼자서는 지속하기가 그리 쉽지 않다. 그래서 수련의 동반자가 필요하다. 특수한 상황이 아니라면 사람이 격정이나 본능에 사로잡히는 것은 인간관계 속에서나 사람들과 함께 이루는 집단이나 상황 속에서이다. 그러므로 하나의 동아리를 이루면서, 상호관계 속에서 격정과 본능이 어떻게 작용하고 표현되는가를 예리하게 관찰하고 분명하게 기억하는 것 자체가 수련의 중요한 부분이 된다.

우리나라에서는 1992년부터 현재까지 '공동체문화원'에서 에니어그램 수련을 계속하고 있다. 현재 이들은 일주일에 한 번씩 모이는데 아침 11시부터 저녁 10시까지 하루종일 한다. 그 외에도 주중에 다른 여러 가지 프로그램이 있기 때문에 공동체적으로 늘 같이 산다고 말할 수 있다. 오전에는 '성경과 에니어그램'으로 기독교 영성적인 수련을 한다. 성경을 통하여 자기의 격정, 기피, 함정을 살피는 자기 관찰을 한다. 에니어그램 이론에 입각하여 정확한 자기 유형의 회개를 한다. 자기 유형의 덕목으로 가기 위한 이론 공부와 기도를 같이 한다. 자신의 격정을 알아차리고 있으면 성령이 우리를 도와서 덕목으로 가게 해준다고 알기 때문이다. 에니어그램은 심리학과 영성의 배합인데 공동체문화원에서는 영성적인 측면을 전문적으로 개발하는 일을 하고 있다. 성경의 본문을 이해하기 위해서 각 유형은 자기 유형의 관점에서 본문에 대해 이해한 것을 기록하여 서로 읽으면서 말씀 나누기를 한다. 잠언, 주의 기도, 베드로전·후서를 읽으면서 성경 속에서 에니어그램을 발견하기도 하고, 또 성경 속의 인물이나 상황을 공부하면서 그것과 관련된 성경 말씀을 찾아내어 보기도 한다. 점심을 먹고는 에니어그램의 여러 가지 책을 같이 읽으면서 자유토론을 한다. 공동체문화원의 특징은 에니어그램의 이론을 개발해 놓은 사람들의 연구에 힘입어 그것을 생활에 적용하는 훈련을 중점으로 하고 있는 것이다. 그러다 보니 서로의 욕망이나 공포, 자신감, 특징적 유혹 등을 알게 된다. 함께 수련을 하면서 격정끼리 부딪치기도 하고 갈등이 생기기도 하지만, 상대방의 격정을 보면서 동시에 나의 격정을 보는 훈련을 하기 때문에 오히려 서로에 대한 이해심이 깊어지기도 한다. 오후에는 산책을 나간다. 공동체문화원이 있는 경기도 장흥은 사시사철 아름다운 곳이다. 저녁을 먹은 다음에는 수련을 통해 알고 깨달은 부분을 다른 사람들에게 전하기 위한 여러 가지 연구를 한다. 밤에는 자연 속에서 명상을 하기도 하는데 이것 또한 큰 기쁨이다. 그리고 여행을 하면 자기를 관찰을 하는 프로그램을 반드시 한다. 여행을 하는 중에는 흔히 일어나는 갈등이 없어서 사람들은 참 신기하다고 말한다. 에니어그램은 생활을 떠나서 하는 수련이 아니라 일상생활 속에서 공부를 할 수 있는 좋은 특징이 있다. 공동체문화원 식구들도 이런저런 잡다한 환경들을 끊어 내고 세상을 등진 듯한 각오로 수련을 하는 것이 아니라 음악회나 전람회, 필요하다면 그 어떤 모임에도 참석하면서 함께하는 삶을 누리고 있다. 공동체식구들이 서로 좋은 친구가 되고 그 식구들을 넓혀가는 재미를 솔솔히 느끼며 사는 것이다. 공동체문화원에서 하는 수련이 잘 되는 이유가 여러 가지 있지만 그 중의 하나는 언제나 밥을 같이 먹는다는 데에 있다. 음식은 자발적으로 준비한다. 공동체 식구들 모두가 자기 식구들을 먹인다는 마음으로 다른 사람들을 위해서 준비한다. 공동체 식구들 중에 자기 자신의 직업을 유지하면서 에니어그램 수련을 함께 하기 위한 독립적인 집을 가지기로 하고, 그 수련하는 집의 이름을 '살아가는 곳The place for Life design'이라고 하였다. 1호 집은 장흥, 2호 집은 중국, 3호 집은 서울 구기동, 4호 집은 아프리카 말라위, 5호 집은 서울 왕십리에 있는데 앞으로 더 많아질 것으로 보인다.

격정과 본능이 각기 다르게 나타나듯이 다스리는 법 또한 각기 다를 수 있다. 그러나 공통적인 것은 부조화나 불균형 속에 있을 때는 본능이 왜곡되어 모자라거나 바르지 못한 방향으로 표현된다는 점이다. 삼나무 씨앗은 콩알만큼 작아도 올곧게 자라서 하늘을 찌를 듯이 큰 나무가 된다. 우리 모두가 삼나무 씨앗Redwood seed의 은유를 기억한다면 우리의 격정은 덕목으로 성숙되고 우리의 본능은 순수 본능Pure instinct이 되어 올곧게 표현될 것이다. 우리의 격정도 본능도 이와 같이 곧게 펴지고 자라나서 우뚝 치솟게 될 수 있으리라는 희망을 갖는다.

8A-사회자: 왜 제목을 '격정과 본능'이라고 했는지 생각해 보자고요.

4A: 리소가 본능에 대한 연구는 학자마다 다르다고 했어요.

8A-사회자: 그렇다면 본능은 날개의 하위유형이라고만 볼 수 있는 건 아니네요.

4A: "본능의 부조화는 퇴화, 불건강, 미숙으로 나타"(p110)난다고 했잖아요. 이
    건 격정에 사로잡혔을 때 나타나는 것과 같다고 할 수 있는데, 어쩌면 본능과
    격정이 직접적으로 관련된 것으로 볼 수 있는 건 아닐까요?

8A-사회자: 여기 "본능적인 욕구는… 거짓 인성을 만든다"(p112) 했네요.

4A: "자신의… 격정을 관찰하면서.… 자신의 '손상된' 본능적 욕구가 자기의 격
    정을 자극하고 움직인다는 것을 분별할 수 있게"(p114) 된다고 했어요. 서
    로 연관되어 있기 때문에 "세 가지 본능이 고르게 쓰이고 균형 잡히면 격정은
    덕목으로 변화된다"(p112)고 한 것 같아요.

8A-사회자: 어쩌면 본능과 격정 사이에 어떤 규칙이 있는 게 아닐까요?

4A: 정말 그렇다면 자연에 적용되는 자연의 법칙이 있듯이 에니어그램은 인간에
    게 적용되는 법칙이라고 할 수 있겠네요.

8A-사회자: 와~ 그럼 과학이네, 과학.

4A: 그런데 여기, 본능과 에니어그램 유형을 전혀 별개의 것(p116)으로 설명하
    고 있어요. 참 헷갈리네….

8A-사회자: 그래서 후배들이 앞으로 연구할 게 많이 있는 거예요.

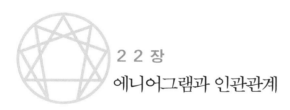

22장
에니어그램과 인간관계

에니어그램을 배우기 시작할 때 사람들은 대개 자신과 가까운 배우자와 자녀, 친구와 동료, 상사들을 떠올리며 어느 유형인지 궁금해한다. 왜 그럴까? 주변 사람들과 좋은 관계를 유지하면서 살기를 원하기 때문이다. 더불어 살아가는 사람들과 좋은 관계를 맺고 유지하고 발전시켜 나아가는 것은 인생에서 중대사가 아닐 수 없다. 사회심리학과 행동과학이 발전하는 과정에서 우리나라에서도 1970년대 이후 이른바 감수성 훈련Sensitivity Training, 인관관계 실습Human relations Laboratory 프로그램을 실시하였고, 후에는 휴먼 포텐셜 세미나Human potential seminar란 이름으로 잠재력 개발과 인관관계 향상을 다각도로 도모하는 노력을 기울이고 있었다.

인간 이해와 관계의 증진 측면에서 말하자면 에니어그램은 어떤 것보다도 근원에서부터 접근한다. 인간관계의 궁극적인 목적은 평화이다. 가장 적극적인 개념으로서 평화shalom는 '은혜가 충만한 상태'이며, '정의가 깃든 평화'이다. 이러한 평화는 나를 알고 너를 알고, 모든 것을 있는 그대로 받아들일 때 가능하다.

평화 운동의 근본적인 원칙은,

1. 상호 이해
2. 상호 인정
3. 상호 신뢰
4. 상호 존중
5. 상호 협력이다.

이 다섯 가지가 평화 운동의 기초가 된다. 온전한 평화를 누리려면 먼저 감정이입Empathy, 즉 공감대가 이루어지고, 가치관과 세계관을 공유하며, 입장의 동일함을 확인해야 한다. 그래야 상호 상승하는 윈윈Win-Win을 통하여 임시방편이 아닌 궁극적인 평화를 구가할 수 있게 된다. 문제는 이런 교과서적인 지식을 알면서도 실행은커녕 외면하거나 냉소적인 데에 있다. 왜 그러한가? 첫째, 왜 사는지를 묻지도 생각하지도 않기 때문이요, 둘째, 나 자신을 모르고 살기 때문이다. 하지만 에니어그램을 통해 자기를 발견하고 나서도 문제가 남아 있는 것은 왜인가?

나 자신을 알면 너를 알게 되어 있다. 아직 너를 모른다면 그만큼 나를 잘 모르는 것이다. 에니어그램으로 말하자면, '자기 의식Self-consciousness'은 '객관적 지식Objective consciousness'과 조화를 이루어야 한다. 그래서 자신과 세계를 객관화할 수 있어야 한다. 그러나 이런 상태에 이르지 못한 채 사람을 에니어그램 유형이나 번호로만 생각하다 보면 의식이 잠자는 상태로 '상자 속에 갇혀 지내던' 사람이 거기서 빠져나오긴 하지만, 그만 '선잠 깬 상태Half-asleep'에서 또 다른 상자곽 속으로 들어가는 경우와 같다고 할 수 있다. 그렇다면 이기심과 경쟁심으로 물질과 성공에만 집착하여 아귀다툼을 벌이느라 분열과 불행에 빠져 허우적대는 다른 보통 사람들과 다를 것이 무엇인가? 에니어그램을 배우고 나서도 그런 마음 상태에서 벗어나지 못하고 그 지식을 이기적으로 써먹으려고 한다면 이전보다 훨씬 더 못한 상태에 빠진다.

인간 상호 관계 속에서 에니어그램을 이해하고 응용하자면 무엇보다도 초심으로 돌아가야 한다. 애초에 나 자신을 알고 진정한 자유와 건강과 행복을 이루어야겠다고 다짐했던 것처럼, 너를 앎으로써 더불어 자유와 건강과 행복을 이루어야겠다는 다짐을 새롭게 해야 한다. 그런 마음가짐으로 '관계의 에니어그램'을 배워야, '인류를 위하여 사는' 큰 뜻을 내 가슴에서 용해시키고 실천할 수 있게 될 것이다.

이런 의미에서 에니어그램의 본래적인 의도를 되새겨 보자

1. 사람을 에니어그램 유형이나 번호로 인식하거나 부르지 말아야 한다.
2. 어느 누구도 에니어그램 판박이stereo-type로 보지 말아야 한다.
3. 누구도 어제의 상태 그대로 머물러 있지 않다는 사실을 유념한다.
4. 오늘 지금 여기에서 만나는 사람을 이해하는 노력이 중요하다.
5. 나의 격정을 먼저 관찰하고 다루는 것이 필수적이다.
6. 상대방의 격정을 파악했다면 자극하거나 이용하지 말고 덕목으로 변화하도록 부추기라.
7. 나의 가치관이나 세계관을 고집하여 다른 사람에게도 적용하려 들거나 강요하지 말아야 한다.

8. 나 자신을 알자 그리고 늘 자기 관찰과 자기 기억을 민감하게
  행하자.

9. 그 무엇도 지나치지 말자.

10. 매사를 스스로 검증하자.

이상과 같은 기본자세를 명심하면서 자기 수련을 계속하면 옛말에
도 '나를 알고 너를 알면 언제나 이긴다'(知己知彼 必勝)라고 하였듯이
더불어 이기고 상승하는 '윈윈'이 가능해진다. 한국인의 국민성은 갈
등을 몹시 두려워하고 기피하는 경향이 강하므로 에니어그램 9번 유
형이라고 볼 수 있다. 따라서 일이 제대로 잘 안 될 때는 격정인 '나태'
가 표면으로 등장하지만 반작용에 의해 지나칠 정도로 '빨리빨리'를
외치며 조급성을 드러내는 경우가 많다. 이를 객관적으로 관찰하고
의식하기 시작하면 서로를 받아들여서 관계가 편해지면서 저력을 살
리고 상승할 수 있다. 에니어그램을 배운 사람이라면 상호관계 속에
서 서로 상승시키는 것을 시범으로 보여주며 역동적인 삶을 살아야 한
다. 그래서 모두가 함께 갈 수 있는 지혜를 살리도록 해야 한다.

에니어그램을 평면적이거나 정태적(static)으로 이해하지 않고 역
동적(dynamic)으로 이해하게 될 때 에니어그램은 영속적 운동
(perpetual motion)으로서 우리 내면의 타고난 힘을 끌어 올리고 활성
화시킨다

1. 인간에게는 저마다 모든 가능성이 들어있다. 현재 1/9로 축소되
  어 있을 뿐이다.

2. 어린 시절 이후로는 타고난 본성대로 살지 못하고 격정에 사로

잡혀 한쪽으로 치우치게 마련이다.

3. 하지만 항상 뾰족하게 나타나는 것은 아니다. 이는 얼마든지 가변적일 수 있다.

4. 기복이 있어 오르내리고 왔다갔다 한다. 통합-비통합, 건강-평균-불건강으로 변화하지만 대개는 평균 상태로 살아간다.

5. 유형과 날개로 변화가 나타난다. '지금 여기에서 어떠한가?' 그리고 '이면의 동기가 어떠한가?'를 관찰해야 한다.

6. 격정과 기피 그리고 함정이 어떻게 나타나고 작용하는가를 객관적으로 관찰해야 한다.

7. 상대방이 격정에 사로잡혀 있을 때, 나의 격정이 그것에 휘말리지 않도록 격정과 강박충동을 의식적으로 붙잡고 다루어야 한다.

8. 상대방의 미덕을 부추기고 추임새를 살려서 그의 베스트를 끌어내도록 협력한다.

9. 1대1 관계에서 상대방의 과거 언행이나 습관, 싫어하는 특징을 기억하면서 선입견이나 편견에 묶이지 말고 '지금 여기에서' 그의 베스트를 찾고 더 나은 상태로 나아갈 것을 바라며 최선을 다하는 것이 상대방도 살리고 나도 살리는 길이다.

10. 우리는 온전함을 향하여 더불어 나아갈 동반자들임을 의식한다.

에니어그램은 자유와 해방을 찾는 마스터키이다. 에니어그램의 지혜를 터득한 사람은 나이와 성별과 지위에 상관없이 상대방을 더 너그럽게 이해하고, 있는 그대로를 받아들이며, 나와 너와 우리 모두의 베스트를 끌어내는 일에 이바지한다. 이렇게 지혜를 터득한 사람이 아량과 관용과 포용력을 보이며 사랑을 실천하는 일에만 집중할 때, 에니어그램을 잘 모르는 사람이나 조금밖에 이해하지 못하던 사람도 의식의 잠에서 깨어나 자기 발견의 길로 들어서게 되고, 마침내 더불어 자유와 건강과 행복으로 가는 길을 찾게 될 것이다.

8A-사회자: 야~ 에니어그램과 인간관계! 이것이야말로 에니어그램의 백미군요. 우리가 자기 자신을 알아가지고 다른 사람과 잘 지내기 위해 에니어그램을 공부하는 거 아니에요?

4A: 여기서 인간관계의 궁극은 평화라고 했잖아요. 서로 이해해주고 믿어주고 존중하고 협력하는 게 평화로운 삶이잖아요.

2A: 그걸 위해 에니어그램을 공부하는 거 아니겠어요?

8A-사회자: 그러면 앞 글(158-159쪽)에 있는 번호 1부터 10까지를 가지고 우리 이야기를 해봅시다.

1. 사람을 에니어그램 유형과 번호로 인식하거나 부르지 말아야 한다.
   4A: 에니어그램을 모르는 사람이 번호로 얘기하는 걸 보면 소외감을 느낀대요.
2. 어느 누구도 에니어그램 판박이로 보지 말아야 한다.
   8A-사회자: 4번, 진정성 내세우지마세요.
3. 누구도 어제의 상태 그대로 머물러 있지 않다는 사실을 유념한다.
   8A-사회자: 에니어그램의 역동성을 말하는 거죠.
4. 오늘 지금 여기에서 만나는 사람을 이해하는 노력이 중요하다.
   4A: 과거의 감정이나 행동과 연결시켜 생각하지 말고 현재에서 만나는 사람을 이해해야겠죠.
5. 나의 격정을 먼저 관찰하고 다루는 것이 필수적이다.
   8A-사회자: 다른 사람과 갈등이 생겼을 때, 사건의 전말을 보려하지 말고 "아차" 하면서 내 격정을 봐야 하는 거죠.
6. 상대방의 격정을 파악했다면, 자극하거나 이용하지 말고 덕목으로

변화하도록 부추기라.

    8A-사회자: 근데 나는 상대방의 격정을 고쳐주려고 무척 노력했거든요. 그랬더니 오히려 어긋나게 반응하더군요.

7. 나의 가치관이나 세계관을 고집하여 다른 사람에게도 적용하려들거나 강요하지 말아야 한다.

    8A-사회자: 그러니까 자기 것만 고집하지 않아야 하는군요. 그래서 서로의 가치관을 이해한다는 게 참으로 어려운 거지요.

8. '나 자신을 알자.' 그리고 늘 자기 관찰과 자기 기억을 민감하게 행하자.

    8A-사회자: 그래서 우리가 에니어그램 일지를 쓰고 있잖아요.

9. '아무것도 지나치지 말자.'

    8A-사회자: 너무나 잘하려고 애쓰다 보면 오히려 일이 잘못되는데 그게 바로 함정에 빠졌던 게 아닌가 싶어요

10. '매사를 스스로 검증하자.'

    8A-사회자: 모든 일을 내 격정에 의해 하고 있는 것인지 아닌지 살펴볼 필요가 있네요.

8A-사회자: 바로 위에 있는 글 번호 1부터 10까지를 가지고 우리 이야기를 해봅시다.

1. 인간에게는 저마다 모든 가능성이 들어 있다. 현재 1/9로 축소되어 있을 뿐이다.

    8A-사회자: 만 3세부터 축소되는 거라죠 인간의 온전함이 너무 짧아요.

    3A: 그걸 갖고 90평생 살잖아요.

2. 어린 시절 이후로는 타고난 본성대로 살지 못하고 격정에 사로잡혀

한쪽으로 치우치게 마련이다.

　　3A: 부모나 형제로부터 상처받아 그런 거라잖아요.

　　8A-사회자: 작은딸이 동생을 안고 있다가 떨어뜨렸어. 그래서 얼른 애기를 먼저 받았는데 딸은 그게 상처래요. 할 수 없이 그냥 살아야 돼요.

3. 하지만 항상 뾰족하게 나타나는 것은 아니다. 이는 얼마든지 가변적일 수 있다.

　　3A: 사람이 양면성이 있어서 그걸 표현한 거지요.

4. 기복이 있어 오르내리고 왔다갔다 한다. 통합-비통합, 건강-평균-불건강으로 변화하지만, 대개는 평균 상태로 살아간다.

　　8A-사회자: 하루에 열두 번도 더 변하잖아요?

　　3A: 마음이 조석으로 변한다고 말을 하잖아요?

　　8A-사회자: 그러니까 에니어그램 성격으로 고정시키지 말라 하지만 평균 상태에서 제 패턴대로 고정되어 살아가더라고요.

5. 유형과 날개로 변화가 나타난다. 지금 여기서 어떠한가 그리고 이면의 동기가 어떠한가를 관찰해야 한다.

　　8A-사회자: 맞아요. 같은 유형인데 날개에 따라 달라요.

　　3A: 3번이 4번 날개가 있으면 진득한 면이 있고, 2번 날개가 있으면 잘하려는 함정에 빠지기도 해요.

7. 상대방이 격정에 사로잡혀 있을 때는 나의 격정에 붙잡히지 않도록 강박충동과 격정을 의식적으로 붙잡고 다루어야 한다.

　　8A-사회자: 모든 갈등이 생길 때 나의 격정을 바라보면 모두 해결된다니까요….

8. 상대방의 미덕을 부추기고 추임새를 살려서 그의 베스트를 끌어내도록 협력한다.

　　8A-사회자: "맞네요. 내가 요새 이래요"라고 말할 수 있어야 하지 않

겠어요?

9. 1대1 관계에서 상대방의 과거 언행이나 습관, 싫어하는 특징을 기억하면서 선입견/편견에 묶이지 말고 '지금 여기에서' 그의 베스트를 찾고, 더 나은 상태로 나아갈 것을 바라며 최선을 다하는 것이 그도 살리고 나도 살리는 길이다.

　8A-사회자: 맞는 말이긴 한데 과거에 잘못한 게 왜 이리 떠오르지요? 스트레스가 생겨 죽겠다니까.

　3A: 예수님도 과거는 묻지 않겠다고 했는데요.

10. 우리는 온전함을 향하여 더불어 나아갈 동반자들임을 의식한다.

　8A-사회자: 그래서 공동체적으로 이 작업을 하는 거 아닙니까? 혼자는 절대로 안 됩니다요.

23장
사랑은 필수과목

심리학자 융의 말처럼, 사람은 손상되지 않은 영혼을 지니고 태어난다. 사랑을 받고 자라면 그만큼 손상되지 않은 영혼이 순수성을 유지한 채 사랑의 능력을 점점 더 배양하며 자라게 된다. 사랑을 받고 자란 어린이가 어른이 되어서도 제대로 사랑할 줄 안다. 사랑을 받지 못하고 자란 사람은 사랑할 줄도 모르고 받을 줄도 모를 수 있다. 학대 받고 자란 어린이가 학대하는 어른이 된다는 것은 심리학의 상식이다. 요즘은 유아기를 거치면서 일찌감치 사회 환경에 노출되는 경우가 많다. 부모의 사랑을 충분히 받고 자라지 못하면 어린이들은 자신도 모르는 사이에 자기보존 본능이 자극되어 긴장하기 쉽고, 사랑받기가 어려운 만큼 이기심이 강화되기 싶다. 어린이가 사랑을 느끼고 경험하는 것은 아주 섬세하고 미묘한 일이다. 부모는 사랑을 표현하면서도 편견과 오해와 착각을 드러내게 마련이고 그러면서도 거기에 대해 무신경하기 일쑤이다. 예를 들어보자. 동생이 태어나면 어린이는 높은 긴장감이나 위기감 속에 빠지기 쉽다는 사실을 어른들은 잘 알지 못한다. 그러면서 어른들과 똑같이 어린 동생을 대해주기를 바란다. 하지만 어린이는 동생에게 엄마를 빼앗겼다거나 자신이 버림받았다고 느끼는 경우가 허다하다. 그런데도 부모들은 '내가 너를 여전히 사랑하니까 너는 사랑을 받고 있는 거야' 하고 생각한다. 더 놀라운 것은 자신이 어렸을 때 동생을 보고 나서 엄마를 빼앗겼다는 생각 때문에 동생의 뺨을 꼬집거나 눈을 찌른 경험이 있는 사람들조차, 불과 몇십 년 전의 일을 까마득히 잊어버리고 동생을 보고 나서 심술부리는 아이의 버릇을 고칠 생각에만 골몰한다는 점이다. 부모들은 대수롭지 않게 생각하며 지나는 동안 동생을 본 어린이는 상처를 입고 위축되거나 공격성이 늘어날 가능성이 커진다. 부모들의 무관심이나 무신경, 둔감함 때문에 어린이는 스스로 독립심이 강해지기도 하고, 경쟁심이 자극되기도 하고, 위축되어 소극적인 성격이 될 수도 있다. 부모들의 착각속에 어린 자녀의 성격은 각이 지면서 좁아지거나 뾰족해지는 것이다.

에니어그램의 상징은 원이다. 원은 통일성, 통합, 원만함, 조화, 균형, 하나됨, 온전함 등을 상징한다. 이것은 우주를 상징하고 동시에 사람이 태어날 때 지니고 있는 온전한 영혼을 나타낸다. 어린이에게는 이런 온전한 상태가 보통 만 3세까지 유지된다. 그러다가 상처를 입고 긴장하여 위축되거나 자기만 생각하는 경향이 강화되면서 모가 난 성격이 되고 마침내 아홉 가지 각도로 상징되는 성격이 형성되는 것이다. 에니어그램을 상징하는 원 안에는 삼의 법칙을 상징하는 삼각형이 있다. 그리고 나머지 숫자를 연결하는 도표가 칠의 법칙 또는 옥타브의 법칙을 상징한다. 삼의 법칙은 음양과 중용, 천지인天地人, 성부와 성자와 성령 등으로 표현되는 우주의 중요한 현상과 역동성을 나타낸다. 칠의 법칙 또는 옥타브의 법칙은 일명 에너지 흐름의 법칙이라고 불린다. 내부의 에너지 흐름과 동시에 우주 에너지의 흐름을 설명하기도 하지만 이 도표는 사람의 성격을 아홉 가지로 나누는 체계가 되기도 한다. 어쨌든 원만하게 태어난 사람들이 여섯 살 무렵에는 아홉 가지 가운데 하나로 성격유형이 확정된다. 그 과정과 배경에는 이미 지적한 바와 같이 사랑을 넉넉하게 받은 경우도 있고 사랑을 받기는 했지만 지나친 경우, 즉 과잉보호나 간섭 같은 경우도 있다. 그와 반대로 사랑을 받지 못한 경우도 있고, 지나치게 간섭 받아 사랑이 오히려 귀찮거나 싫어진 경우도 있다. 딱 잘라 뭐라고 말하기 어려운 경우도 있다. 적극적으로 좋은 것은 아니고 싫은 것도 아닌 경우가 있는가 하면, 애증을 동시에 느끼고 경험하며 자라는 경우도 있다. 그럴 경우에는 불안정하거나 경쟁이 심할 수 있고, 자신도 모르는 사이에 양가적 성격의 단면을 지니게 된다. 자기주장이 강하거나 고집이 센 반면, 때로는 정반대로 고분고분하고 상냥한 양면을 보이는 것이다.

부모에게서 사랑을 받고 자란 어린이는 긴장을 모르고 편하게 자랐기 때문에 포용력과 인내심이 있고, 사랑의 능력이 그만큼 크다. 긴장을 모르고 자랐기 때문에 얼굴도 마음도 편안한 느낌을 준다. 이렇게 자란 9번 가운데서도 아버지의 사랑을 더 경험하며 자란 사람은 8번 날개를 갖게 된다. 같은 9번 가운데서도 1번 날개를 갖는 사람은 어머니의 사랑이 조금은 더 큰 경우인데, 이런 사람은 옳고 그른 것을 분별하고 완전을 지향하며 상대적으로 화를 잘 내는 경향을 띤다. 반면 8번 날개를 가진 사람은 좀 더 강인하고 '벼랑 끝 전술'이 강하다.

아버지의 사랑을 많이 받고 자란 6번은 충실하고 모범적이며 용기가 있고, 사람들이 좋아하는 스타일이다. 그러나 조금만 긴장하게 되면 불안해하고, 걱정이 많고, 혼자 하는 일에는 부담을 느낀다. 대체로 편안한 사람이다. 어머니의 사랑이 조금 약한 경우에는 5번 날개를 갖게 되고, 어머니의 사랑이 소극적이거나 어머니의 성격이 강해서 간섭이 심하여 어떤 형태로든지 부정적이면 7번 날개를 갖는다. 6번 유형 가운데서 5번 날개를 갖는 사람은 생각이 많고 분석적이기 때문에 몸이 무거운 편이고, 6번의 기본 성격인 불안과 5번의 고민이 겹쳐서 조금 어려운 일이 생기면 걱정이 커진다. 반면 7번 날개를 가진 6번은 보다 더 낙천적이고 놀기도 잘한다.

　어머니의 사랑을 적극적으로 경험한 어린이는 3번 유형이 되는 경우가 많다. 어머니가 기를 살려준 까닭에 자기가 원하는 대로 되기를 바라는 마음이 강하다. 목표 지향적이고 성취동기가 강하여 잘 나서며, 인정받기를 원하고, 또 그러기 위해 노력한다. 3번 가운데 아버지의 사랑이 조금 덜하면 2번 날개를 갖는다. 아버지의 사랑이 더 덜하면 4번 날개를 갖는다. 3번 가운데서 2번 날개를 갖게 되면 남을 잘 도와주고, 남을 위한 일을 더 잘한다. 이에 비해 4번 날개를 갖는 사람은 감정이 더 풍부하고 예민하며 예술적이고 낭만적이다. 3번 유형의 기본 성격인 동기부여와 설득력이 빼어난 데다 2번 날개와 겹치면 자기 자랑을 잘한다. 4번 날개와 결합되면 사교성이 빼어나고 이미지 관리에 능하고 사람들을 잘 감동시킨다. 그러나 조심할 것은 자칫하면 의기양양해서 과장이 지나칠 성향이 있거나 꾸밈이 많아질 수 있다는 것이다.

　우리 주변에 사랑의 이름으로 상대방을 자유롭게 하기는커녕 오히려 통제하고 가두려 드는 사람들이 너무나 많다. 세상에 태어나서 처음 경험하는 가정에서의 부모 사랑이 왜곡되고 비틀리면 그 사랑을 먹고 자라는 나무가 제대로 클 리 없다. 에니어그램은 나와 너와 세상을 밝히는 지혜의 빛이다. 그리고 지혜의 빛이 있는 곳에 무지의 어둠은 저절로 뒷걸음친다. 이 빛이 가장 먼저 자리 잡아야 할 곳은 가정이다. 사랑의 보금자리인 가정이 건강하고 튼튼해야 거기에서 자라는 '이 세상의 미래'가 온전하게 자신의 빛을 세상에 던질 수 있을 것이기 때문이다.

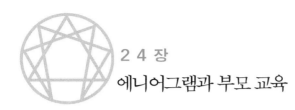

2 4 장
에니어그램과 부모 교육

인간은 우리가 우주라고 부르는 전체의 일부로서, 시간과 공간 속에 제한된 일부이다. 인간은 자신이나 자신의 생각과 감정이 전체와 분리된 것처럼 경험하는데 이는 일종의 의식의 시각적 망상, 곧 착각이다. 이 망상은 우리에게는 일종의 감옥이 되어 우리를 개인적 욕망과 가장 가까운 몇 사람에 대한 애정에 갇혀 있도록 한정시킨다. 우리의 과제는 우리의 뜨거운 동정심의 원을 넓혀서 생명 있는 모든 것과 자연계 전체가 지닌 아름다움을 끌어안고 살아감으로써 우리 자신을 이 감옥으로부터 해방시켜야 한다.

_ 아인슈타인

인류가 낳은 천재 과학자 아인슈타인은 이 짧은 표현 속에 인생의 목적을 잘 담아내고 있다. 그는 마치 에니어그램의 핵심을 꿰뚫어 보고 있는 듯, 에니어그램을 이해하는 사람이면 누구나 아는 핵심적인 진리를 말하고 있다. 사람은 누구나 '자아'라는 감옥에 갇혀 있는 포로이다. 본질적인 자아로부터 소외되어 있기 때문에 의식이 잠들어 있어서 자기 자신이나 주변 세계를 똑바로 바라보지 못한다. '시각적 망상' 속에 사로잡혀 사는 것이다. 굴지예프는 에니어그램 수련을 하는 사람들에게 한마디로 '인류를 위하여 살라'고 가르쳤다. 세상의 부모들이 자녀들을 키우면서 이런 목적의식을 갖고 가르치고 양육한다면 세계가 얼마나 달라지게 될까! 특히 유아기의 어린 자녀를 양육하는 부모들은 스스로에게 물어야 할 것이다. "내 아이는 어떤 일로 인류를 유익하게 할 수 있을까? 내 아이가 살아야 할 목적과 사명은 무엇인가? 나는 아이를 위해 무엇을 어떻게 도울 수 있을까?"

오늘의 세계 현실은 이런 물음과는 너무나 대조적이고 동떨어져 있다. 『의미의 정치: 냉소주의 시대의 가능성과 희망의 회복』(*The Politics of Meaning Hope and Possibility in an Age of Cynicism*)의 저자 러너 Michael Lerner는 오늘날 세계가 '이기주의와 물질주의와 무한 경쟁'에 깊이 빠져서 모두가 냉소적인 태도로 살고 있다고 비판한다. 『영혼의 돌봄』(*Care of the Soul*)의 저자 토마스 모어 Thomas Moore는 현대의 중병을 '영혼'의 상실로 진단하고, 영혼을 소홀히 한 결과 강박증과 중독증, 폭력과 의미의 상실을 앓고 있다고 하였다. 굴지예프는 이런 인간상을 보고 일찍이 '인간 기계'라는 선언을 했다. 생각과 느낌과 행동 사이의 균형과 조화를 이루지 못한 채 무엇인가에 끌려다니는 듯하는 모습을 한마디로 지적한 것이다.

굴지예프나 융 같은 많은 이들이 인간은 온전한 영혼을 고스란히 타고났으며, 생각과 느낌과 행동의 기능이 미처 발달하지는 못했지만 균형과 조화 속에 있어서 각기 고유한 목적을 위해 발달해나갈 채비를 갖추고 있다고 말했다. 성서에서도 인간이 '하나님의 형상을 따라 창조'되었다고 기술하여 인간 안에 하나님의 품성이 깃들어 있음을 시사한다.

하지만 사람은 태어나면서부터 상처를 입는다. '폭력적 분만' 과정을 거치면서 태어난 아기는 자라면서 수많은 상처를 입게 되는 불균형과 부조화 속에서 살아간다. 그런 상처의 경험이 무의식이나 잠재의식이 되고 만 여섯 살이 지나면서 그것이 거짓 인성으로 나타나서 작용하게 된다. 상처가 결국은 격정을 지니게 만들고 성격은 그 격정에 의해 나타난다. 에니어그램 성격유형이 결정되는 과정은 다양한 요인들이 작용한다. 각 가정의 환경과 역사 속에 있는 정신적 역동성을 포함하여 부모들의 성격과 습성의 패턴, 자녀에 대한 교육 철학, 태도같은 것이 자녀에게 일차적으로 영향을 미친다. 부모 이외에도 돌보는 이들이나 형제 자매 등도 그 영향이 아주 크게 나타난다. 조기 교육이 보편화된 오늘의 상황에서는 교회 학교나 유아원, 기타 교사들과의 관계도 아주 중요해졌다.

그러나 부모와의 관계가 가장 큰 영향을 끼친다는 것은 말할 것도 없다. 부모가 아닌 사람들과의 관계나 상호작용에서도 어린이는 부모와의 관계 속에서 바라보는 경향이 짙다. 사실 부모와의 관계도 실제로 있었던 일이 기억되고 그것이 상처로 남아있어서 작용하는 경우도 있지만, 그에 못지않게 중요한 것은 그런 경험을 통하여 부모를 바라보는 어린이의 관점이다. 가족은 어린이와 가장 가까운 사람들로서, 정신적 심리적으로 서로 영향을 주고받는 관계에 있다. 대부분의 부모는 자신들의 삶이나 행동이 어린 자녀들에게, 특히 성격 형성에 어떤 영향을 주는지 모르거나 거의 의식하지 않고 살아간다. 어린이의 성격이 형성되는 것이 만 여섯 살까지의 과정일 뿐 아니라 만 여섯 살까지는 이미 성격유형이 확정된다는 것을 알지 못한다. 부모들은 대개 부모 중심의 삶이 있을 뿐, 자신의 사랑이 어떤 방식으로 어린 자녀에게 받아들여지고 경험되는지에 대해서는 그다지 신경을 쓰지 않는다. 자녀를 사랑하면서도 자기식으로, 자기가 표현하고 싶은 대로 할 따름이다. 여기서 우리 어른들이, 특히 부모들이 유의할 점이 있다. 어린이가 만 여섯 살을 향하여 가면서 부모들이나 조부모들의 사랑을 경험할 때 어린이가 어떻게 생각하고 경험하느냐가 가장 중요하다는 것이다. 그러니 어린이의 관점에서 부모의 사랑을 어떻게 보고 느끼고 경험하는가를 살펴야 한다.

편안하고 즐거운 환경에서 부모와 갈등을 별로 느끼지 않고 부모의 사랑을 받으면, 긍정적인 관계 속에서 산다고 할 수 있다. 반대로 불편하고 불쾌한 환경에서 살면서 애정 표현이나 교류가 원활하지 못하면, 부정적인 관계에서 산다고 할 수 있다. 그런가 하면 부모로서는 나름대로 사랑하지만 어린이가 편하게 받아들이지 못하는 경우도 있고, 어린이 스스로 좋아하는 한쪽 부모를 다른 쪽 부모가 힘들게 하여 싫기도 하고 좋기도 한 양가적 감정을 또한 경험한다. 이렇듯 어린이가 어떻게 받아들이는가를 어린이의 눈높이에서 관찰하고 이해하는 것이 필요하다. 어린이가 상처를 받음으로써 부정적 관계가 될 가능성은 역설적으로 사랑하기 때문일 수도 있다. 어린이가 엄마를 사랑하고, 또 엄마의 사랑을 받는 경우를 생각해 보자. 그런데 그 엄마가 아플 때, 어린이는 엄마가 안 아프고 빨리 낫게 할 일이 아무것도 없다는 것을 느끼게 된다. 이때 민감한 어린이는 자괴심과 좌절감, 무력감을 느끼면서 상처를 입기도 한다. 어린이의 이런 섬세한 느낌에까지 주의하고 관찰할 필요가 있는 것이다.

부모님이 좋아요

세상의 모든 부모는 자녀를 사랑한다. 대부분 적어도 그렇게 생각한다. 그러나 부모의 영향이 자녀의 성격 형성 과정에서는 부모의 사랑 자체보다도 자녀가 부모의 사랑을 어떻게 받아들이고 경험하느냐가 더 중요한 요인으로 작용한다. 자녀의 눈높이와 감성에 따라 어떻게 '맞춤형 사랑'을 할 수 있을 것인지가 문제인 것이다.

　부모를 좋아하고 부모의 사랑을 편하게 긍정적으로 경험하며 자란 자녀의 대표주자가 에니어그램 9번 유형이다. 양쪽 부모의 애정을 거의 똑같이 긍정적으로 경험한 어린이가 9번 유형으로 자라난다. 대개 어머니의 사랑이 자녀에게 전해져 큰 영향을 주는 것을 전제로 한다면, 아버지가 어머니와 보조를 맞춰 나가야 애정의 흐름이 원활하게 되고, 자녀에게 긍정적으로 받아들여진다. 성격유형이 확정되는 만 여섯 살까지의 과정에서 부모의 사랑을 편하게 받고 자란다는 것은 자녀가 별다른 갈등을 느끼지 않고 자란다는 말이 된다. 자기가 원하는 것을 부모가 잘 들어주었고 잘 해주었다는 생각을 가지고 자란 경우이다. 갈등을 별로 안 느끼고 자라기 때문에 그만큼 긴장감이 적다. 그러나 편한 만큼 늘어지기도 쉬운 법이다. 부모가 자녀에게 잘해주는 경우, 대개는 부모의 사이가 좋다. 그러나 이와 대조적으로 부부 사이가 별로 좋지 않아서 부부싸움이 잦은 경우에도 부모가 각기 자녀에게만은 애정을 쏟고 적극적으로 표현할 때 자녀는 양친 부모의 긍정적인 사랑에 의해 원만하고 평화적인 특성을 지니게 된다. 아버지와 어머니가 서로 싸우는 것을 보면 마음이 불편하면서도 아버지나 어머니 모두가 나를 사랑한다는 확신과 경험을 가지고 자라는 어린이는 9번이 된다. 하지만 같은 유형이라도 갈등을 기피하는 성향이나 자기겸비의 함정에 빠지는 특성 등이 부모끼리의 관계에 의해 영향을 받아 달라질 수 있다. 부모의 사랑을 어떻게 받고 자랐는가에 따라 에니어그램의 성격유형이 확정되는 것은 일차적인 특징일 뿐이다. 같은 유형이라도 애정이 어떻게 표현되고 또 실제로 어떻게 경험되었는가에 따라 건강한 바탕이 다르다. 부정적인 측면이 두드러지게 나타날 수도 있고, 격정이나 강박충동에 사로잡히는 빈도나 강도도 저마다 달라질 수 있다. 인위적인 노력에 의해 달라질 수 있는 한계가 있다고 하더라도 부모는 그야말로 '사랑을 필수과목'으로 삼고 사랑하는 법을 열심히 배우고 익혀야 할 것이다.

부모가 좋으면서도 비중이 어머니에게 조금이라도 더 실리면, 9번의 1번 날개를 갖게 된다. 아버지의 비중이 조금 더 실리면, 9번의 8번 날개를 달게 된다.

여기서 비중의 차이가 더욱 커서 아버지에게 기울어지면 기본 유형이 6번으로 바뀐다. 그래서 6번은 '아빠가 더 좋아요'라고 말한다. 아버지가 어린 자녀의 욕구나 필요를 어머니보다 한발 앞서서 채워 주는 것이 일상화되면, 어린이는 아버지를 의지하게 된다. 뭐든지 필요한 것이 있으면 아이는 아버지를 먼저 찾게 된다. 그래서 6번 자녀는 아빠와 더 친하고, 커서도 아버지를 더 가깝게 느낀다. 아버지를 좋아하고 아버지를 닮으려 하며, 아버지와 함께하면 언제 어디서나 마음이 편하고 든든하다. 아빠와 함께 있을 때는 안전하다는 것을 느낀다. 그러나 언제나 아빠와 함께 있을 수 없기 때문에 성격이 형성되는 여섯 살이 되면서 6번은 아버지 부재시에는 불안과 공포를 느끼게 된다. 아빠를 좋아하는 6번의 어린이는 아빠가 어쩔 수 없이 집을 비워야 할 때에도, 아빠가 마치 자기를 버리는 것처럼 오해하거나 착각할 수 있고, 이런 느낌을 갖게 되면 6번 어린이는 잘 우는 버릇이 생긴다. 아빠가 집을 나설 채비를 하면 벌써 겁먹은 눈초리로 쳐다보면서 울 준비를 한다. '눈이 큰 아이' 하면 6번을 얼른 떠올리게 된다. 그러나 엄한 아버지 밑에서 자란 아이도 6번이 될 수 있다.

한국 문화 속에는 아직도 남아 선호 사상이 남아 있다. 지난 세대만 해도 며느리가 손녀를 낳으면 시부모에게 구박을 받았다. 아들을 낳으려고 하는데 딸만 낳아 딸 부잣집이 되는 경우, 손녀는 할아버지 할머니에게는 '미운 오리새끼'가 되고 만다. 마음씨 착한 아버지는 조부모의 눈총으로부터 딸을 보호하느라 사랑의 날개를 펼치고, 딸은 그 속으로 피하면서 안전을 느낀다. 그래서 딸 부잣집에서는 6번의 딸(들)이 많다.

6번이 아버지에 비해 어머니의 사랑이 덜 긍정적이라 느끼고 살면 6번의 5번 날개를 펼치게 된다. 이보다 더 부정적으로 가면 6번의 7번 날개가 된다. 이 경우 어머니가 사랑을 하지 않아서가 아니라 오히려 너무 사랑하거나 어머니가 사랑하는 방식을 아이가 싫어하다가 그렇게 될 수도 있다.

이와 대조적으로 어머니의 사랑이 크고 또 자녀에게 긍정적으로 받아들여지는 비중이 뚜렷하면 어린이는 3번이 된다. 엄마는 늘 '네가 제일이다' 하면서 자녀를 키우고, 그런 사랑을 받고 자란 어린이는 또 엄마가 제일이 된다. 따라서 엄마의 사랑과 인정을 받는 3번 어린이는 자칫 자기가 세상에서 제일이라고 여기기 쉽다. 남에게 인정받기 위해 잘 나서고, 또 나서면 인정받고 칭찬받아야 마땅하다. 그러나 잘 안될 경우에는 견디지 못한다. 자기 뜻대로 안 되는 것을 못 견디기 때문에 거부당하는 것을 생각만 해도 견디기가 어렵다. 그래서 거부당하는 것을 극복하는 방법으로 경쟁을 잘하게 된다.

이렇게 엄마의 사랑을 독차지하며 자라는 3번의 어린이는 아버지의 사랑이 엄마의 사랑에 미치지 못한다고 느끼면 그만큼 아버지가 덜 좋고, 따라서 엇갈린 감정을 갖게 되면서 3번의 2번 날개를 펼치게 된다. 아버지에 대한 사랑이나 관계가 이보다 더 소극적이거나 부정적으로 느껴지면 3번의 4번 날개를 펼치게 된다.

에니어그램의 상징에서 삼각형 안에 들어가는 9번, 6번, 3번 유형에는 공통점이 있다. 부모 모두에게나 어느 한쪽에 긍정적인 애정을 경험하며 자란 것이다. 딱히 친부모가 아니라도 조부모나 심리적으로 부모 역할을 하는 어른과의 관계에 비추어서 생각할 수도 있다. 이런 배경에서 그들 모두에게 공통적으로 나타나는 것은 '게으름'이다. 9번은 기억에 게으름을 피우고, 6번은 자립에 게으름을 피우고, 3번은 자기를 들여다보는 일에 게으름을 피운다. 그러나 이들의 또 다른 공통점은 목표 설정까지가 어려울 뿐 일단 목표를 세우고 나면 수행하기가 어렵지 않을뿐더러 근면, 충실, 성취의 특징을 잘 살려 나간다는 점이다.

부모님이 무서워요

과거의 한국의 가정교육의 전통은 한 마디로 '엄친자모嚴親慈母'라는 말에 잘 나타나 있다. 근엄한 아버지는 속에 사랑을 품고 있어도 겉으로는 좀처럼 표현을 하지 않는다. 어린 자녀들에게는 '무서운 아버지'로 곧잘 느껴진다. 아버지 앞에서는 떠들어도 안 되고, 장난을 쳐도 안 되고, 울어도 안 된다. 까불면 더더욱 안 된다. 아버지 앞에서는 반듯해야 한다. 아버지의 기대나 기준에 어긋나면 꾸중을 듣게 된다. 애들 말로 혼이 나고 야단을 맞는다. 심하면 회초리도 맞는다. 잘못을 범하면 불호령이 떨어진다. 이런 아버지 밑에서 자란 어린이는 만 여섯 살이 되면서 1번이 된다. 아버지가 자상하고 다정다감한 분이라도 자녀와 어쩔 수 없이 떨어져 살게 되면, 어린이는 아버지의 사랑을 적극적으로나 긍정적으로 경험하지 못하기 때문에 1번이 될 수 있다. 아버지가 손님 같고 아저씨처럼 느껴지는 경우, 아이는 아버지와 거리감을 느낀다. 응석을 부릴 수도 없고, 기댈 수도 없고, 달려가서 덥석 안길 수는 더더욱 없다.

엄친嚴親 옆에 자모慈母가 계셔서 어머니가 자애로우시고 사랑을 적극적으로 표현하면, 이 어린이는 1번의 9번 날개를 펼치게 된다. 어머니가 사랑을 적극적으로 표현하지 않거나 때려주는 아버지를 적극적으로 말리지 않으면 어린이는 1번의 2번 날개를 펼치게 된다. 아버지와의 애정이 부정적이거나 소극적인데, 어머니마저 아주 부정적이지는 않아도 적극적이지 않으면 자녀는 어머니에게 엇갈리는 감정을 느끼면서 1번의 2번 날개를 갖게 되는 것이다.

어머니가 더 소극적이거나 부정적이면서, 특히 어머니에게 비중이 실리면 아이는 7번이 된다. 엄마가 싫거나 무서운 것이다. 열심히 사랑해 주었는데도 이런 결과가 되었다고 실망하는 어머니도 적지 않다. 어머니가 자기 방식대로 사랑했거나 자녀의 눈높이에 맞춰서 사랑하지 않았기 때문일 것이다. 어머니가 매우 적극적이거나 지배적인 성격이어서 자녀의 삶 속에 너무 깊이 개입하여 자녀의 인생을 자기 인생처럼 주무르려고 하기 때문에 자녀가 싫어하는 경우도 있다. 자녀가 원하는 모양이나 색깔보다 자기 자신이 선호하는 것을 강요하다시피 아이에게 사서 안겨주면, 아이는 그것이 싫어서 사용하지 않는다. 어머니는 그것을 빼앗아서 동생이나 다른 아이에게 주어 버리고 그런 것을 확인한 자녀는 박탈감을 느끼게 된다. 이런 박탈감을 강하게 경험한 적이 있는 7번은 마음속에 밑 빠진 독처럼 채워지지 않는 불만을 품고 살아간다. 7번이 끊임없이 만족을 추구하는 것은 바로 이 때문이다. 때로는 어머니의 과보호가 이런 결과를 낳기도 하고 자녀의 삶 속에 너무 깊숙이 개입하여 시시콜콜 참견하거나 간섭을 해도 이렇게 되기가 십상이다.

어린이의 성격 발달 과정을 보면, 만 6세 전후하여 개체 발달이 이루어진다. 이때 어린이는 자기만의 '비밀'이 생긴다. 이 나이의 어린이에게는 키워드가 '비밀'이다. 그러나 이런 특징을 이해하지 못하고 어린 자녀의 삶 속에 너무 깊숙이 개입하는 엄마는 자기 아이가 거짓말을 한다고 격앙한 나머지 아이를 몰아세우고 야단친다. 그러면 어린이는 충격과 함께 상처를 입고 엄마와의 관계가 부정적으로 된다. 아버지와의 관계에서도 보았듯이 어머니의 경우도 사랑은 많은데 멀리 떨어져 살거나 한집에 살면서도 함께 있는 시간이 절대적으로 부족하여 어린이가 엄마와 부정적인 관계를 안고 살 수 있다.

7번의 어린이는 아버지가 미치는 영향이 어머니가 미치는 영향보다는 약할지라도 아버지가 긍정적으로 애정을 표현하고 아버지와 좋은 관계를 맺으며 아버지를 의존하게 될 때, 7번의 6번 날개를 펼치게 된다. 이에 비해 아버지가 어머니처럼 부정적이지는 않아도 그다지 긍정적이라고 할 수 없다면 7번의 8번 날개를 펼치게 된다.

양친 부모가 다 무섭거나 싫거나 소원한 관계에서 자란 어린이는 만 여섯 살이 되면서 4번이 된다. 근엄한 아버지 밑에서 자라면서 아이는 아버지가 무서운데 엄마까지 냉정하거나 아이한테 소극적인 경우도 있다. 아버지도 무섭고 어머니도 무서운 경우도 있다. 또는 어머니는 무섭고 아버지는 싫은 경우도 있다. 이런저런 이유로 양친 부모와 부정적 또는 소극적 관계가 되면 아이는 4번으로 자란다. 맞벌이 부부이거나 농촌에서 일하는 부부가 어린 자녀를 집에 두고 일터로 나갈 수밖에 없기 때문에 아이가 4번이 되는 경우가 허다하다. 물론 어린이를 떼어놓는다고 하여 다 그렇게 되는 것은 아니다. 문제는 부모가 어린 자녀에게 얼마나 애틋한 관심과 애정을 지속하느냐의 여부이다. 그러나 떨어져 있는 시간이 길어도 저녁에 함께 있을 때 적극적으로 관심을 표현하고 진하게 사랑을 느끼게 하면 얘기는 또 달라진다.

부모와의 관계는 어린이가 상처를 받는 조건이나 상황과도 밀접한 관계가 있다. 예를 들면, 어린이가 실수했을 때 야단치거나 욕하거나 때려주면 아이에게는 그것이 상처가 된다. 이와 대조적으로 아이가 일부러 잘못된 일을 저질렀을 때 그 잘못을 스스로 인식하고 인정하게 한 다음 거기에 상응하는 벌을 세우거나 꾸중하면 아이에게는 그 일이 상처가 되지 않는다. 어린이의 관점에서 보았을 때 부모가 소극적이거나 부정적이거나 소원하면 아이는 스스로 외톨이라고 느낄 수밖에 없다. 부모가 떨어져 있든 함께 있든 어린이가 외로움을 느끼게 되면 4번이 된다.

4번 가운데 어머니가 좀 더 따뜻하게 대해주거나 애정을 표현하고 아버지에 비해 상대적으로 아이에게 더 긍정적이면 4번의 3번 날개를 펼치게 된다. 반면, 아버지의 사랑을 좀 더 경험한 경우는 4번의 5번 날개를 펼치게 된다.

부모가 무섭거나 애정 표현을 적극적으로 하지 않아서 1번, 4번, 7번이 된 사람들은 어려서 충분한 사랑을 받지 못하고 살았다는 느낌이나 경험이 기억 속에 가라앉아 있어서 어려운 상황이 되면 위축되기가 쉽다. 골방으로 기어들어가 숨는 경향이 나타나기 쉽다. 긴장하거나 어려운 상황 속에서 또는 상심했을 때 화가 나거나 위축되기 쉬운 이들은 부모와의 관계가 부정적이거나 소극적인 배경을 가지고 자랐기 때문이다. 친부모가 아니더라도 성격 발달 과정에서 부모 대신 영향을 끼친 조부모나 길러주신 친척 어른들, 또는 학교 선생님이나 교회의 목사 같은 분들과의 관계도 고려해야 한다. 그러나 이들도 긍정적으로 건강하게 살면, 다른 사람들과 잘 어울리고, 상상력과 예술성이 풍부하고, 표현력이 좋고 말을 잘하기 때문에 주변 사람들에게 호감을 산다. 어려서 애정 결핍을 느끼며 살았다는 기억에 묶이지 말고 그렇게 될 수밖에 없는 부모를 이해할 수 있다면, 그들은 둥지를 박차고 날아오르는 새처럼 비상할 수 있을 것이다.

부모님을 존경해요

어떤 인간관계든 서로 인격적으로 존중하고 사랑하면서 조화를 이룬다면 더 이상 바랄 게 없을 것이다. 부모 자녀 사이가 이렇게 될 수 있다면 참으로 아름다운 일이다. 그러나 어린 시절, 만 여섯 살이 될 무렵의 어린이에게 존경을 기대할 수는 없는 일이다. 존경이 아닌 사랑을 주제로 삼을 수밖에 없다. 어린이에게는 사랑이 필수이다. 어린이들이 부모의 사랑을 받을 때는 마음이 편하다. 어떤 단서나 꼬리표가 붙으면 편하지 않게 된다. 부모가 아주 싫은 것도, 무서운 것도 아니지만 그렇다고 좋기만 한 것도, 편한 것도 아닌 상황이 있다. 부모로서는 자녀를 사랑하지만 그 사랑을 경험하는 자녀가 편하지 않으면, 긍정적으로 사랑을 받았다고 하기 어렵다. 그 정도가 심하면 부정적이라 하겠지만, 그다지 심하지 않은 경우를 두고 '양가적^{ambivalent}'이라고 한다. 부모가 나를 사랑하는 줄은 알겠는데 내가 그리 편하지 않다고 느끼는 경우이다. 좋기도 하고 싫기도 하고, 사랑하기도 하고 밉기도 하는, 감정이 '엇갈리는' 상태이다. 사랑을 주고받는 것이 긍정적이냐, 부정적이냐를 이야기할 때와 마찬가지로 좋고 싫음이 엇갈리는 경우도 친부모와의 관계가 중요하지만, 부모 역할을 한 어른들과의 관계 또한 중요하다. 조부모나 숙부, 숙모 같은 부모 대역과의 관계에서 애정을 경험한 정도가 성격 형성과 성격유형 결정에 큰 영향을 끼치기 때문이다.

양친 부모와 엇갈린 감정을 갖는 어린이는 에니어그램 5번이 된다. 부모 양쪽에 대해 똑같이 애증이 엇갈려서, 좋기도 하고 싫기도 한 상태에서 자란 어린이가 그렇게 된다. 부모의 입장에서는 어린이를 사랑하지만 그 사랑을 편하게 받아들이지 못하는 경우를 몇 가지로 들 수 있다.

　　첫째: 부모와 나이 차이가 큰 어린이의 경우이다. 또래의 젊은 부모에 비해 자기 부모는 늙었다고 생각이 드는데 또래 친구들이 만약 자기 부모를 할아버지나 할머니 같다고 말하면 아이는 충격을 받고 부모와 거리를 두게 된다.

　　둘째: 부모가 각기 자기 자녀를 사랑하지만 성격 차이 등의 이유로 부부싸움을 자주 할 경우, 어린이는 아빠나 엄마 어느 쪽 편도 들 수 없게 되어 궁둥이를 쏙 빼고 관찰하게 된다. 부모 양쪽이 나를 다 사랑하는 좋은 사람들인데 어째서 자기들끼리는 저렇게 자주 싸울까 하고 의아해한다.

　　이런 이유로 부모 또는 부모 대역과의 관계에서 애증이 엇갈린 상태로 자라난 어린이들은 궁금증이 많아서 질문이 많고 생각이 많다. 자연히 분석적으로 되고, 지식으로 채워야만 상황을 풀어나가든지 헤쳐나갈 수 있다고 생각하게 된다. 그래서 남들이 보기에는 아는 것이 많은 것 같아도 자신의 생각으로는 계속해서 더 많이 알아야 하기 때문에 얼른 행동으로 나서기가 어렵다. 몸이 무겁거나 행동이 굼뜨게 된다.

　　아버지에게 엇갈린 감정을 경험한 어린이는 2번이 된다. 아버지가 나를 사랑하는 줄 알면서도 편하지만은 않으니, 사랑과 미움, 좋고 싫은 감정이 교차하며 엇갈린다. 아버지의 사랑은 인정하면서도 한편으로는 미운 감정이 있으니 아버지에 대해 일말의 죄책감을 느끼게 된다. 아버지의 사랑을 알면서도 받아들이지 못하는 자신이 불편하기도 하므로, 그것으로부터 탈출하려는 마음과 아버지에 대한 죄책감을 보상하려는 마음으로 '내가 아버지에게 뭘 해드릴 수 있을까?' 하고 살피게 된다. 아버지의 필요를 민감하게 관찰하며 그것을 채움으로써 보상하려는 마음이 커진다. 2번은 늘 아버지의 필요를 살피던 태도가 발전하여 나 아닌 남의 필요를 잘 살피고 발견하는 성격으로 발전한다. 자기 자신의 필요는 기피하면서도 남의 필요는 재빨리 알아차리는 것이다. 아버지의 사랑을 편하게 받아들이지 못한 결과 아버지의 사랑을 더 받기 위한 숨은 동기로 인해 2번은 아버지의 필요를 충족시키려는 노력하게 되고, 따라서 자기 자신의 필요는 부정하고 아예 몰라라 하기 쉽다. 아버지의 필요를 충족시켜야만 사랑을 더 받을 수 있을 것처럼 생각하기에 이르러, 이것이 마침내 격정으로 작용한다.

어머니와 엇갈린 감정을 경험한 어린이는 8번이 된다. 어머니의 사랑을 자연스럽게 받아들이지 못하게 되거나 어머니가 편하지 않기 때문에 어머니로부터 일찌감치 독립한다. 어머니와 부정적인 관계라면 아주 멀어질 수도 있겠지만 싫기만 한 것은 아니므로 어머니로부터 일정한 거리를 두고 독립한다. 어머니로부터 독립한 어린이는 자신의 필요를 스스로 채우며 해결하는 능력이 일찍부터 발달한다. 따라서 자수성가하고, 이재에 밝으며, 자신을 강화시키는 쪽으로 에너지를 쏟게 된다. 어린 시절에는 주변의 또래 어린이들이 엄마의 치맛자락을 붙잡고 가는데 자신은 엄마로부터 뚝 떨어져 독립해 있으므로 또래들이 우습게 보인다. 그래서 저보다 덩치가 큰 아이들한테도 이래라 저래라 명령을 하고 지휘통솔을 하게 된다. 늘 강자로 군림하려 하고 그런 이미지를 고수하려 한다.

강자의 이미지를 지키려고 하다 보니 자기가 약해 보이면 상태가

치고 들어올거라고 생각하여, 누구에게라도 지고는 못 사는 성격이 되고 누구에게도 꿀리는 것을 두려워하게 된다. 상대방을 이기고 제압하기 위한 계산이 빠르지만, 스트레스를 받거나 위기의식을 느끼면 살아날 길을 찾으려고 여러 가지 시나리오를 쓰기에 바쁘다. 소위 음모론이 마음속에 무성하게 자라는 것이다. 그러나 건강한 정신으로 살게 되면 누구보다 '통이 크다'는 말을 듣고, 뜨거운 동정심으로 감동을 불러일으킨다.

부모를 존경한다는 사람들, 즉 부모와 양가적인 상태에서 자란 사람들은 좋은 것과 싫은 것, 사랑과 미움 같은 감정에 있어서도 엇갈리는 성격을 지니게 된다. 2번은 아버지의 필요에 대해서는 민감하면서도 자기 자신의 필요는 기피하거나 알지 못한다. 즉 다른 사람은 잘 돌보면서도 남이 자기에게 그렇게 해주면 그것을 받아들이기 힘들어한다. 그러나 속으로는 자기에게 보상을 하지 않는다고 불평을 하거나 그렇게 하도록 조작한다. 자기 자신은 채워지지 않은 상태에 있으므로 자기가 베푼 것에 대해 교만한 마음이 생기면서 자랑을 하는데 그런 것이 격정으로 표출되는 것이다.

8번은 어머니에게 효도해야 한다고 생각하면서도 누굴 돌보는 일은 약자의 논리이거나 일이라고 생각할 수 있다. 그래서 좀처럼 누구에게도 '고맙다', '미안하다', '수고했다'는 말을 잘하지 않는다. 그러나 뜨거운 동정심으로 남을 배려하면, 자기 스스로도 편하고 소탈해진다.

5번은 생각은 앞서도 행동이 따라주지 못하기가 쉽다. 심하면 생각만 하고도 이미 행동한 것처럼 생각한다. 그러나 초연한 자세로 살면 실천력과 지도력이 더할 수 없이 좋아진다.

부모와 양가적인 관계로 자란 사람들도 애정 표현에 적극적이며 균형 감각을 갖게 되면, 누구보다 감동을 주는 삶을 살 수 있다.

이렇게 어린 시절에 부모의 사랑을 어떻게 받고 경험하느냐에 따라 성격유형이 결정된다는 사실을 재확인하면서 역시 사랑은 필수과목이라는 사실을 다시 생각하게 된다. 부모가 에니어그램을 배워서 알고 있더라도 자녀의 성격을 인위적으로 만들기는 거의 불가능하며 그래서 성격 형성의 과정은 미스터리이다. 그러나 자녀들을 세심하게 관찰하면서, 자녀들의 눈높이에 맞춰 대하고, 그들의 입장에 서서 생각하고 느끼면, 사랑의 바탕이 두터워질 것은 의심할 여지가 없다. 어떤 성격유형이 되더라도 어려서 경험한 사랑의 바탕이 두터우면 건강한 상태에서 통합을 이룬다. 이런 진실을 터득하고 관심과 애정을 집중하면 자녀를 양육하는 과정은 문자 그대로 예술이다. 그리고 자녀를 양육하는 예술 과목에서 사랑은 누구나 배우고 터득해야 할 필수과목이다.

제3부

에니어그램 유형별
특질과 프로필

2 5 장

1번 유형: 언제나 미소 짓는 깔끔한 완전주의자

더 나은 세상을 꿈꾸고 추진하는 사명가

이성을 중시하는 지혜로운 통찰력의 소유자

예외 없는 원칙을 고수하려는 이상주의자

1번 유형은 어려서부터 똑똑하고 책임감이 있어서 심부름을 잘하고 자기가 맡은 일들을 깔끔하게 처리한다. 합리적이고 원칙을 중시하여 뭐든지 바르고 옳은 것을 당연시하고 또 그렇게 주장한다. 그래서 개혁적인 성향이 강하다. 그러나 자신이 바라는 대로 되지 않으면 어린 시절에는 '골을 잘 내는' 아이가 되기 싶다. 가까운 어른들로부터 주둥이가 또 나왔다는 놀림을 받을 만큼 입을 쑥 내미는 버릇이 있다. 어른이 되면 1번 유형은 화를 잘 내지만 참기도 잘한다. 분노하는 모습은 모든 것이 단정하고 가지런해야 하는 자기 자신의 이상향과 어울리지 않기에 분노를 억누르고 기피하는 성향이 강하다. 화를 참자, 참자 하면서 분노의 감정을 한동안 억누르긴 하지만 아주 빠른 속도로 상기되는 바람에 끝내 폭발하여 몹시 화를 내는 경우가 생기는 것을 1번 유형은 피할 수가 없다. 일단 화를 내면, 하찮은 일인데도 분노가 분노를 몰고 온다. 하지만 완벽주의 성향을 지니고 항상 옳은 것과 바른 것을 추구하기에 화를 낸 자신이 너무나 밉고 속이 상한다.

　화를 내는 것이야말로 한마디로 '불완전함' 자체이기 때문이다. 이런 쓸쓸한 경험을 거듭하게 되는 1번 유형은 화가 날 때마다 참으려고 애쓰고 그러다 보니 얼굴 표정이 굳어지거나 얼굴을 찌푸린다. 그 때문에 1번 유형의 어린이는 "찡그리지 마"라는 소리를 종종 듣게 된다. 화가 나는 것을 너무 자주 참으며 살든가, 스트레스를 많이 받는 환경이나 조건 속에서 살다 보면 얼굴이 진지하다 못해 어둡게 되기가 쉽다. 화나는 것을 참고 참다가 기어코 터져서 화를 내고 나면 상대방도 좋을 리가 없지만 화를 낸 자기 자신이 더욱 불편해진다. 그래서 긴장하고 굳어지는 악순환의 고리가 굵어진다. 1번 유형은 1분 동안 화를 내고 나면 100분 동안 속을 끓이며 자기 혼자 불편해 한다. 그래서 화를 안 내려고 하는데도 또 다시 화를 내고 만다. 옛날 어른들은 이런 성격을 두고 말하였다. '지 신세 지가 달달 볶는구나!' 이렇게 악순환이 계속되어도 에니어그램으로 자기 자신의 실상을 발견하기 전에는 끊을 수 없다. 마음을 닦는답시고 수양을 하여 어느 정도 억제하고 억누를 수 있을지 모르지만 결과는 별 차이가 없다. 성령의 은사를 체험한 사람은 철저하게 회개하고 나서 전혀 딴 사람이 된 듯이 화를 안내고 온유하게 살아간다. 하지만 깊이 있게 자기를 들여다보고 자기의 인간성을 이해하지 못하면 다시 화를 잘 내는 성격으로 돌아간다. 성령이 이끄시는 대로 따라가는 것이 아니라 자신의 격정을 따라 살다 보면 자기의 성격이 지니고 있는 함정을 벗어나기가 어렵기 때문이다.

그래서 사도 바울도 몸부림치며 절규하였다. "내가 원하는 바 선은 행하지 아니하고 도리어 원하지 아니하는 바 악을 행하는도다"(롬 7:19), "오호라 나는 곤고한 사람이로다 이 사망의 몸에서 누가 나를 건져내랴"(롬 7:24).

1번 유형은 잘 나갈 때는 누가 봐도 좋은 사람이고 깔끔한 사람이다. 화내는 일만 없다면 그야말로 "이보다 더 좋을 수 없다." 그러나 화를 내고 마는 악순환의 고리에서 벗어나지 못하여 "어째서 이런 일이 또 생기나?"를 아픈 가슴으로 묻게 된다. 그 까닭은 어디에 있을까? 자기 스스로 완전주의적 성향을 당연한 것으로만 알고 그것이 '함정'인 줄을 모르고 살기 때문이다. 함정인 줄 모르니까 함정을 보지 못하고, 보지 못하기 때문에 거기에 빠져 격정에 사로잡히게 된다. 격정에 사로잡히면 그것이 1번 유형에게는 '분노'로 표출되어 나타난다. 그래서 자신도 모르는 사이에 옳고 그른 것을 중시하여 남을 비판하기를 잘하는 1번 유형은 다른 사람들로부터 '지적질을 잘한다'는 소리를 듣게 되고, 나아가서는 독선적인 사람이 된다.

1번 유형은 어려서 엄마나 아빠, 형이나, 누나, 오빠에게 자기가 원하는 것을 얻기 위해 화를 냈던 경험이 있을 것이다. 즉 윗사람들이 자기 뜻을 들어주지 않으면 화를 내고 문제가 해결될 때까지 화를 내니까 되더라는 것을 반복적으로 겪어왔다. 모든 유형의 성격 형성이 그렇듯이 1번 유형 또한 이런 식으로 자기가 원하는 것을 얻는 방식이 정해지고, 이것이 그의 머릿속에 프로그래밍 되어, 차후 그가 살아가는 전략의 기반이 된다.

1번 유형의 '완전주의'는 장점이자 단점이다. 완전주의에 빠져서 거기에 집착하다가 빗나가거나 원하는 대로 이루어지지 않으면 1번 유형은 '분노'라는 함정에 빠지게 된다. 고무풍선이 터질 때를 떠올려 보자. 공기가 들어가서 포화 상태일 때, 0.0001밀리그램만 공기를 더 불어넣어도 풍선은 터지고 만다. 영어로는 이것을 '마지막 지푸라기final straw'라고 표현한다. 황소에게 볏짐을 실을 때, 황소는 힘들어도 계속 버티다가 그 위에 조금만 짐을 더 얹으면 주저앉게 되는데, 그 마지막 짐을 가리키는 말이다. 화를 참다가도 이렇게 '마지막 지푸라기'처럼 하찮은 말 한마디 때문에 '팡'하고 터질 수 있다. 분노를 기피하고 억압하면서도 1번 유형의 특기인 '완전'이라는 함정에 빠지면 격정이 자극되어 결국은 억압되었던 분노가 터지고 만다. 이런 일을 경험할 때마다 "어째 이런 일이 또?"를 외치다가 나중에는 조기경보 체계를 발동해야 한다. 화를 참으면 더 큰 화가 나게 되는 것을 안 이상 이제는 화를 참지 않는 것이다. 안 좋게 생각되거나 느껴지는 것이 있으면 바로 그때그때 자연스럽게 말하는 것이 좋다. 참다, 참다 말하면 화가 더 부풀려질 수 있다. 사도 바울이 "아비들아 너희 자녀를 노엽게 하지 말지니 낙심할까 함이라"(골 3:21)라고 권고한 뜻을 깊이 되새길 필요가 있다. 그때그때 말하면 1번 유형은 분노를 기피하거나 억압할 시간이 없이 바로 표현하게 되기 때문에 화를 내지 않게 된다. 바로 이런 경험을 면밀히 관찰하고 기록하는 것이다.

이때 1번 유형에게 무엇보다 중요한 것은 '완전'이라는 개념을 '성숙'이란 개념으로 바꾸는 것이다. 한 분 하나님 밖에는 아무도 완전할 수 없다. 모두가 그리스도의 완전을 지향할지라도 이 지상에서는 누구도 완전할 수 없다. 우리 모두는 정도의 차이가 있을 뿐 모두가 불완전하다. '똑똑한' 1번 유형들은 이를 '똑똑히' 알아야 한다. 다른 사람에게서 불완전함을 보더라도 그것을 '미숙'으로 보고, 이전 보다 조금만 성숙된 모습을 찾아내어 거기에 대한 감사를 해야 '성숙'을 향해 나아갈 수 있다. 1번 유형은 서로에게 도움을 주고받는 관계로 살아가겠다는 분별과 결단을 새롭게 할 때 평정을 찾아 똑똑하면서도 편한 사람이 된다. 언제나 얼굴에 미소를 띠는 깔끔한 완전주의자가 될 수 있다. 이런 상태를 계속 유지하기 위해 1번 유형이 명심해야 할 것이 있다. 다른 사람의 잘못이나 불완전한 언행을 보더라도 그것 역시 그 사람이 어려서 입은 상처 때문에 자신도 모르게 또는 자신도 어쩔 수 없이 되풀이 하는 것임을 인지해야 하고, 또 자기 자신도 역시 성숙하지 못하다는 것을 인정해야 한다.

● 나의 에니어그램 프로필 #1
　　　누구도 완전할 수 없다

○ 격정: 분노

　남에게 비난받는 것을 두려워하여 완전을 지향하다 보니 실수를 고쳐주고 싶어서 지적한다. 지적하지 못하면 속으로 불완전하다고 생각하며 기분이 좋지 않다.

　어린 눈으로 본 우리집의 모습은 나의 기준에 따르면 바른 모습 즉 부모님이 자녀들과의 시간에 집중하고 알콩달콩 살아가는 모습이 아니었다. 아빠는 말이 별로 없는 사람이며 회사일 때문에 늘 바쁘셨고, 엄마는 교회와 여러 단체 일로 언제나 정신이 없어 보였다. 학교에서 돌아오면 엄마는 거의 집에 안 계셨고, 엄마가 집에 계신 날에 우리집은 기도하고 성경공부하는 사람들로 가득 찼고, 엄마는 나보다는 그들을 더 챙겨 주었다. 집이 조용하고 엄마가 계신 날에는 엄마가 아프신 거였다. 나는 엄마가 바쁘게 다니지 않으면 아프지 않을 것 같다고 생각하며 엄마가 아픈 것을 보는 것이 화가 났다. 부모님은 자주 다툼을 하셨고 그때마다 나는 동생과 가출하자고 가방에 옷을 싸곤 했지만 어린아이의 가출은 쉽게 실현되지 못하고 그저 책가방에 내복만 쑤셔 넣고 있었다. 그런 상황이 반복되니 나의 안에 분노는 쌓여갔고, 부모님은 나에게 따뜻함이 아니라 한숨으로 자리 잡았다. 기분이 안 좋거나, 바쁘거나 아픈 엄마 아빠는 어린아이가 다가가기 쉽지 않았고, 나는 부모님의 상태를 살피면서 살았다.

○ 기피: 분노

분노할 일이 많아도 완전하고 싶어서 화를 참지만, 몸으로는 잔뜩 화났다고 말을 한다. 남편이 화장실을 쓰고 나서 수건이나 샴푸를 제자리에 놓지 않고 흩어져 있는 것을 보면 화가 난다. 처음에는 참는다. 몇 번을 그렇게 하지 말고 정돈을 해 달라고 부탁을 해도 시정이 되지 않으면 분노를 터트리며 지적을 하게 된다. 나는 참다가 참다가 말을 하는데도 다른 사람들은 내 얼굴이 항상 굳어 있다고 한다. 식당에 가서 뭔가 잘못된 것을 보면 처음에는 참고 있다가 고쳐지지 안 되면 끝까지 참지 못하고 화를 내면서 지적을 해버린다.

나는 어릴 때부터 머리가 자주 아팠다. 지금도 나의 기준에 맞지 않는 것을 보거나, 나를 분노하게 하는 것을 보게 되어 마음이 편하지 않은 상태에서는 잘 체하고 머리가 빠개질 듯이 아프다. 아마 밖으로 분노를 표출했다면 머리가 덜 아팠을까? 어릴 적 내가 머리가 아프다고 하면 엄마는 손으로 이마를 짚어주며 기도를 해 주셨다. 그 순간이 나에게는 엄마의 진짜 돌봄을 받는다고 생각한 것 같다. 아빠는 어릴 때 우리와 함께 즐겁게 놀아 준 기억은 별로 없다. 한번은 어린이날 선물로 마론인형을 사준다고 하고 약속을 지키지 않아서 너무 화가 났지만, 그것에 대한 진짜 화를 아빠에게 내지 못했다. 그래도 함께 가족 여행은 자주 다녔기에 꾹 참은 기억이 있다. 사람들의 무책임한 행동을 보면 화가 난다. 나는 '나의 행동이 좀 강박적인 것이 아닌가?' 하는 생각도 해보지만 왜 사람들은 미리 계획을 하고 약속을 해놓고는 그 약속을 지키는 것을 그리 중요하게 생각 안 하는지 모르겠다.

○ 함정: 완전

책잡히고 욕먹지 않으려고 완전함을 추구한다. 하지만 인간인 이상 완전이라는 함정에 빠진다. 나는 개혁적인 성향이 있어 사회 속에서 봉사를 하거나 교육을 개혁해 나가는 학부모 단체, 여성단체 같은 데에 소속되어 사회운동을 하기도 한다. 그 속에서도 여러 성향의 사람이 섞여 있지만 나의 기준에서 볼 때에 완벽하지 않을 때에는 완전의 함정에 빠져들어 내 의견을 주장하기를 잘한다. 그래서 내가 리더가 되면 내 눈에 드는 사람이 별로 없어서 사람을 키워 내는 것을 잘하지 못한다. 일을 시행할 때에도 모험적으로 하는 것보다 계획하고, 조사를 하고, 다시 돌아보면서 확인을 여러 번 한다. 백화점에 가서 물건을 살 때에도 똑같은 물건을 여러 군데 가보고 비교해 보면서 산다. 나는 나무는 보는데 숲은 보지 못한다는 말을 자주 듣는다. 완전하게 하려다 보니까 한 가지 일에 깊이 빠져서 앞으로 나가는 힘이 적은가 보다. 그러나 정확하게 한다. 어릴 때부터 나는 완전히 채워진 것을 좋아하여 나만의 기준으로 완벽하게 잘 하고 있다고 생각하며 겸손하지 못하게 살아 왔다. 그러는 동시에 나의 잘못은 실수라 치부하며 넘어가기도 했다. 그러나 이러한 행동이 다른 사람에게는 상처가 되었다는 것을 에니어그램을 배우면서 알게 되었다. 그리고 내가 무언가를 실수했다가 다른 사람으로부터 욕먹기는 싫어한다는 것도 인식하게 되었다.

○ 회개: 성숙과 감사

누구도 완전할 수 없고, 완전을 요구하는 것이 미성숙한 것이다. 이전보다 조금이라도 개선된다면 그 작은 성숙에 감사해야 한다. 어찌 보면 이런 나를 알면서도 모른척하며 살았던 나는 정말 완전과는 거리가 먼 존재라는 것을 지금은 조금씩 깨닫게 된다. 에니어그램 1번 유형의 함정인 '완전'이 나의 장점이라고 생각하며 살았던 지난 내 인생을 바라보면서 다른 생각을 해본다. 완전하게 되려고 힘들게 노력하고 나를 다잡아왔던 시간이 나에게 독약이었음을 깨달으며 지금이라도 깨닫고 성숙될 수 있는 기회를 갖게 됨에 감사하고 있다. 식구들이 나의 방식대로 정리하지 않아도 화내지 않고, 문서작성을 하며 조금 더 완벽한 문서를 만들기 위해 나 자신을 쪼아 대지도 않고, 성경을 필사하며 틀린 글자를 수정액을 찾아 지우지 않고 그냥 X치고 옆에 새로 써도 불편하지 않은 나를 발견하고 있다.

내 속에서 생겨나는 분노를 주위 사람이 원인이라고 생각하면서 그 사람이 문제니 나는 그냥 이대로 살아도 된다고 생각했던 나 자신이 측은하게 느껴진다. 그 사람만 바뀐다면 내가 행복해질 거라고 생각하며 내 기준을 고집했던 것을 고백한다. 내가 내 기준으로만 생각하는 것이 잘못된 것이라는 것을 몰랐다. 그러면서도 열심히 사는 것이라고만 생각했었다. 나 때문에 힘들었던 사람들에게 미안한 생각이 든다. 어리석은 완전을 추구하며 불완전하게 살았던 나의 과거를 이제는 똑바로 바라본다. 제대로 하려고, 욕먹지 않으려고 턱없이 높은 나만의 기준을 통과하려고 무던히 노력했지만 행복하지 않았던 시간을 살았던 것을 깨닫게 된 것에 감사하며 이제는 앞으로 나아가 성숙하려 한다.

○ 덕목: 평정

나와 상대방을 있는 그대로 받아들일 수 있는 마음이 생기면 분노의 격정을 사로잡고 평정의 덕목이 살아난다. 잘 몰랐으니 이제는 아는 대로 살자고 다짐하면서 나를 새롭게 돌아보게 되는 시간이 감사하다. 에니어그램을 통해 성숙하면서 내 기준을 깨닫고 그것을 조금씩 버리는 노력을 하게 됨을 깊게 감사한다. 나와 함께 긴 여정을 같이 떠나는 동료들에게도 진심으로 고맙다. 당연히 실수할 수 있고, 완전은 주님만이 취할 수 있다는 것을 깊게 받아들이고, 하루하루 조금씩 아주 조금씩 성숙해가는 나를 바라보니, 힘든 노력을 하며 받는 스트레스나 두통도 많이 사라진 것을 몸이 먼저 느낀다. 할 수 없는 완전을 추구하려 헛된 노력을 했던 내가 이제는 조금씩 성숙하여 즐겁고 맑은 정신으로 살아가려는 시작점에 있다. 이 여정이 가끔은 넘어지리라는 것을 이미 알고 있다. 그래도 포기하지 않고 노력할 것이라고 말할 수 있다. 힘들어도 할 것이다. 완벽하게 잘 해내야 사랑받을 것 같다고 생각했던 내 기준을 버리고, 섣불리 화를 내도 완전하지 않게 됨을 스스로 바라보면서 평정을 향해 성숙해가는 출발에 감사할 뿐이다.

8A-사회자: 1번은 자신을 어떤 사람이라고 말할 수 있어요?

1A: 딸이 병원에 입원해 있었을 땐데… 내가 싸움닭인가? 하는 생각을 한 적이 있어요.

8A-사회자: 왜 싸웠어요?

1A: 의사나 간호사들이 관행적으로 해오던 대로 하니까 그걸 못 보겠고 또 부작용도 우려되고… 불합리하고 환자를 배려하지 못하는 것에 대해서 항의를 했는데 무시를 당했어요.

8A-사회자: 화나지요.

1A: 엘리트적인 모습을 보여야 누를 수 있으니까 합리적으로 공격하기 위해 준비를 했어요. 투여된 수액이나 항생제, 처방약 등을 시간별로 양을 쭉 기록했어요. 그 기록을 갖고 항의하니까 아무말도 못하고 그동안 해왔던 관행을 개선할 수밖에 없었던 거죠.

5C: 그때 엄마가 병실 사람들한테 우상 같았어요.

8A-사회자: 1번이 건강하면 저렇게 스마트하게 한다니까요.

1A: 같은 병실에 있던 다른 보호자들은 불이익을 당할까봐 참고 있었는데… 사람들이 나에게 속이 다 시원하다고 말해주니까 내가 잘하고 있구나, 통쾌하고 뿌듯했어요.

8A-사회자: 그래서 1번은 개혁을 한다고 하죠.

1A: 한 번은 딸에게 정맥주사를 놓는데, 인턴과 주치의가 열 손가락, 열 발가락에 바늘만 꽂았다가 뺐다 하지 혈관을 못 찾아내는 거예요. 결국 정맥주사팀 간호사가 와서 혈관을 찾았는데… 그 순간 '감사합니다'보다는 '이렇게 쉬운 걸 못해, 애를 잡아?' 하면서 분노가 끓어올랐어요.

3B: 그러니까 1번이지요.

1A: 가장으로서의 책임감과 역할로 인해, 가족들이 내가 원하는 기준에 못 미치니까 옳지 않은 걸 지적하는데… 하지만 식구들은 성질 더럽고 갑갑하다 하고, 식구들이 잘 지내도록 내가 노력하는 거에 대해 알아주지 않으니까 분노가 크죠. 그러다 보면 가족들과 싸움을 하게 돼요.

8A-사회자: 1번은 화를 많이 내는데, 왜 그렇게 화가 나는 거 같아요?

1A: 많은 생각을 하고, 또 사람들에게 티 안 나게 내 안에서 이렇게 해야 된다고 완벽하게 계획했는데… 그게 틀어지니까 슬슬 짜증이 나고 화가 나는 것 같아요. 머리 뒤에 머리 하나가 더 있다고 할 수 있어요.

2A: 와… 그렇게 말하니까 1번이 더 잘 이해되네요.

1A: 보통, 사람들과 소통할 때도 내가 원하는 답이 있어서 '이렇게 말하면 이렇게 해야 하는데…' 막상 딴 방향으로 답이 나온다, 그러면 속에서부터 '이게 아닌데', 하고 올라오면서 '네가 뭘 알기에 그렇게 얘기해?' 하게 되고….

4A: 1번이 생각하는 대로 하지 않으면 화가 나는구나….

1A: 내가 잘하고 자신 있게 자랑할 수 있는 얘기를, 내가 맞다는 반응을 기대하고 얘기했는데… 상대방이 내가 기대했던 반응과 전혀 다른 반응을 한다, 그러면 그때부터 화가 나요. 화를 보이면 약자 같고 성질 더럽고 못돼 보이니까… 좋은 모습이어야 하니까 다른 사람 눈치 못 채게 억눌러 버려요. 괜찮은 모습으로 화 안 내고 잘 넘어갔다고 알고 있었는데… 그때 화난 거 다 알고 있었다고 나중에 사람들이 얘기해줘요.

3B: 그럼요. 다른 사람들은 화난 거 다 알아요.

1A: 화난 게 들켰을 때 조금 속으로 창피하지만 사과 절대 안하고, '그 상황에서 그때는…', 하면서 둘러대는데 절대 민망해하지 않아요. 지적당하는 게 싫으니까, 또 지적을 당하지 않으려고 그냥 넘어가려고 애를 쓰는 거 같아요.

3B: 차라리 화낸 걸 인정하는 게 보기 낫다고요.

1A: 상대방에게 나를 맞추는 건 내가 부족한 걸로 여겨져서 상대방을 누르려고 더 쉽게 화를 내는데… 그걸 남들은 화난 걸로 보지만 나는 논리적으로 정당

하게 대변한 거라고 생각하죠.

8A-사회자: 그렇게 생각하더라고요.

1A: 남들이, 특히 가족들이 지적을 많이 한다고 말해요. 그럴 때 가족들이 그 자리를 일단 피하려는 성향이 더 많이 느껴져요.

3B: 그럼 누가 좋아하겠어요? 피하고 싶지.

1A: 내가 화를 내서 해결됐다는 느낌은 별로 없어요. 내가 왜 화냈지 보다는 '그래, 네가 내 속을 알겠냐? 나를 모를 수밖에 없지' 그렇게 하는 거죠.

2A: 1번은 다하고 싶은가 봐요?

1A: 갖고 싶은 거, 하고 싶은 게 많은데… 그럴 때 분노가 생겨요.

2A: 안 그런 척하잖아요.

1A: 당연하죠. 나도 모르게 하고 싶은 게 분노와 함께 과해지는 게 있어요. 계획에서 결과까지 생각을 다 해보고 그러는데… 속이 울렁거리면서 토가 나올 정도로. 그렇게 속에서 요동치지만 토하지도 못하고, 토를 하면 컨트롤을 못하는 게 드러나니까… 그렇다고 밑으로 내보내지도 못하고….

2번 유형: 마음씨 좋고 인심 좋은 협조자

퍼주기를 좋아하는 선한 일꾼

남의 형편을 너무나 잘 살피는 사랑스런 사람

세상에 밝음을 전파하는 타고난 도우미

에니어그램을 자기 발견의 지혜라 한다면, 무엇보다도 자신의 내면을 깊이 들여다보며 성찰하는 일과 깊은 관련을 가진다. 이는 자신의 내면을 아주 맑은 눈으로 볼 수 있고 또 알게 되는 것을 의미한다. 그래서 에니어그램을 알면 유리알을 들여다보듯이 자신을 들여다보게 된다고 한다. '수련인생'이 시작되는 것이다.

2번은 어릴 적부터 같은 또래들이나 동생들을 잘 돌본다. 누구에게 무엇이 필요한지 얼른 알아차려서 필요한 것을 주거나 도와주면서 누구에게나 봉사를 잘한다. 자신의 도움이 필요한 사람이 늘 눈에 띄고, 그래서 남이 필요한 것을 잘 채워준다. 그러나 정작 자신의 필요나 욕구는 잘 모르거나 피하려는 경향이 있다. 2번은 다른 사람을 돕거나 무엇인가를 베풀고 나서는 자신도 모르는 사이에 거기에 대해 자랑을 한다. 하지만 자신은 이것을 자랑으로 여기지 않는다. 왜냐하면, 누군가에게 무엇인가 필요한 것 같아서 자신이 그것을 주었노라고 그저 있었던 사실을 이야기한 것뿐이라고 느끼기 때문이다. 그런데 이런 것이 바로 교만의 표현이다. 다른 사람에게 도움을 준 것을 이야기하면서, "나에게 그런 필요가 있을 때는 당신이 나에게 줘야 돼"라는 신호를 암암리에 보내는 것인지도 모른다. 그래서 2번은 어려서부터 '나팔수'라든가 '자랑둥이'라는 말을 듣는다.

어른이 되면 2번은 봉사자로 나서는 일이 많다. 어디를 가도 빈손으로 가는 법이 없다. 언제나 '주는 사람'이요 '베푸는 사람'이다. 그러나 세상에 자기처럼 잘 주는 사람이 어디 흔한가? 그런 이유로 자신의 필요를 채워주는 사람이 없다는 생각에 슬그머니 짜증도 나고 화도 난다. 2번은 자기에게는 별로 모자람이 없다고 생각하며, 자기의 결핍을 잘 나타내지 않는다. 이처럼 2번은 필요를 기피한다. 그러나 자기가 계속해서 주는데도 상대방이 자기의 필요를 채워주지 않고 자기가 원하는 기대에 어긋나면 공격적으로 되기가 쉽다.

2번에게는 사랑받고 있다는 느낌이 매우 중요하다. 자기의 선물을 받은 사람이 반드시 선물로 되갚지 않아도 그 선물을 진정으로 고맙게 여기며 그 고마운 감정을 잘 표현하면 그것으로 족하다. 물건보다도 따뜻한 말이나 감사하는 마음을 소중히 여기기 때문이다. 2번은 감정이 매우 중요하다. 그래서 분위기에도 민감하다. 2번은 사랑 받지 못하고 있다는 느낌이 들면 못 견디게 괴로워한다. 사랑 받는 것이 기본적인 욕망이기 때문에, 사랑받지 못할까봐 두려워하는 마음이 밑바닥에 깔려 있다. 그래서 자신이 사랑하는 사람이 자신을 사랑하지 않는다고 생각될 때는 상대방이 자기를 사랑하도록 만들려고 계속 봉사하게 된다. 자기도 모르는 사이에 어떻게든 사랑받도록 시도하며 노력하는 것이다. 2번은 지나치게 선의적이고자 하는 유혹에 빠지기 쉽다. 그래서 자신이 하는 모든 것이 '선의'라는 전제 아래 생각하고 말하고 행동한다. 이것저것 아이디어도 잘 내고 제안하는 것도 많다. 시도 때도 없이 제안하는데 그것을 받아들이지 않으면 화가 난다. 선약이 있어서 못 받아들이는 경우에도 그러는데 자신의 호의를 무시했다고 느끼기 때문이다. 그럴수록 2번은 더욱 지나치게 봉사한다.

2번은 감정이 풍부하고 표현력이 발달되어 있다. 감정의 흐름이 막히면 몹시 불편해 한다. 아홉 가지 유형 중 2번이 정신과 몸의 상관관계가 가장 강하다. 기분이 상하면 곧바로 몸이 아프다. 마음이 아픈 것과 몸이 아픈 것이 하나로 이어져 있다. 몸과 마음이 아프면 2번은 히스테리를 부리고, 공격성이 강화된다. 스트레스를 받든지 슬럼프에 빠져서 불건강한 심리 상태가 되면 열심히 돌아다니면서 충동구매를 하거나 마구 먹는 것으로 때운다.

2번이 건강하지 못하게 되면 나이가 들어 비만해질 확률이 높다. 퇴화하면 8번의 격정으로 이동해서 오만해지거나 지배하려는 성향이 나타난다. 평균 상태의 2번은 앞에 나서려고 하기보다는 뒤에서 돕는 쪽을 택한다. 왕좌에 앉기보다는 섭정을 택하는 편이다. 전면에 나서는 형이기보다는 막후에서 조종하는 실력자가 된다. 그러나 불건강한 상태가 되면 강압적으로 지배하는 경향을 드러낸다. 2번이 이렇게 된 배경에는 어릴 적에 아버지와의 엇갈린 감정이 있다. 아빠의 사랑을 알기는 하지만 그리 편하지만은 않고, 왠지 아빠가 자신을 사랑하는 방식이 좋게만 받아들여지지 않았던 기억이 있다. 아빠가 좋기도 하고 싫기도 하다. 사랑스럽기도 하고 때로는 밉기도 하다. 아빠가 자기를 사랑한다는 것을 알면서도 아빠를 전적으로 사랑하지 못하니까 어린 나이에도 일종의 죄의식을 느낀다. 그래서 보상심리가 작용하여 어떻게 해서든지 아빠에게 필요한 것을 채워주려고 노력한다. 아빠의 욕구나 필요에 민감하게 반응하며 자란다. 아빠가 뭔가 찾는다 싶으면 물이든 신문이든 필요에 따라 척척 대령한다. 1번이 심부름을 잘하고 일처리를 깔끔하게 해서 인정받거나 칭찬받기를 원하는 데 비해, 2번은 아빠의 필요나 욕구를 충족시킴으로써 사랑을 받으려고 한다. 이렇게 일찍이 아빠의 필요를 잘 살피고 감지하던 2번은 커가면서 자연히 남의 필요와 욕구를 잘 알고 채워주는, 그래서 잘 주고 잘 돕는 사람이 된다. 그러나 앞에서도 지적한 바와 같이 자기가 베푼 것을 자랑하면서 남이 자기를 도와주기 바란다는 '신호'를 암시적으로 보낸다. 그리고 자신도 모르는 사이에 늘 봉사해야 한다는 함정에 빠진다. 나서서 잘 도와주고 나서는 피곤해 하기도 하고, 본전 생각을 하기도 한다.

2번이 건강해지려면 자기 것을 나누어 준다는 생각보다 자기가 이미 받은 은혜를 함께 나눈다는 마음이 앞서야 한다. 그래야 더 이상 자랑하지 않고 겸손해진다. 언제나 도우미로 살아가면서 자랑하지 않으면 그야말로 '이보다 더 좋을 순 없다'. 감정이 풍부한 사람으로 남의 입장을 살피면서 뜨거운 사랑을 갖고 감정이입이 잘 되는 사람이 된다. 너의 고난이 나의 고난이요, 너의 슬픔이 곧 나의 슬픔이 되는 오지랖이 넓은 사람이 된다. 자기가 사랑하는 사람에 대해서도 더 이상 소유하려는 욕망을 갖지 않고, 너그럽게 상대방을 유익하게 하는 데에만 초점을 맞추어 넉넉한 마음으로 키워주는 사람이 된다. 2번이 이렇듯 넉넉한 마음을 품게 되면, 사심없이 누구라도 도울 수 있을 뿐 아니라 자신의 욕구나 필요도 기피하지 않는다. 그래서 자신을 스스로 돕고 돌보는 일을 잘하게 된다. 누군가에게 기대하지 않고 스스로 해결할 수 있게 되기 때문에 자랑하는 것으로 자기를 도우라는 신호를 보낼 필요도 자연히 없어진다. 그러면서 다른 사람의 도움도 스스럼 없이 받아들이게 된다. '자신을 사랑하듯이 이웃을 사랑하는 사람'이 된다. 내가 은혜로 살아가듯이, 너에게 해주는 것도 그동안 받은 은혜를 더불어 나누는 것뿐이라는 생각을 할 때 2번은 겸손한 사람이 된다.

● 나의 에니어그램 프로필 #2

교만을 비우고 겸손을 구한다

○ 격정: 교만

나의 격정인 교만은 내가 몰랐던 죄이다. 기초과정에서는 교만을 인정하기가 힘 들었는데 심화에서 날개와 통합 퇴화를 공부하는 과정에서 내 모든 행동의 동기가 교만에서 비롯된 것임을 알게 되었다. 내가 몰랐던 어리석음과 겉과 속이 다른 이중성에 내가 발가벗겨지는 같은 수치를 느낀다. 화를 잘 안 내는 나는 착해서 모든 것이 다 좋아서 화를 안 낸다기보다, 화낸 후의 어색하고 뒷감당해야 하는 일들이 화내는 것보다 더 부담스러워 화 안 난척하거나, 그것이 습관이 되어 화나는 순간을 피해버리는 면도 있다. 이런 식으로 대놓고 교만하지 않으면서, 교만하지 않은 척하는 것이 문제다. 나의 격정이 교만이라는 것을 알게 되면서부터 내가 하는 말, 행동, 생각을 보니 교만하지 않은 것이 없고, 교묘한 교만이 나 자신이라는 것을 알게 되었다. 형제 중에서 첫째로 태어난 나는 내 밑에 동생들이 줄줄이 있어서 부모님의 손길 보다도 할아버지의 사랑을 많이 받았다. 부모의 손길이 닿지 않았지만 그대신 나는 할아버지의 사랑을 받았으니까, 라는 아쉬운 만족이 나를 교만하게 만들었나? 하는 생각이 든다.

○ 기피: 필요

모태신앙인이던 나는 인격이 형성되기 전부터 교회생활을 통해 '온유'가 사랑이고, 성령의 열매라는 것을 알았다. 하나님을 믿는 나는 그런 사람이 되어야 했으므로 내 필요를 말하면 온유하게 보이지 못할까봐 남이 원하는 내가 되기 위하여, 또는 실망시키지 않으려고 필요를 기피하였다. 그러면서 나는 앞장서서 일을 하기보다 뒤에서 다른 사람을 도우면서 하는 일을 더 선호하였다. 한 예로, 나는 예외적인 몇 사람을 빼놓고는 먼저 연락하지 않는 편이다. 나의 그런 면을 쿨한 성격이라 착각했는데, 먼저 연락한다는 것은 직간접적으로 나의 필요를 말하는 것인데 반가워하지 않거나 거절당할지도 모른다는 불확실성 때문에 자신이 없어서 내 필요를 기피하는 것이다.

○ 함정: 봉사

그동안 나의 봉사는, 나 정도면 이만큼은 해야 한다는 수준을 스스로 정해놓고 다른 사람들의 칭찬 받을 꺼리를 연출했다는 생각이 든다. 실제로 사람들은 그런 나를 대단하단 말로 칭찬하기도 한다. 봉사가 함정인 것을 알게 되면서 어떤 상황에서 내 행동의 진정성이 겸손에서 나온 것인지 다른 사람들로부터 사랑받기 위해 하는 조바심이나 위선은 아닌지 새겨 보고 있다. 지금 돌이켜보면 봉사가 내 유형의 함정이라는 생각은 눈꼽만큼도 해보지 않고 남보다 내가 더 많이 해야 맘이 편하고 안심이 되는 것을 사랑이며, 섬김이라고 착각하며 지냈다. 그렇게 살아가다 보니 남의 일에 간섭을 하는 오지랖이 되기도 한다. 이제 다른 사람의 시선이나 평가를 의식하지 않아도, 내 존재만으로 가치가 있게 하신 하나님의 은혜를 실감한다.

○ 회개: 은혜에 감사

봉사를 할 수 있는 역량과 시간, 체력이 있다는 것은 그것을 가능하게 하신 은혜가 있기 때문이다. 하나님께 이런 내용을 은혜로 주심에 내면 깊숙이 감사로 고백해 본 적이 없었던 것 같다. 내 필요를 얘기할 수 있는 주변 사람과 다른 사람의 필요를 알 수 있는 민감성을 갖는다는 것이 얼마나 귀한 은혜인가? 그래서 에니어그램은 공동체적으로 수련을 하라고 하는가 보다. 나의 필요를 당당히 말하면 사랑받지 못할까봐 하는 걱정을 내려놓고, 모든 것이 하나님의 은혜이고 나 자신 스스로 할 수 없다는 것을 인정하게 되었다. 다른 사람을 사랑하는 부드러움을 유지하면서도 나의 필요를 말하여 자연스럽게 다른 사람의 사랑을 받는 겸손한 사람이 될 것을 결단하며 감사한다.

○ 덕목: 겸손

내 교만을 비워야 덕목인 겸손을 주신단다. 겸손을 가장하지 말고 교만을 회개하고 참으로 겸손해야 함을 알았으니, 내가 아니라 하나님의 은혜로 살았고 내가 할 수 있는 것을 나누며 봉사할 수 있음을 위해 나를 내려놓자! 겸손을 의식하지만 내 자아가 자꾸 올라올 때 억지로라도 은혜에 대한 감사를 한다. 교만을 회개할 때 주의 기도를 드리면서 내 교만이 조금씩 무너지는 경험을 쌓아가고 있다. 하나님의 사랑과 약속에 의지해서 하나님의 은혜에 대한 감사를 드리면 교묘한 교만 덩어리인 내가 바뀌고 있다는 것을 안다. 말과 행동, 생각이 남을 존중하고 나를 내세우지 않는 겸손한 사람이 될 것을 믿는다.

8A-사회자: 우리는 모두 자기의 죄를 회개해야 하는데, 회개가 가장 힘든 유형이
　　　아마도 2번이 아닐까 해요. 2번의 죄는 프라이드잖아요? 2번의 마음속에는
　　　잘하고 있다는 자부심, 자랑이 있다는 건데… 그게 교만인 거잖아요?

1A: 2번은 열심히 봉사하면서 이웃 사랑을 몸소 행하는 이상적인 신앙인의 모습
　　으로 살고 있잖아요? 그래서 회개하기가 가장 어렵지 않나 하는 생각이에요.

4A: 어떤 유형이든지 자기의 죄를 받아들이는 게 쉽지는 않다고 봐요. 그런데 그
　　중에서도 2번은 자신보다 남을 위해 살기 때문에 가장 충격이 크겠다, 싶어요.

8A-사회자: 2번은 남을 위해 몸 바쳐서, 그렇게 애쓰며 살고 있는데… 그런데 그
　　　게 왜 죄가 되는지 얘기해 보자고요.

3B: 2번이 옆에 있으면 너무 편해요. 나의 필요를 나보다 더 잘 알아. 어디를 가도
　　뭐가 필요한지를 먼저 알아서 다 해주니까 얼마나 좋은지 몰라요.

4A: 2번은 참 따뜻해요. 항상 양보하고 친화력도 좋아서 사람들의 사랑을 받아요.

3B: 2번이 우리 집에 왔는데… 살림이 엉망이니까 자기 집처럼 척척척 정리를 다
　　해놓는 거예요. 그래서 내가 다른 집같이 됐다, 하면서 칭찬했는데… 진짜
　　고맙고….

4A: 그런데 참 이상하죠? 나한테 분명히 친절을 베풀었는데… 근데 돌아서면 묘
　　하게 기분이 나빠져요.

3B: 그래. 내가 지금 그런 걸 느끼는 거예요. 왜 그럴까? 왜 2번한테 마음이 불편
　　해져야 되나, 2번이 나한테 너무너무 잘하는데 짜증나. 콱 쥐어박고 싶어.

8A-사회자: 난 그게… 2번이 베풀면서 보이지 않는 파워를 행사해서 그런 거라
　　　고 봐요.

8B: 아니, 그걸 8번의 언어로 파워라고 말하면 2번이 거부감을 갖죠.

8A-사회자: 난 너보다 우월해, 하면서 남에게 뭔가 해줌으로써 자기의 힘을 과시

하는 걸 파워라고 말하는 거예요. 난 너에게 나의 힘을 줄 수 있어, 하는 거니까 그게 파워를 행사하는 거죠.

4A: 2번은 이것저것 잘 주잖아요? 매번 받는 게 많아요. 고맙기도 하고 미안하기도 하니까 2번에게 답례로 뭔가를 해줬어요. 그랬더니 내가 한 거보다 더 큰 걸로 나에게 다시 해주는 거예요. 어려운 형편인 걸 알고 있는데 내가 뭘 해준 걸로 인해 형편이 더 어려워졌겠구나 싶어 주는 대로 그냥 받기만 했던 적도 있었어요.

8A-사회자: 2번은 다른 사람도 봉사할 수 있도록 자리를 내주고 물러나는 게 필요해요.

4A: 2번에게 전화가 왔는데 만나자고 해요. 같이 커피 마시면서 ○○에 대해서 의논하자고요. 그래서 나름 여러 가지 준비를 하고 약속 장소에 갔어요. 그런데 다른 사람을 대동하고 나타난 거예요. 2번과 약속을 하면 이런 경우가 종종 있어요. 어떨 땐 초면인 사람까지 데리고 올 때가 있어요. 그리고 그럴 때마다 그럴 수밖에 없는 이유가 꼭 있어요.

8A-사회자: 그게 오지랖이 넓어서 그래.

4A: 난 특별하게 시간을 낸 건데, 왜 약속을 했나 싶기도 하고….

8A-사회자: 만나자, 해놓고선 다른 사람을 돌보고 있구먼.

4A: 2번한테는 충고를 받아야지, 충고를 해주면 안 되더라고요. 설령 조언을 구했다 하더라도 충고를 하거나 제안을 해서는 안 돼요. 그 당시에는 고마워하면서 받아들인 것 같아도 그걸로 인해 나중에 언젠가는 굉장히 화를 낼 수 있어요.

8A-사회자: 자기한테 필요한 건데도 왜 안 받아들이는 거야?

4A: 2번은 항상 도움을 주는 사람으로 있어야지 도움을 받는 입장이 되면 안 되나 봐요.

8A-사회자: 그게 자기 필요를 기피하는 건가요?

4A: 예를 들어, 2번이 "자녀교육을 어떻게 해야 돼요?" 하고 물었어요. 그러면 그건 "당신, 자녀교육에 신경 쓰세요"라는 뜻일 수 있어요.

4C: 그렇게 돌려서 말하는 거… 난 너무 싫어.

4A: 누가 S대를 갔다고하면 보통은 머리가 참 좋구나, 열심히 공부했구나, 그렇게 생각을 하잖아요? S대 갈 정도면 그 엄마가 얼마나 독하게 했을까? 그렇게 말하더라고요.

3A: 누가 아슬아슬하게 시험에 합격했어. 그러면 축하한다고 그러잖아. 점수가 OO보다 못하네, 그렇게 말하는 거야.

4A: 2번은 다른 어떤 유형보다도 가장 공감을 잘 해주는 유형인데… 왜 깎아내리려 하는지 모르겠어요.

8A-사회자: 프라이드 땜에 그런가요?

4A: 2번이 실수를 하고 나서 사과를 했어요. 그러면 그러고 나서, 그냥 가만히 있으면 되는데 프라이드 때문에 힘든가 봐요. "그래도 이렇게 됐으니 다행이야" 하고 덧붙여요.

8A-사회자: 프라이드는요, 다른 사람들은 잘못해도 나는 잘하고 있다고 여기는 거잖아요.

27장
3번 유형: 뛰어난 적응력을 갖춘 성공주의자

자신의 가치를 주장할 줄 아는 이미지 메이커

실용적이고 적응력이 뛰어난 동기부여의 마술사

하면 된다는 적극적인 사고방식의 소유자

3번 유형은 성취동기가 남달리 강하여 지위와 성공을 추구하고, 무엇이든 일등을 하려는 욕망이 강하다. 바로 이런 성취의 욕망 때문에 '능률'이라는 함정에 빠지기 쉽다. 결과에 집착하다 보니 자신도 모르는 사이에 남을 기만欺瞞하기까지 한다. 자기 자신뿐만 아니라 남에게도 아주 교묘하게 속임수를 쓴다. 이와 같이 3번의 격정은 기만으로 나타난다.

어려서부터 어머니의 사랑을 많이 받고 자란 3번은 엄마에게는 언제나 '최고'였다. 그래서 누구에게나 인정받고 일등으로 대접받는 것이 너무나 당연하다. 손님들이 찾아오면 부모는 자기 자식을 내세워 노래를 부르게 하고 재롱을 떨게 한다. 그러면 3번의 어린이는 기다렸다는 듯이 얼른 나서서 칭찬받을 일을 한다. 남에게 기회를 빼앗기지 않으려고 나서기도 잘하려니와 경쟁도 잘한다. 늘 인정받고 칭찬을 받고 살다 보니 언제 어디서나 자신이 제일인 줄 안다. 어쩌다 자신이 일등으로 대접받지 못하면 언짢아서 견디기가 힘들다. 마치 다른 사람들에게 거부당하거나 배척당한 것 같은 느낌을 받아 상처를 받기가 쉽다. 우리 문화에서는 일가친척들이 함께 모일 경우 아이들은 덩달아 흥분된 상태에서 신나게 떠들며 몰려다닌다. 그때 어른 중에는 "애들은 저리 가라" 하고 큰소리로 말씀하시는 경우가 더러 있다. 이럴 경우, 9번 유형이나 다른 어린이들은 얼른 "다른 데로 가자" 하고 움직이지만, 3번의 어린이는 몹시 상심한다. 거부당하는 것을 끔찍하게 싫어하기 때문이다.

어려서부터 인정의 욕구가 강한 3번은 그만큼 열심히 노력한다. 능률도 높여야 하고 수행 능력을 키워야 한다. 항상 목표 의식이 뚜렷하여 말하기 시작하면 대단히 설득력이 강하다. 목표를 향하여 몰고 가는 드라이브가 강하기 때문에 말도 역시 설득력 있게 잘한다. '팥으로 메주를 쑨다 해도 곧이 듣는다'는 속담은 바로 3번의 언변을 두고 하는 말이 아닐까 여겨질 정도이다. 일도 잘하고 말도 잘하니까 늘 자신감에 차 있다. 건강할 때는 스스로 바람직하다고 느끼며 신념에 차 있다. 적응력도 있고 추진력도 강하다. 그러나 자신감이 지나치면 잘난 척하기 쉽고, 그런 만큼 남을 깔보기가 쉽다. 3번은 평균 상태에서도 경쟁심이 강하게 나타나기 쉽다. 그런 이유로 3번은 능력이 있어도, 주변에서 어려워하거나 멀리하는 경우가 더러 있다. 그러면 누구보다 자기 이미지에 관심이 많은 3번은 그것을 얼른 알아차린다. 조금만 과민해지면, 거부당했다고 생각하거나 '왕따' 당했다는 느낌을 받는다. 어린 시절에 3번은 따돌림을 받거나 어느 정도 거부당했다는 느낌을 경험한다. 늘 일등으로 대접받다가 상황이 바뀌어 그런 대접 받지 못하게 되는 경우 배가 아픈 경험도 곧잘 한다. 인정 욕구가 충족되지 않든가, 거부 또는 배척당한 느낌을 받을 때 3번은 배가 아파진다. 어른이 되었을 때 이런 경험을 하면 배가 아플 수도 있으나 그보다는 실패감이나 굴욕감을 느끼기가 쉽다. 그렇게 되면 그것을 반전시키기 위하여 기회주의자가 되거나 속임수를 써서라도 인정받을 길을 찾는다. 그렇게 해도 잘되지 않으면 다른 사람을 비방하거나 일을 훼방하기 위해 수단 방법을 가리지 않고 변신을 시도한다. 그래서 변덕쟁이라든가 카멜레온이라는 별명을 듣기도 한다.

그러나 실패를 두려워하지 않고 피하지 않으면서 상황을 직면하고 결과에 집착하지 않으면, 3번은 자기 기만을 극복하게 된다. 결과에 집착하는 것이 아니라 과정을 중시하는 태도는 모든 사람에게 다 중요하고 또 유효한 지혜이지만 3번 유형에게는 더욱 더 중요하다. '진인사대천명盡人事待天命'이라는 고사성어를 3번은 누구보다 명심할 필요가 있다.

격정을 잘 다루면 바로 그 격정 때문에 더욱 성숙할 뿐 아니라 자신의 잠재력을 더욱 발휘할 수 있다. 3번이 가진 잠재력이 낭비되는 쪽으로 흘러서 격정으로 나타나게 되면 그 힘은 걷잡을 수 없는 자기 기만에서 시작하여 남을 속이는 데로까지 뻗쳐 나간다. 능률을 높이고 지위를 추구하며 성공하는 데에만 집중하다 보면 에너지가 자신도 모르는 사이 파괴적인 데로 낭비될 수 있다. 보통 사람들은 잘해도 중간, 못해도 중간에서 크게 벗어나지 않는 경우가 대부분이지만, 3번은 다르다. 잘 나갈 때는 일등이다가 삐끗하면 바닥으로 떨어지는 경향이 강하다. 그러나 자신의 격정을 바르게 다루는 법을 터득하게 되면 빨리 회복하는 길로 접어들 수 있다. 격정을 느꼈을 때, 자기 관찰을 신중하고 조심스럽게 해야 한다. 격정에 휘둘리지 말고, 격정을 붙들어 매듯이 진정하고 자기 안에서 작용하고 있는 '기만하고 싶은 충동'을 세심하게 관찰한다. 그러다 보면 성취하려는 동기가 지나치게 강해 그런 기만이 나온다는 진실을 보게 된다. 그 다음에는 격정 속에 있는 최선의 힘을 믿어야 한다. 자기 기만의 그 에너지에서 결과에 집착하는 잘못된 욕망을 빼면 자기 개발뿐 아니라 자기 능력을 높이 끌어올리는 힘이 내재해 있음을 알아차리게 된다. 그때 그 베스트 에너지를 믿어주고 의지하면 새로운 힘을 꺼내어 쓸 수 있게 된다.

일단 격정이 끓어오르면, 교양이나 수양으로도 제어하기가 어렵다. 믿음으로도 제어가 되지 않는다. 올바른 회개가 필요하다. 3번은 결과를 하나님의 뜻에 맡기고, 자신은 다만 과정을 중시하며 최선을 다할 뿐이라는 회개와 결단을 하게 될 때 신실해질 수 있다. 누가 보아도 일의 능률이 높고 성공할 수 있는 능력의 소유자가 '신실'하다면 다른 사람들이 다 좋아할 것이다.

어려서 어머니의 사랑을 많이 받고 어머니의 자랑거리였던 3번은 다른 사람에게서도 어머니에게서처럼 사랑을 받고 싶어 한다. 남에게 최고로 인정받으려는 성향이 강하다. 그러나 사람들에게 인정받고 사랑받는 것보다 하나님께 인정받고 사랑받는 것이 최우선임을 깨닫고 마음을 다져 먹을 때 3번은 자신이 신실해질 수 있는 최선의 길을 보게 된다. 건강한 3번은 자신감에 차 있고 자존감이 높다. 능력에다 신실함을 겸비하니 남에게 인정받으면서도 남을 존중하고 인정할 줄 아는 바람직한 사람이 된다. 목표를 정하면 정도를 걸으며 신실하게 노력함으로써 모든 사람들에게 수용되고 인정받으며 높이 평가받는 사람이 된다.

실패해도 괜찮아, 더뎌도 괜찮아!

○ 격정: 기만

나는 9남매의 막내이다. 어머니가 42살에 나를 낳으셨다. 태어났을 때 먹을 젖이 없어서 유모의 젖과 미음을 먹고 자랐다. 아마도 나는 야곱처럼 태중에서부터 머리를 굴려야겠다는 의식이 있지 않았을까? 기만이 태중에서도 작동하지 않았을까? 나의 어릴 때 기억을 더듬어보면 유별나게 칭찬 받은 기억도 없지만 크게 야단을 맞거나 부모님의 걱정거리가 된 기억이 없다. 이유를 생각해보니 바로 위 언니만 따라하면 실패도 안 할 뿐만 아니라 만약에 잘못한 일이 생기면 언니 탓으로 돌리면 된다는 사실, 야단 맞지 않는 방법을 터득하고 있었던 것 같다. 이것이 기만이다. 부모님의 눈 밖에 나지 않았다는 점에서 늘 성공했다.

○ 기피: 실패

에니어그램 수련을 하면서 실패의 경험을 찾아보았지만 큰 망신이라고 생각할 만큼의 실패 경험이 떠오르지 않는다. 중학생 때 나는 탁구선수였다. 연습과 시합을 거듭하면서 내가 넘지 못할 동급생 선수를 보고 탁구 선수를 접었다. 못 오를 나무 쳐다보지 않는 격이다. 더 열심히 연습하고 도전하기 보다 그만둘 이유를 찾았다. 탁구가 성격을 신경질적으로 만들고 공부에 지장을 준다는 그럴사한 이유는 부모님과 가족을 속이고도 남았다. 또한 나혼자 감당하기에 어려운 힘든 일을 당했을 때 누군가의 조언이나 도움을 받았으면 될 일도 그렇게 하지 못했다. 내 힘든 상황을 누군가가 안다는 것은 내 삶의 실패라고 생각했던 것 같다. 그래서 힘든 내색을 하지 않았다. 아니 하지 못했다는 게 솔직한 관찰이다. 성인이 되어서도 아무도 내가 힘겹게 살아가는 것 을 잘 알지 못할 정도였다. 그래서 누군가가 나와 유사한 어려움에 처한 것을 보면 내 일처럼 도우려고 했나 보다. 내가 직업 여성으로서 사회생활을 할 때는 여성의 사회활동이 보편화되지 않은 때이다. 그래서 시선을 받고 주목을 받았다. 이런 면에서 실패를 도태淘汰로 여겨 실패를 기피하려고 에너지를 많이 소모하며 살았다.

○ 함정: 능률

3번의 특성은 성공주의자이다. 성공을 염두에 두고 무엇이든 잘하려고 바둥거리며 살았던 나에게는 역시 능률이 함정임에 틀림없다. 함께 일하는 사람이나 비능률적인 상황 등을 보면 늘 화가 나고 견디기 힘들어했다. 수많은 사람과 다양한 일을 하면서 유독 능률을 우선시 했다. 앞이 안 보이는 일을 만나면 무슨 수를 써서라도 해내야지, 되는 방법이 있을 거야 하며 일과 관계가 성공하기를 바란 것은 3번인 나의 전형적인 모습이다. 실패를 피하기 위해 늘 머리를 굴리며 능률을 찾는 바람에 얻은 것보다 사람이나 관계 등 소중한 가치를 잃은 것이 더 많았을 것이라는 때늦은 깨달음과 뉘우침이 생긴다. 이젠 능률을 우선시하는 함정에 빠지지 않도록 하나님의 뜻을 찾아 하나님의 길을 따라 살기로 결단한다.

○ 회개: 하나님의 뜻

기만이라는 포장지를 찢고 성공이 내 삶의 목표가 아님을 인식한다. 성공하기 위해 나 자신을 기만하는 격정에 빠지지 않으며 하나님의 자녀답게 살려고 회개하며 결단한다. 나는 일을 잘 성취시키기 위해 여러가지 방법을 따 써 보는 것이 능력인 줄 알았다. 전에는 내 머리를 열심히 돌리면서 계획을 바꾸기는 했어도 어떤 일감을 두고 하나님의 뜻을 생각하거나 물어 본 적이 없었다. 이제는 나에게 기만이 있고, 실패를 기피하려는 습성이 있으며, 능률이 함정임을 시인하는 과정을 통해 하나님의 뜻만이 길이고 방법임을 인정하며 신앙으로 고백한다. 그렇게 하지 못했던 나를 주님 앞에 드리며 매번 "이것이 하나님의 뜻입니까?"를 물으며 살 것이다.

주예수 그리스도 하나님의 아들이시여! 죄인인 나에게 자비를 베푸소서.

○ 덕목: 신실

신실한 삶은 나 스스로의 노력으로 되는 것이 아님을 믿음으로 알기에 성령님의 도우심을 바란다. 나는 생각이나 몸이 재빠른게 특징이다. 어떤 일감이 있으면 금방 해치운다. 천천히 기다리며 속도를 늦추는 것이 쉽지 않다. 그러나 성령을 의지하며 하나님의 뜻에 따라 살게 되면 반드시 내 속도가 아닌 하나님의 속도를 따라 살게 될 것임을 믿는다. 나는 내가 성공하거나 내가 튀기 위해서는 남보다 빨라야 된다는 생각이었다. 이제는 나 중심의 삶이 아닌, 다른 사람의 삶에 관심을 가지며, 나의 성공이 아닌 다른 사람의 성공에도 동참하는 삶을 살려 결단한다. 다른 사람들이 잘 할수 있도록 동기부여를 하고 돕는 사람이 되려고 한다. 나를 있는 그대로 인정하고 다른 사람의 성공이나 기쁨을 함께 기뻐할 수 있는 내가 되기를 소원한다. 하나님보다 앞서지 말고 하나님의 뒤에서 그 분의 뜻을 잘 따르는 것이 신실로 가는 길이다. "실패해도 괜찮아." "더뎌도 괜찮아."

4A: 3번은 엄마에게 긍정적이잖아요?

3B: 너무너무 그렇죠. 엄마만 생각하면⋯ 오늘 아침에도 엄마 꿈을 꿨는데⋯ 하여튼 우리 엄마라 하면 더 말할 수가 없어요. 모든 걸 엄마가 다 해줬어요. 어렸을 때 다듬이질을 하잖아요? 내가 봐도 엉터리로 하는데 잘한대. 네가 하는 건 참 예쁘다, 참 잘한다, 그랬어요.

8A-사회자: 어떤 3번이 있는데 남이 보기에 너무너무 못생겼어요. 할머니가 자기를 키웠는데 조선 독립 이래로 제일 예쁜 애라고 했대. 그래서 자기가 제일 예쁜 줄 알았대요.

3C: 그냥 엄마가 좋아요. 아빠가 잘해줘도 엄마가 더 좋아요.

3D: 엄마와 내가 완전한 합일인 거죠. 나쁜 것도 싫은 것도 없었시요.

4A: 3번은 안 좋은 일이 있어도 긍정적으로 생각하는 게 많더라고요.

3A: 이게 아니다 싶으면 포기를 빨리하고, 저 사람도 이유가 있겠지 하는 게 있어요. 처음엔 부글부글 끓지. 조금 시간이 지나가면 그럴 수도 있겠다, 그냥 긍정적으로 생각해요.

3B: 나는 나를 너무너무 사랑해요. 나는 내가 자랑스럽고, 너 잘 살았다 그러지. 이게 3번의 특징이라는 걸 공부했으니까 알았지, 그렇지 않았으면 내가 잘해서 잘한 줄 알았겠지요.

8A-사회자: 다른 유형은 보통 나는 왜 이럴까, 하는데 자기가 자기를 괜찮게 여기는 거예요.

3B: 내가 경제적으로 완전히 말아먹었잖아요? 그래도 '그때 월사금 냈어' 이렇게 생각해요. 내가 여기서 또 다시 잘하면 돼. 나는 재기할 수 있다, 그러면서 또 다른 행복을 찾는 거야.

3A: 난 할 수 있어, 이렇게 생각해요.

3D: 까짓것 하면 돼지 뭐, 이거면 이거고 저거면 저거지, 망설이지 않아요.

8A-사회자: 실패를 인정하지 않는 거야. 그게 자기 합리화죠.

3D: 작고 지저분한 사건들은 잘 잊어버려요.

3A: 난 어딜 가든지, 기죽을 필요가 없다고 생각해요. 환경에 맞게 상황에 따라서 잘할 수 있어요. 큰소리쳐도 될 거 같으면 큰소리치고, 그러다가 불리하거나 참패를 당할 것 같을 땐 가만히 있고….

3B: 잽을 봐. 이길 수 없는 애다, 그러면 딱 무시해요. 개랑 상대를 안 해요. 딱 봐서 상대가 된다 하면 상대를 하지.

3A: 그래도 1등하고 싶은 마음이 많아요. 근데 잘할 거 같지 않으면 아예 안 해요. 못해도 그렇게 기죽지 않는 게 내가 안 해서 그런 거니까. 내가 안 하니까 못하는 거지, 라고 생각해요.

3E: 공부만 빼놓고 당구든, 탁구든, 테니스든, 친구들 이기려고 혼자서 무지 연습하고 그랬죠.

3d: 1등 하려고 저러나, 그럴까봐 고저 티 안 나게 하고, 안 하는 척하면서 우연히 일등한 척했어요.

3A: 내가 저 사람을 이겨야 되겠다, 경쟁에서 지지 않아야 되겠다 하니까 하다못해 말싸움에서도 이기려 하고, 그러다 보면 우겨서라도 내 주장을 강하게 펴는 게 있어요. 있는 거에 보태서 더 잘한 척 하고, 못한 건 감추고… 내가 불리해질 거 같잖아요? 내가 먼저 공격하는 거죠.

4A: 선수 치는 거네요.

3A: 그렇죠. 저쪽에서 나를 무시할 거 같거나 공격할 거 같은 건 빨리 알아채요. 선수 쳐서 상대를 먼저 아프게 찌르는 거죠. 그래서 상대의 기가 꽉 막히게 말을 못하게 하는 거야. 먼저 기를 잡으려는 그런 게 있다니깐… 난 실패가 싫어도 너~무 싫어요.

3D: 내가 선수 치려고 하는데 상대방이 먼저 선수를 치잖아요? 기분이 나빠지고 기운이 확 빠져요.

8A-사회자: 그럼, 경쟁에서 밀렸는데 3번은 금방 쎌쭉해지지.

3A: 저 사람들이 못하면 좋겠다, 그러면 내가 이기지 않을까, 그런 맘이 들 때도 있어요. 농담으로 못해라, 틀려라 하면서 상대방이 실수하길 바라는 마음은 있지만… 그래도 저 사람이 실수하게 하려고까지 애는 안 써 봤어요.

8A-사회자: 되게 쿨하네!

3B: 어느 집단엘 들어가도 나를 어필하고 싶어져요. 무슨 수를 써서라도 나의 단점이나 아픔을 드러내서라도 어필하고 싶어져요. 그래서 목소리도 커지는 거 같애.

8A-사회자: 강연 같은 걸 들으면서 큰 소리로 호응하는 사람들을 보면 대게 3번이에요.

3B: 나는 좀…, 공동의 경쟁에서 이기고 싶은 게 많지 둘이서 하는 경쟁보다도 그냥 군중 속에서 탁 튀고 싶어요. 그래서 누가 나한테 권력을 준다, 그러면 난 싫어요. 어필을 해놓고 나서는 책임감이 주어지려면 난 도망가요. 귀찮아. 호기심천국인데… 바빠 죽겠는데… 그냥 뽐내는 게 기쁜 거지, 하나에 귀결되는 게 싫어요.

8A-사회자: 이~야~ 경쟁이라는 게 꼭 두 명이 하는 게 경쟁이 아닌 거네. 온 사람들 속에서 튀고 싶은 것도 경쟁인 거네.

4번 유형: 낭만적이고 창조적인 개인주의자

밀실에서의 고독을 즐기는 낭만주의자

창조의 광기를 지닌 외줄타기 마술사

풍부한 상상력과 환상을 즐기는 예술가

에니어그램 공부나 수련은 자기 자신이 기계적 삶을 살고 있다는 자각과 자신의 모자람을 깊이 인식하고 자각하는 데서 시작해야 마땅하다. 기계적인 삶을 살고 있다는 것과 아울러 지식이나 깨달음이 모자란다는 것, 이 두 가지가 에니어그램 수련을 떠받치는 전제조건이다. 이런 면에서 볼 때 4번은 누구보다도 자기 이해에 대한 열망과 노력이 강한 사람이다. 4번에게는 자각과 자기 이해가 무엇보다 중요한 과제로 생각되기 때문이다. 4번은 자기가 하는 일에 있어서도 늘 흠이 생길까봐 두려워한다. 그래서 열심히 노력하며 완전을 향해 달려간다. '완전무결'을 위해 의식적인 노력을 기울이는 4번은 아주 건강하다고 할 수 있다. 완전을 향해 나아가면서도 감정의 균형을 잃지 않고 자기 이해의 든든한 바탕 위에서 어떠한 고통이나 고난도 참아낼 수 있다면 4번은 풍부한 감성과 침착성을 확보하게 된다.

4번은 어려서부터 혼자 있는 경향이 있다. 부모와의 관계나 환경이 그럴 수밖에 없는 경우가 많다. 양친 부모가 자녀를 무정하게 대하거나 학대해서 그렇다는 것이 아니다. 자녀를 사랑하는 부모인데도 맞벌이 부부이기 때문에 어쩔 수 없이 자녀와 함께 지내는 시간이 부족하다든지 하여 4번 자녀의 삶 속에는 흔히 부모가 부재중인 경우가 흔하다. 4번의 어린이는 외톨이가 되기 쉽고 외로움을 탈 수밖에 없다. 이런 상황을 견디거나 이겨내기 위해 4번의 어린이는 그림을 그리거나 공작을 하거나 집 안에 있는 기계나 장치를 뜯어보고 열어본다. 그러다가 어른들에게 꾸중을 듣고 더욱더 외톨이가 된다. 4번의 어린이는 공상을 잘한다. 상상력이 풍부하고 자기만의 공상 세계 속에서 사는 경향이 짙다. 4번은 혼자 있는 것이 익숙하고 또 편하다. 어른이 된 후 사람들과 잘 어울리는 경우도 있지만 그러면서도 혼자 있는 것을 즐겨한다. 남들과 어울리기를 좋아하지만 혼자 있는 것은 극도로 싫어하고 두려워하는 8번과는 이 점에서 대비된다고 할 수 있다. 4번은 게다가 자기 이해를 중요시하는 만큼 개인주의 일찍이 성향이 발전하였다. 자기를 스스로 이해하는 것은 물론 자기 스스로 일을 해결해 나가는 경향이 농후하다. 일단 자기 자신을 발견하여 잘 이해하고 나면 스스로 감정의 균형과 조화를 이룬다. 그래서 4번은 침착하고 감성이 풍부하다. 그런 바탕 위에서 예술성이 꽃을 피우면 더욱 아름다울 것이 당연하다.

예술혼이 꽃피고 독창성이 솟아오르게 하는 밑바탕에는 그의 격정이 크게 작용한다. 그런데 자신이 머릿속으로 자기만의 독특한 그림을 추구하지만 쉽사리 찾을 수 없을 때 그런 것이 타인에게서 발견되면 4번은 자기도 모르게 그 사람을 시기한다. 이것이 4번의 격정이다. 흔히 혼동되기 쉽지만 4번의 시기심은 질투와는 구별되어야 한다. 질투는 자기에게 있는 것을 빼앗길까봐 나오는 부정적인 감정이고, 시기는 자기에게 없는 것을 남에게서 발견했을 때 나오는 감정이다.

자기가 찾던 것이 남에게서 발견되었다고 하여 그것과 똑같은 것을 만들면 그것은 이미 독특한 것이 아니다. 다른 사람이 이미 가지고 있는 평범한 것에 지나지 않게 된다. 그래서 4번은 시기심에서 발단이 되어 마침내 남이 가진 것을 능가하는 미를 창조해야 하는, 그야말로 자신만의 독특한 것을 만들어야 한다. 창조 정신을 발휘해야 하는 것이다. 자신의 격정 속에 있는 최선의 에너지가 창작과 예술로 표현되거나 예술적인 삶의 표현으로 나타나면 다행이지만 그렇지 못할 경우 4번은 몹시 좌절하고 우울해한다. 그러면 흔히 쓰는 말로 4번은 방콕하게 된다. 자기 이해나 자기표현이 제대로 안 되면 이불을 뒤집어쓰거나 골방에 처박히곤 한다. 4번은 심리적으로도 자기만의 동굴 속으로 들어가려는 성향이 강하다. 4번은 자신의 감정에 깊이 빠져서 주변에 대해 관심을 제대로 기울이지 않는 일이 많다. 그래서 주변 사정이나 정보에 어둡고 함께 사는 사람들에 대해서도 특별히 관심을 기울이지 않다 보니 늘 만나는 사람들의 이름조차 모를 때가 허다하다.

고독과 고립에 익숙한 4번은 창작과 예술의 세계에 깊이 빠져드는 열정을 드러내기도 하지만 부정적으로 격정에 사로잡히게 되면 좌절하거나 우울증에 빠져서 히스테리를 부리고 더 심해지면 자살 충동에도 시달린다. 어려서 입은 상처가 도지는 경우라 할 수 있다. 이런 이유로 이들은 상처에 민감할 뿐 아니라 지난 세월 속에서 입은 상처에 대해서도 기억을 잘한다. 누구나 어린 시절에 입은 상처를 비롯해 수많은 상처를 안고 살아간다. 상처를 함께 나누면 치유가 된다. 상처를

발견하고, 인지하고, 확인하고, 드러내고, 이야기하면서 치유된 상처
는, 상처에 대한 기억은 남을지 몰라도 더 이상 역기능은 하지 않게
된다. 이런 상처와 치유에 대해서 4번은 유난히 예민하다. 4번의 예술
가들이 이루어낸 초기 작품을 보면 상처가 주제로 등장할 때가 많다.
'잊혀지지 않은 상흔'이라든가 '깊은 상처'를 주제로 삼는다. 여기에 비
해 후기 작품들을 보면, '치유된 상처'나 '상처로부터의 탈출'이나 '회
복' 같은 주제가 자주 등장한다. 이렇게 상처의 치유를 경험한 예술가
는 감성이 풍부해지고 자신의 영혼을 돌볼 뿐 아니라 그 작품을 감상
하는 수많은 다른 이들의 영혼에도 위안과 감동을 안겨준다. 이와 대
조적으로 상처를 작품으로 표현하면서도 남과 더불어 나누는 열린 마
음이 아니라 자신의 상처와 그 세계에 갇힌 상태에 계속 머물면 스스
로 상처를 계속해서 건드리는 결과에 빠지기 때문에 심리적으로 불건
강해지고, 에니어그램으로 말하자면 퇴보되기 때문에 자살의 위기로
치닫게 된다. 예술가들 중에 정신이상자가 더러 발견되는 까닭이 여
기에 있다.

　　이렇게 심한 경우는 아니라 하더라도 4번은 '흠이 있을까봐' 두려
워하기 때문에, 무엇인가에 골똘하게 파묻혀 고민을 하기 일쑤이다.
'이것이 옳은가, 저것이 옳은가?' 하는 진정성에 빠져서 어떤 결정을
내리기가 쉽지 않다. 시간적으로 급할 때도 머뭇머뭇할 때가 많다. 어
떤 결정이 나기 전에는 말을 잘 꺼내지 못한다. 4번은 두통이나 편두
통을 앓곤 한다. 그러나 편두통의 고통을 이겨내는 과정에서 새로운
창작의 가능성과 예술혼을 불사를 수 있는 계기를 찾는 것 또한 사실
이다. 예술가가 아닌 보통 사람들의 경우에는 창조적 삶이 새롭게 펼
쳐지는 전기를 맞이하기도 한다. '우울증'에서 벗어나 더욱 풍부한 지
혜와 감성을 지니게 되는 것이다.

격정에 사로잡히지 않는 감정의 균형

○ 격정: 시기

나는 어린 시절 때의 사진이 없다. 몇 해 전 초등학교 동창회에 나갔다가 동창이 가져온 내 초등학교 때 사진을 보고 나는 너무 놀랐다. 몸은 친구들 사이에 있지만 마치 홀로 뚝 떨어져 있는 우울한 외딴섬 같은 표정에, 세상 고민을 혼자 다 지고 있는 듯한 어둠이 내 얼굴을 가득 덮고 있었기 때문이다. 내가 한 살때 어머니는 나를 두고 집을 나가셨고, 아버지도 나에게 보호자 역할을 해주지 못했다. 나에게 부모 자리를 대신한 존재는 할머니였다. 할머니는 그 어려운 환경에서도 나를 키워주셨고, 보호해 주었기에 그나마 할머니에게만큼은 부대끼고 살아온 정이 있다. 나는 아버지도 어머니도 좋아하지 않았다. 그들에게 내가 중요한 존재가 아니었기 때문이다. 나는 아버지도 어머니도 닮고 싶지 않았다. 그들의 삶이 전혀 좋아 보이지 않았다. 다들 자기들이 살고 싶은 대로 사는 그 태도가 정말 싫었다. 나는 늘 그들에게 화가 나 있었다. 자라오면서 나는 친구들의 환경과 나의 환경을 비교했고, 친구들이 부모에게서 받는 사랑과 관심을 부러워했다. 그 시기심이라는 격정은 나를 언제나 열등감에 싸여있게 만들어 주었다.

○ 기피: 평범

아직도 내가 남들이 하는 것을 따라하거나 주변 사람들을 닮으려고 하지 않은 것은 부모 중 그 누구도 닮고 싶지 않았던 마음에서 비롯된 것 같다. 그렇게 나는 "특별한 나"를 만들어갔고, 왠지 다른 사람들과 똑같이 무언가를 하는 것은 늘 나를 불안하게 만든다. 내가 평범한 것이 싫다고 하는 것은 다른 사람보다 잘났다는 것이 아니라 생각하는 것이나 노는 방법이 좀 다른 것 같다. 여러 사람과 어울려 노는 것은 잘 안되고 나 혼자서 어떤 작업을 하거나 상상을 할 때는 참 편하게 느껴지기 때문이다. 시류에 따라 유행에 휩쓸리기도 싫고, 다른 사람과 똑같은 옷을 입는 것도 싫다. 다른 사람들이 무엇을 권할 때 내 마음에 맞지 않을 때 거절을 하면 나더러 왕자병이 있다고 말을 한다. 나의 관심이 다른 사람에게 있는 것보다 나에게 더 초점이 맞추어져 있는 것 같다. 어떤 사람은 자기가 싫어도 거절하지 못하고 상대방을 받아들이고는 속을 끓이는데 나는 내가 싫은 것은 받아들이지 않고 거절을 잘한다. 사람을 사귀는 것도 내가 먼저 다가가지 못하고 저쪽에서 와야 관계가 이루어진다. 그러나 일단 친해지면 밤새도록 재미있게 이야기할 수 있다. 친한 사람과 이야기하면서 놀 때에는 내가 말을 많이 하기도 하고 내가 말을 하면 재미 있다고 한다. 내가 마음이 편할 때면 나의 독한 매력이 나오는 것을 사람들은 좋아한다. 그러나 내 생각을 말을 하면 4차원이라고 하면서 이해를 하지 못하는 사람이 많다.

○ 함정: 진정성

"흠이 있지 않으려면 착하기라도 해야 한다. 그래야 살아남을 수 있다"라고 생각하며 살아왔던 것 같다. 나는 평생 나를 있는 그대로 봐주고 나의 진실을 알아주는 사람을 찾아 헤매었다. 나는 다른 사람에게 조금이라도 진실하지 못한 점이 보이면 바로 마음의 문을 닫아버렸다. 그러나 나를 진실하게 봐주고 나를 인정해주는 사람이 나타나면, 그 사람의 겉모습이 전혀 중요하지 않았다. "진정성"이 느껴지는 사람 단 한 사람 있으면 나는 살 수 있을 것 같았다. 그러나 이내 나의 격정인 시기심은 나를 인정해주는 그 사람을 이상화시키고, 동시에 그 사람이 가진 것에 대해 시기심이 올라왔다. 그럴 때마다 그 사람과 거리를 두고 나만의 세상으로 숨는 이상한 숨바꼭질을 해왔다. 이제 와서 보니 그 사람이 나를 진실하게 인정해주는 사람이라 결정되면, 나의 부모가 채워주지 못한 나의 모든 욕구들을 채워주는 사람이라고 오버하고 상상하고 기대했다가 실망했던 것 같다. 4번 유형인 나에게 진정성의 함정은 내 자신과 타인을 판단하고 정답을 내 스스로 내리게 한다. 그 생각에 빠지느라 시간이 지나버려서 나의 행복을 위해 선택 해야 할 기회를 놓치기도 한다. 그 모습이 다른 사람에겐 우물쭈물하는 것처럼 보인다고 한다. 내가 정한 정답이 틀린 것 같을 때는 심통에 가까운 고집을 부리기도 한다. 내 감정에 몰입하게 되면 혼자 있게 되고 옆의 사람을 외롭게 만들어 버린다. 상대방 때문에 화가 나기 시작 했더라도 결국엔 내 잘못이라고 나를 자책하면서 심히 괴로우면 죽음 을 생각하기도 한다.

○ 회개: 하나님과의 일치

내가 회개해야 할 것은 "하나님과 일치"이다. 부모가 나를 대했던 태도를 기준으로 내 정체성을 결정하려고 하니 우울감에서 벗어날 수 가 없었던 것이다. "흠없어 보이는 다른 사람을 통해" 내 흠 있는 삶이 구원될 수 있다는 상상의 나래를 펴느라 세상과 담을 쌓고 에너지와 시간을 낭비해 온 것을 회개한다. 하나님 생각 없이 내가 결정하려고 하면 이것이 옳은지 저것이 옳은지 따지다가 좋은 기회를 다 놓쳐 버리게 된다. 그리고 어떤때는 내가 원하던 것이 내 손에 들어오자마자 그만 시들해져 버리고 실증이 나 버리면서 중요하게 느껴 지지않게 되어 버린다. 그러나 나의 욕심이나 격정을 비우고 하나님과 일치되려고 기도 하다보면 무엇이 정답인지 아닌지를 고민할 필요가 없는 삶으로 가게 되는 것 같다.

4번으로써 하나님과의 일치란 무슨 뜻일가? 4번은 공상 속에서 과거의 아픔을 되씹으면서 나에게 상처를 준 사람 들을 미워하거나, 아니면 되지도 않을 허망의 미래를 꿈꾸면서 이리저리 날아다닌다. 그러나 현재에 내 속에 계시는 하나님을 찾아 나서려고 애쓰는 것이 하나님과의 일치하는 삶이라고 말할 수 있지 않을까! 이제 나는 하나님의 마음으로 나 자신을 대하려고 한다. 상상 속의 나만의 세상에서 나와서 지금 여기를 사는 연습을 시작하겠다. 태어날 때 분명히 나만의 독특하게 주어진 카리스마가 있을텐데 그것을 찾아보려는 노력을 해야겠다. 4번에 3번 날개인 나는 유머 감각이 있기에 식구들이 모이면 이것을 살려서 분위기를 재미있게 하고 싶다. 그동안 어두운 마음으로 살아 왔던 데서 벗어나 4번의 로맨틱한 분위기를 살려 나가고 싶은 것이다.

○ 덕목: 침착

내가 하나님께 기대고 보니 시기심으로 언제나 들끓던 마음이 침착하게 되어 그 누구와도 비교하지 않고 그야말로 독특한 나의 존재를 감사하게 되는 것이 아닐까! 인생살이에서 나만 힘든 것이 아니고 다른 사람들도 다 그렇게 살고 있다는 것을 인식하며 다른 사람이 잘하는 것이 있듯이 나에게도 잘하는 것이 있음을 찾아 계발하는 것이다. 내가 나의 자존감을 높이는 작업을 먼저 한다. 4번은 예술성이 있고 하늘과 통하는 영성이 있다는데 내 속에 갇혀 있던 데서 벗어나와 자유함을 즐기면서 살고 싶다. 그리고 다른 사람과 함께 공동체 생활을 하면서 나의 달란트로 선한 영향력을 끼치고 싶다. 나는 어떤 단체에 속하거나 동창을 만나거나 친구들과 몰려다니는 생활을 별로 좋아하지 않았다. 그러나 나의 어린시절과는 완전 다른 환경인 나의 처가는 식구도 많고 우애 있게 지내는 집안이고, 3대가 에니어그램으로 이야기를 하면서 살아간다. 이제 나도 에니어그램을 배우기 시작하였고 그 대열에 끼이고 보니 너무나 재미있음을 알게 되었다. 생일 잔치를 하려고 사촌까지 모이면 우리의 수다 주제는 온통 에니어그램이다. 100세 시대를 살기 위해 이렇게 준비하노라면 사랑하고 사랑받는 것이 어색하지 않고 자연스러워질 것이며, 나는 침착을 유지하는 건강한 4번으로 살아갈 수 있을 것이다.

8A-사회자: 어떤 유형이든 장점과 단점이 있잖아요. 어떤 유형은 사회성이 발달
　　　해서 남들과 잘 지내는가 하면, 4번은 개인주의라 오히려 혼자서 더 잘 지내
　　　고… 혼자서 해야 더 잘하고 그래요.

4B: 사람들 속에서 불편하니까 되도록이면 사람들이 있는 곳을 피하게 되요. 사
　　람들 속에서 소외감을 느끼고 새로운 사람들을 만나는 게 힘드는데… 이걸
　　인정하기 싫으니까 이런 내 모습을 보지 않으려고 혼자 있으려 하죠.

8A-사회자: 4번은 부모님과의 관계가 소극적이잖아요? 어떻게 말할 수 있어요?

4B: 어느 순간부터 내가 원하는 걸 부모님을 통해서 얻을 수 없다고 느꼈어요. 또
　　내가 말하는 걸 다 이해해주지 못한다고 느끼게 되면서 나를 다 표현할 필요
　　가 없다고 생각했어요. 그러면서 말을 아끼게 됐죠.

8A-사회자: 4번은 밀고 당기는 성향이 있다는데 난 그 말이 무슨 말인지 모르겠
　　　어요.

4B: 사람들과의 관계에서 일정한 거리를 유지하려는 걸 말하는 거겠죠. 친밀한
　　듯 다가오면 말이나 행동에서 차가워지고… 또 멀어질 듯 하면 다가가고…
　　심리적으로 일정한 간격을 둬야할 것 같은 그런 게 있어요. 상처받을까 두려
　　워서….

2A: 용기를 내서 가까이 갔는데… 4번은 너무 쌀쌀해요. 그래서 상대방이 더 상
　　처를 받아요.

4C: 내가 만약에 아프다면 나 혼자 있는 게 더 낫지 않을까 생각이 들어요. 누군가
　　에게 폐 끼치는 거 같아서 싫고… 불쌍한 존재가 되는 게 싫어요.

2A: 4번은 폐 끼치는 걸 싫어해서 거리를 두고 숨기려 해요. 같이 해결하려는 게
　　없어요. 오히려 그게 더 친지들에게 폐 끼치는 건데….

4B: 사람들과 웃고 떠들고 있어도 잠깐잠깐 생각이 딴 데로 가 있어요. 혼자만의

세계 속으로 빠져들어가 상대방의 이야기를 못 듣는 거죠.

8A-사회자: 뭐야? 4번은 같이 있었는데도 혼자 있었던 거야?

4B: 사람들과 신나게 잘 지냈는데도 그 시간이 지나고… 혼자 있게 되면 그 시간 속에서 내가 실수한 말이나 행동이 생각나요. 그때 이랬어야 했는데 내가 왜 그랬을까 하면서 힘들어져요. 또 상대방이 나한테 했던 얘기나 태도 중 마음에 걸렸던 걸 떠올리면서 왜 그렇게 했을까? 속상해하거나 분해하다가 그래, 내가 못났으니까 그런 식으로 나를 대했지, 하면서 우울해지죠.

8A-사회자: 뭐 하러 그래요? 다 지나간 건데.

4B: 과거에 대한 감정 처리가 가장 힘들어요.

4C: 과거의 어떤 부분은 완전히 잊기도 하지만… 현존하는 과거랄까? 좋은 거든 나쁜 거든 늘 갖고 살아요. 끊임없이 피드백을 하면서… 정복되지 않은 과거의 기억을 끊임없이 되새김질하면서 나를 위로하기 위해 덧칠하기도 하고… 채찍질하면서 나를 볶지….

4B: 과거에 대해 잠시 잊고 마음이 잔잔해진 걸 문득 깨닫게 되면… 잊고 있던 과거의 감정을 다시 불러와요. 과거의 그 감정이 힘들든, 즐겁든… 과거의 그 감정 속에 계속 머무르려 해요.

4C: 놀이라고 해야 하나? 그 상황을 놓지 않는 거죠.

8A-사회자: 야야, 말만 들어도 골 아프다 골 아퍼.

2A: 4번은 참 독특해요.

4C: 남들과 똑같은 거 싫어하고… 규칙적인 거 지루하고 재미없고….

4B: 그래서 아이들을 키우면서 가장 힘들었던 게… 제시간에 식사 준비해서 제시간에 밥 먹이는 거였어요. 그걸 지켜야 한다는 게 너무 답답하고 견딜 수가 없었어요.

4C: 왜 아침에 정해진 시간에 일어나야 되고… 왜 학교에 가야 되는지… 남들이 하는 걸 왜 나도 그렇게 해야만 하나… 그랬어요.

8A-사회자: 스타일만 독특한 게 아니라 생활방법도 평범한 걸 싫어하네요.

4B: 제 전공이 화학이잖아요? 책에 쓰인 방법대로 정확하게 가장 적은 오차 범위 내에서 실험을 해야 하는데… 시키는 대로 반복적으로 해야 하니까… 그러니까 방황한 거죠. 에니어그램을 알고 나서 그랬을 수밖에 없었던 나를 이해하게 됐는데… 요리를 하더라도 레시피 대로 똑같이는 안 해요.

4C: 아들이 4번인데… 유치원 때 왜 머리카락은 검은색이어야 하냐고… 외국에 가서 머리 색깔이 다양하니까 신나서 자기는 보라색으로 염색하겠다고 그러더라고요. 고무줄놀이하는데도 왜 위로만 뛰느냐고 그러면서 고무줄 밑으로 들어가서는 뛰었다고 하고… 한 번은 키우는 개와 산책을 하는데 어떤 아저씨가 진돗개하고 시베리안 허스키하고 섞였다고 알려주는 거예요. 그랬더니 아들은 시베리아라는 먼 곳에서 사는 개와 섞였다는 게 신비롭게 여겨져서 친구한테 얘기했더니… 그 친구는 섞여서 순수하지 않다고 하더라고요.

8A-사회자: 4번은 참… 우째 그렇게 독특한 것만 찾냐? 유형마다 패턴이… 이렇게 달라요.

5번 유형: 지성적이고 창의적인 사색가

혼자서도 얼마든지 잘 지내는 탐구자

궁극적인 질문을 안고 세계를 탐닉하는 파이어니어

밥보다 지식이 더 고픈 형이상학의 대가

'인간은 생각하는 갈대'라는 말이 있다. 생각하는 기능과 능력이 특징이라고 할 수 있는 사람은 따라서 지성적이고, 그만큼 지적 능력이 높다는 말이 된다. 그러나 사람이라고 해서 누구나 다 깊은 생각을 하면서 살아가는 것은 아니다. 우리가 일상에서 흔히 듣는 말처럼 '생각 없이' 말하고 '생각 없이' 행동하는 사람이 많다. 소위 '인간 동물^{human} machine'처럼 움직이면서 살아간다. 5번은 생각이 많은 사람들이다. 어떤 말을 하거나 행동을 하더라도 자기가 해야 할 것에 대해 충분히 알아야만 하기 때문에 생각을 많이 하게 된다. 또 생각을 하기 위하여 필요한 지식을 갖추어야 한다고 믿기 때문에 많은 정보를 얻으려고 노력한다. 글을 배워서 읽기 전에는 언니나 오빠 또는 부모나 다른 어른들에게 자꾸 질문을 하는 '질문쟁이'이다. 문자를 해독하기 시작하면서부터는 책을 많이 읽는다. 5번은 지식을 갖추어야 한다고 생각하는 나머지 '지식'이라는 함정에 잘 빠진다. 남 보기에는 충분히 알고 있다고 비춰지는 경우라도 그들 스스로는 더 알아야 한다고 생각하기 때문에 선뜻 행동으로 나서지 않는다. 이런 습성 때문에 어릴 적부터 고민이 많고 속담에서처럼 '돌다리도 두드리고 (잘 안) 지나간다.' 생각이 많고 지식에 대한 욕구가 크다 보니 분석적인 특성이 강화된다. 어릴 때부터 많이 생각하고 많이 알아야 한다고 욕심을 내다보니 어느 것 하나라도 빠져나가면 안 된다고 생각하게 된다. 그래서 뭔가 텅 빈 것 같은 느낌을 피하려 한다. 공허감을 기피하는 경향이 강하다. 지식이든 물질이든 자신이 가진 것을 잘 내어놓지 못한다. 텅 비는 것이 싫기 때문이다.

그래서 5번의 격정은 '인색'으로 나타난다. 남을 가르치는 교사들 중에서도 지식을 전달하는 데 인색한 경우가 종종 있다. 얼핏 보기에는 강의 준비를 소홀히 했거나 공부를 안 해서 그런 것으로 오해될 수 있다. 그러나 막상 알고 보면 자신을 위해서는 책도 많이 보고 공부도 많이 하지만 공허를 기피하려는 속성 때문에 남에게 선뜻 내어주려고 하지 않기 때문에 생기는 현상이다. 이런 속성 때문에 이들은 지식뿐 아니라 시간이나 물질을 남에게 쉽사리 내주지 않는다. 이런 성향이 강해지면 인색이 탐욕으로 나타나게 된다. 내놓기 싫어하는 마음이 뭔가를 가득 채워야 직성이 풀리는 마음과 결합되어 정도 이상으로 탐욕을 부리게 되는 것이다. 그래서 인색과 탐욕은 두 수레바퀴처럼 나란히 달려가게 된다. 이쯤 되면 생각은 많아도 몸을 움직이거나 행동하는 것이 더욱 버거워진다.

에니어그램으로 누구나 알게 되는 진실이 있다. 만 3세로부터 6세

사이에 어떤 환경에서 자라고 어떤 인간관계 속에서 살았는가? 또 부모와의 사이에서 어떻게 애정을 경험하고 표출했는가? 하는 것이 성격유형의 결정에 막대한 영향을 끼친다는 것이다. 이런 관점에서 볼 때 5번이 '생각하는 사람'으로서의 특징을 강하게 드러내는 데에도 그럴 만한 이유가 있게 마련이다. 대개 어린이들은 부모의 사랑을 자연스레 받아들이고 또 부모에게 의존한다. 하지만 5번의 속성이 강화되면서 이들은 양친 부모에게 엇갈리는 감정을 품고 자란다. 부모 두 분 가운데 어느 한쪽에 대해서가 아니라 양쪽 모두에게 좋기도 하고 싫기도 하는 엇갈림을 경험하면서 자라는 것이다. 5번은 양친 부모를 살피고 가정의 분위기나 환경을 파악하는 것이 언제나 중요하게 생각된다. 관찰의 필요성이 자연히 커질 수밖에 없다. 이렇게 환경을 이해하고 상황을 파악하는 것이 중요하게 여겨지는 것은 환경에 압도당하는 것을 두려워하는 기본적인 공포 때문이다. 특히 낯선 환경에 처하면 5번의 어린이는 선뜻 발을 들여놓기를 꺼린다. 이런 속성은 대인 관계에서도 신중함으로 곧잘 나타난다. 때로는 정도를 넘어서서 상대방의 말을 들으면서도 그 내용을 분석하는 경향이 역력하게 나타난다. 남을 어렵게 만들거나 해칠 생각이 전혀 없는데도 바로 그 분석적인 태도 때문에 사람들을 답답하게 만드는 경우가 흔하다.

5번은 아는 것이 많으면서 행동은 하지 않는다는 비난을 듣는다. 아는 것이 많고 생각이 많기 때문에 감지력이나 지각이 예민하고 분석적이기도 하지만 자칫하면 남의 말에 대해 냉소적이기 쉽다. 괴팍스럽다는 인상을 남기기 쉽고, 지나치면 외곬로 빠져들게 된다. 그러나 누구에게나 그렇듯이 5번도 격정을 정확히 파악하고 그것을 다루는 법을 익히면 자신의 격정 속에 있는 최상의 에너지를 끌어낼 수 있다.

5번은 '인색'이라는 격정 때문에 남에게 주는 것이 쉽지 않은 반면 낭비를 모른다. 속으로 간직하려는 속성 때문에 나서는 일이나 단체에 소속되는 것을 싫어한다. 그러나 참된 지식을 소중히 여기면서 섭리를 따라 살겠다는 결단을 하고 나면 어떤 것에도 집착하지 않고 초연해진다. 5번이 초연한 마음으로 살면서 건강해지면 자신이 지닌 풍부한 지식과 깊은 생각으로 타인들에게 봉사하고 이바지하게 된다. 주변의 사람들이나 세상을 깊이 이해하고 특유의 지혜와 통찰력으로 다른 이들을 도울 수 있다. 탁월한 지각과 통찰력으로 행동하는 리더십을 발휘할 때 5번은 진정한 지도자가 될 수 있다.

5번은 생각과 관찰과 지식이 남달리 강한 만큼 건강과 성숙을 지향하는 노력을 끊임없이 기울이지 않으면 특유의 속성 때문에 실천은 하지 않고 지식에만 빠질 가능성이 크다. 그렇게 되면 자신도 모르는 사이에 불건강과 퇴화의 방향으로 떠밀려 내려가기가 쉽다. 실천하지 않는 사색가는 스스로 고립되고 자신이 처한 환경 속에서 능력을 발휘하지도 못하게 된다. 이렇게 퇴화의 물살을 타게 되면 산만해지거나 경박해지기 쉽고, 곧잘 히스테리를 부리게 된다. 그래서 5번은 어떤 행동을 하려고 나서기 전에라도 평소에 몸을 움직이는 노력을 하는 것이 필요하다. '에니어그램은 영원한 운동성'(Enneagram is perpetual motion)이라는 말을 화두로 삼고 살아가는 것이 어떠한 유형보다 절실히 필요하다. 몸을 움직이는 것은 곧 지식의 표현으로서의 행동으로 이어지기 때문이다. 따라서 '행동하는 지성'은 건강한 5번의 행동 양식과 생활 방식을 두고 할 수 있는 말이다. 건강한 5번은 '모든 것을 이해하면 모든 것을 용서하게 된다'는 격언을 몸으로 실천하며 살게 된다. 지식 때문에 동떨어져서 고립되는 것이 아니라 뜨거운 동정심과 관용을 베푸는 지혜로운 사람으로 거듭나게 되는 것이다.

지식에서 벗어나 자유롭고 초연한 삶

○ 격정: 인색

심리적으로 텅빈 것이 두려워 머리든 주머니든 무조건 채워 넣으려 한다. 그러다보면 자신의 풍부한 지식이나 소유물 등을 남들과 나누기 어려워져 인색하게 된다.

돌아보면, 채워 넣은 지식은 많았으나 막상 누가 부탁을 하면 "전 부족해요", "아직 준비가 되지 않았어요"라는 말로 고사한 적이 많았다. 이것은 보통 겸손이라고 생각하면서 미덕을 갖추었다고 생각하였지 '인색'이라고는 상상도 못해 본 일이다.

○ 기피: 공허

늘 지식을 쌓고 싶어하고 정보에 대한 욕망이 있다. 원하는 것을 더 쌓아두려는 속성 때문에 텅 빈 것을 기피한다.

어려서부터 지금까지도 늘 무엇인가 모으는 게 좋았다. 우표부터 시작해서 인형, 여러 가지 사이즈의 만화책, 헤어핀, 반지, 펜, 예쁜 노트, 냉장고 자석, 포스트잇 등등. 매일 옷을 다르게 입고 나타나는 날 보며 언젠가 어느 선생님이 '옷도 수집하느냐'고 물은 적이 있다.

애니어그램을 하면서 곰곰 생각해보니, 아직도 수집의 흔적이 너무도 많고 생생하다. 방마다 장마다 꽉 찬 옷들, 화장대에 있는 악세사리 통, 서랍마다 자리잡은 펜, 포스트잇, 냉장고에 잔뜩 붙어 있는 마그넷, 책장 한쪽을 차지하고 있는 노트들… 이것이 모두 나의 공허를 채우기 위한 것이었다니… 이젠 기피를 알았으니 채우기 전에 한 번 더 생각하고 구매하겠다.

○ 함정: 지식

주변이나 환경에 압도당하지 않으려고 상황을 늘 파악한다. 그래서 결론을 내리고도 남을 만큼의 충분한 지식과 정보가 있는데도 또 질문하고, 생각하고, 관찰하면서 더 많이 채우려는 함정에 빠진다.

그래서였을까… 결혼 후 15년이 지나도록 여전히 어린 시절에 꿈꿔왔던 영어 박사의 길을 걷기 위해 공부를 다시 시작하고, 학위를 받기까지 보통 사람으로서는 상상도 못할 어려운 상황에서 다 해냈다.

하지만 학위를 받으면 하나님 일을 하겠다는 기도를 잊고 또 다시 포닥을 위해 해외 대학을 알아보던 일은 나만이 아는 내 논문의 부족함을 채우기 위함이었지만 이 또한 나의 함정이었다는게 허탈하다.

○ 회개: 하나님의 섭리

완벽한 지식을 갖추어야 한다는 강박감에 빠져 하나님의 섭리를 따르지 못했음을 회개해야 한다. 섭리 안에서 살게 되면 다른 사람을 이해하고 사랑할 수 있게 된다.

완벽한 지식을 갖추어야만 인간으로서 사람다운 삶을 살 수 있다는 생각에 하나님의 섭리는 생각도 하지 못했다. 완벽한 지식은 교직 생활에서 학생들과 동료 간의 신의를 얻기 위한 수단이자 도구였으며 인간관계에서는 압도당하지 않는 무기가 되었지만, 반면에 내 세계로 더 빠져들어 타인과 고립되게 하는 것임을 미처 깨닫지 못했다.

완벽한 지식 없이도 다른 사람을 사랑할 수 있고, 내가 추구하던 지식 말고도 주님께서 주시는 지식이 있을 것이라는 걸 미처 몰랐던 것이다.

○ 덕목: 초연

자신의 풍부한 지식을 더 이상 분석하지 않고, 도움이 필요한 사람에게 자신의 것을 나누어 주면서 남들과 잘 어울려 살게 된다. 섭리에 따르는 생활에 확신이 생기면서 지식에 의존하던 것에서 벗어나 자유롭고 유연해지며 초연한 삶을 살게 된다.

내가 가진 지식을 나누며 지식에 의존이 아니라 거기로부터 자유로워지는 것이 초연한 삶이라 한다면 그 덕목을 위해 우선 내 도움이 필요한 사람부터 물리치지 않는 훈련을 해야겠다. '내가 뭘…'이라든가, '난 한참 부족해요'라는 말은 주님의 섭리에 어긋하는 멘트일 것 같다.

8A-사회자: 5번은 어떻게 할까에 애를 많이 쓰는데, 그러면 정보와 지식을 얻으려고 또 얼마나 애를 쓰는지요?

5B: 논문을 써야 되는 교수 입장에서 5번이 얼마나 힘든가 하면, 파고 또 파고 또 파면서 결론을 못 내는 거예요. 맨 날 쌓아놓고 만족이 없고… 지식에 매여서 해야 될 건 하지 않고 생각만 하고 있고… 이젠 발로 움직여야지 생각하니까 요만큼만 하면 그냥 해버리고, 요만큼만 하면 해버리려고 노력하는 거죠.

4A: 5번은 공허를 두려워하잖아요? 어떤 거죠?

5A: 공허라고 하면, 뭔가 익숙하게 만들어 놨던 게 무너지는 거겠죠. 예측할 수 없다는 게 싫어요.

8A-사회자: 5번은 익숙한 게 없어질까봐 겁나는 거야. 그렇죠? 익숙하다는 건 정보와 지식으로 꽉 차 있다는 거구. 그래서 자꾸 채우려고만 하는 거죠?

5A: 익숙한 걸 만들려고 노력하고 그게 무너지는 걸 기피하는데… 한 번은 평소에 갖고 있다고 생각하고 있었던 게 갑자기 떠올라 옛날에 그게 있었는데 어디 한번 볼까? 하고 찾았어요. 대충 책상 한편 이쯤에 있을 거라 생각하고 그동안 편하게 있었는데 아무리 찾아도 그게 없었어요. 두 시간이 넘게 그걸 찾으면서 굉장히 스트레스를 받았는데 그날 일정이 망가질 정도였어요.

2A: 잘 모를 때, 정보를 전혀 갖고 있지 않을 때가 있잖아요?

5B: 위축이 돼요. 낯선 곳에 갔을 때 분위기, 환경이 파악돼서 내가 어디쯤 서 있어야 되는지 알고 나야 들어가요. 파악하느라 조용히 있다가 조금씩, 조금씩, 한사람 한사람 들어가요. 시간이 좀 필요한데… 그런데 사람들 이렇게 안 해요? 보통 이렇게 하지 않나요?

2A: 그렇게 힘들게 안 하고 바로 가서 파악하죠. 모르잖아요.

8A-사회자: 그래서 여행을 싫어하나요?

5A: 낯선 환경 속에서 스트레스를 받는데… 내가 의도적으로, 자발적으로 여행을 갔더라도 여행지에 가서는 직접 체험하면서 여행을 즐기기가 어려워요. 여행을 가면 다양한 체험을 하고 싶은 마음이 있는데도 막상 여행지에 가서는 방탄 버스 타고 사파리투어하듯이 해요.

8A-사회자: 미국으로 여행을 가서 배를 탔는데 5번 아이가 와서 숨을 헉헉 몰아쉬면서 내가 없어지면 찾으세요 하는 거야. 자기도 모르게 뛰쳐나갈까봐 그랬다는데… 5번은 어디에 처음 가면 그 낯선 환경에 눌린다는 걸 그때 알게 됐어요.

2A: 낯선 곳에 가면 호기심이 더 생기잖아요? 그게 재밌는 거 아닌가요?

5A: 앞으로 일어날 수 있는 일에 대해 잘 모르잖아요? 미리 뭔가를 만들어 놓는 거죠. 경우의 수를 따지고 체계를 만들어 뭐든 익숙한 걸로 만들어 놔요.

4A: 생각 속에서 상황에 대한 메뉴얼을 미리 만들어 놓는다는 거네요.

5A: 그런데 그렇게 준비한 게 무너지고 쓸데없어지면 그 순간 내가 할 수 있는 게 아무것도 없다는 생각이 들어요. 예를 들어 여행을 가는데 카드가 없어질까봐 체크카드를 3개 만들었어요. 그런데 여행지에서 체크카드 3개를 다 잃어버렸다? 그러면 패닉이죠.

1A: 체크카드 3개를 다 잃어버리는 상황도 이해가 안 되지만 그럴 땐 패닉이 아니라 해결을 해야 하는 거 아닌가요?

5A: 곤란해지는 상황에 처할까봐 항상 짜임새 있게 맞추려는 충동이 있어요.

4A: 그걸 위해 정보와 지식이 필요하다는 거죠?

5A: 그래서 혼자 뭘 하려고 하는데 그때 누가 와서 밥 먹자, 하면 짜증나고….

8A-사회자: 5번더러 같이 어디 가자 그러면 뭐 해야 한다면서 잘 안 가요.

5A: 남을 뛰어넘으려 하기보다는 내가 쓸모없어질까봐 겁이 나요. 그래도 쓸모가 있을 거야 하면서 생각으로 맞춰놓으려 하고 익숙한 걸 만들어 놓으려고 혼자 있는 시간을 만들어 뭔가를 하면서 그걸 위해 노력하죠.

6번 유형: 안전을 지향하는 충실한 사람

주변에 울타리를 쳐놓아야 안심하는 안전주의자

다른 사람을 편안하게 해주는 믿을 수 있는 친구

이상과 체제와 신념의 수호자

사람은 저마다 만 6세를 전후하여 확정된 성격유형에 따라 독특한 속성이 있고 이것은 흔히 습성이나 버릇으로 나타난다. 에니어그램에서 말하는 기계성mechanicalness이란 것도 어느 만큼은 이런 버릇이나 습성을 두고 하는 말이다. 어떤 이는 스트레스를 받으면 골방에 처박히는 버릇이 있는가 하면, 어떤 이는 돌아다니는 버릇이 있다 이와같이 저마다 다른 버릇이 있는데 6번의 버릇은 남에게 기대는 것이다. 누군가 의지할 만한 사람을 찾아서 의존하는 성향이 있다. 사람은 누구나 의존하는 마음이 있지만 6번은 특히 그런 성향이 강하다. 적당히 의존하는 것은 필요하지만 지나치면 문제가 될 수 있다. 의존에서 벗어나 의존하지 않는 것이 독립이다. 그러나 독립심이 너무 강하면 개인주의적이거나 독선적으로 흐를 수 있다. 독립적이면 서로 의존하는 상호의존적인 관계를 형성하는 것이 바람직할 것이다. 모두에게 적용될 것이지만 특히 6번에게는 의존과 독립의 역학관계가 매우 중요하다.

6번은 일찍이 아버지를 좋아하고 아버지와 적극적인 애정 표현을 한다. 어려서 아버지를 긍정적으로 보게 되면, 아이에게는 아버지가 영웅이다. 그래서 아버지를 의존하게 된다. 아버지에게 의존하면 안전하다. 아버지를 벗어나지 않으려 노력한다. 그러나 엄격한 아버지 밑에서 자란 아이도 6번이 될 수 있다. 그래서 아버지의 기준에 맞추려고 언제나 충실하다.

6번의 어린이는 모범생의 기질로 나타난다. 질서, 교칙, 제도 같은 것을 잘 지킨다. 이런 것으로부터 벗어나는 일탈은 될 수 있는 한 기피한다. 그러나 모든 사람이 한결같이 모범생이 아닌 만큼 6번이 규칙을 어기는 사람을 보게 되면 속으로 '왜 나만 충실하게 규칙을 지켜야 하나?' 하는 의구심을 품게 된다. 이런 마음이 강해지면 불안해지고 한 발 더 나아가면 홱 뒤집어 버리고 싶은 마음에 때로는 예기치 않은 돌출행동도 한다. 누군가에게 기댄다는 것은 기분 좋은 일이다. 그러나 내가 기대고 있을 때 상대방이 비켜나면 넘어질 위험이 있다. 그래서 남에게 의존하는 사람은 버릇이 들어서 타성적으로 기댈지라도 언제나 그가 비켜서면 넘어질 것을 생각하기에 자기도 모르는 사이에 불안해진다. 6번에게서 발견되는 불안은 바로 이런 것이다. 불안이 심해지면 걱정이 되고 이것이 강해지면 공포로 발전한다. 6번은 걱정이 많다. 타당한 걱정만 하는 것이 아니라 때로는 쓸데없는 걱정도 한다. 어렸을 때는 아버지 곁에 있으면 걱정이 사라지고 편안함을 느끼면서 안전했었다. 이 성향은 어른이 되어서도 계속되고 아버지 곁을 떠나 살게 되면서 불안이 커진다. 심지어 밤에 잠자리에 들려고 불을 끄려다가도 천장에서 형광등이 뚝 떨어지면 어쩌나, 하는 걱정을 하는 것이 6번이다.

6번은 이런 특징을 빼고는 대체로 대하기가 편안한 사람들이다. 모범생이고 충실하니까 주변의 사람들이나 친구들이 좋아한다. 그래서 친구들이 속마음이나 고민을 털어놓고 이야기를 잘하기에 6번은 친구들의 사정을 잘 안다. 얼굴 생김새도 대체로 편하고 태도나 관계도 무난하다. 그러면서도 속으로는 뭔가 잘못되지나 않나? 불안해하며 걱정을 한다. 자신의 말이나 행동 때문에 혹시라도 상대방이 상처를 입으면 어떡하나, 하고 걱정한다. 조심성이 지나치면 자신 있게 행동하지 못하고 움츠러들기도 한다. 불안이 가중되면 딜레마에 빠져들게 되어 자기 쪽으로 친구를 끌어들이는데, 결과적으로 더욱 콤플렉스를 느끼게 된다. 어려서부터 안전제일주의에 빠질 정도로 질서와 규칙을 수호하면서 살아온 만큼 매사를 정식대로 처리해야 마음이 편하다. 그래서 때로는 융통성이 없다는 평을 듣기도 한다. 이럴 때면 스스로 결정을 내리거나 책임을 지는 일이 버거워지고 자연스럽게 아버지 같은 역할을 하는 권위적인 사람에게 의존하게 된다. 그래서 그런 인물에게 순종하고 순응하게 된다.

6번이 자신감을 지니고 살게 되면 남을 의존하는 대신 자신을 의존하고 자신을 신뢰할 만하다고 생각하여 마음이 안정된다. 자신의 정체성과 더불어 독립심을 확인하며 스스로의 능력에 대한 확신을 갖게 된다. 6번의 걱정이 공포로 나타나는 것과는 대조적으로 용기 있는 사람이 된다. 역사적으로도 불의한 군주나 부도덕한 지도자에 반항하여 혁명을 일으킬 만큼 용기를 드러낸 이들이 바로 충성가형인 6번이다. 의사 또는 열사가 6번에서 종종 나온다는 것에 주목할 필요가 있다. 평소에는 대하기 편하고 성실하고 주위 사람들에게 호감을 사던 충실한 사람이 의분을 참지 못해 나설 때는 예상과 달리 보기 드문 용기를 발휘한다. 오늘날 세계 여러 곳에서 신념과 확신 때문에 자신의 몸을 던져 싸우며 자기희생을 감행하는 사람들 중에는 6번이 적지 않다. 확신을 갖게 되면 무서울 것이 없는 사람들이 바로 6번들이다. 어렸을 때 아버지를 의지하면 아무것도 두렵지 않았던 것과 마찬가지로 신뢰와 확신의 바탕에서 하나님을 의지하게 됨으로써 하늘을 찌를 듯한 용기를 발휘하게 되는 것이다. 6번이 참된 용기를 갖게 되면 자신의 미래에 대해 확신을 갖고 살 뿐 아니라 누구에게도 편견을 갖지 않고 모두를 이해하며 그들의 이익과 공동선을 위하여 비전을 제시하고 용감하게 실천한다. 이렇게 되면 자신에게 있는 진정한 권위를 발견하고 지도력을 발휘하게 된다.

평소에는 모범적이며 충실한 6번은 자신도 모르게 마음속으로는 걱정을 안고 산다. 남 보기에는 능력이 있는 사람으로 보여도 자기 스스로는 콤플렉스를 지니고 있게 마련이다. 이런 상태에서 스트레스를 받으면 6번은 3번의 격정인 속임수를 쓰는 데로 퇴화하기도 한다. 정체성의 위기와 함께 자기기만의 늪에 빠지는 것이다. 그러면 스스로 자립할 생각을 하지 않게 된다. 그러나 건강한 자신감을 지니고 충실함에 용기까지 갖추게 되면 6번은 9번의 덕목인 근면과 행동력을 발전시킨다. 이렇게 통합의 방향으로 나아가게 되면 스스로 확신과 자신감을 갖고 자립할 뿐 아니라 관용과 화해하려는 마음을 바탕으로 평화를 만드는 일에 앞장서게 된다. 모든 성격유형에 공통적으로 적용되는 진실이지만 6번에게 재삼 확인되는 것이 있다. 두려움의 격정이 나타날 때는 남 보기에도 안타까운 단점이지만 이것이 변화되면 누구보다 용기 있는 사람으로 거듭나게 된다는 것이다

● 나의 에니어그램 프로필 #6
하나님을 의지하는 용기 있는 자

○ 격정: 공포

나는 '상황', '조건', '사람', '자신'을 맞닥뜨릴 때 공포(두려움)에 휩싸인다. 공포가 '나'를 지배한다. 그래서 나는 공포로부터 탈출하기 위해 안간힘을 쓴다. 주변의 의존자를 찾기 시작하는데, 그 대상이 어렸을 때는 부모님 중 어머니, 성인이 돼서는 학교 선배와 여러 목사님과 아내 등 내가 의지할 수 있는 모든 권력자를 의지하였다. 그때마다 두려움은 사라진 것 같았지만 정작 두려움은 무의식 속에 숨겨져 있었다. 의존자를 의존함에도 불구하고 내안에는 공포(불안)가 존재했었다. 그래서 일어나지도 않을 일도 걱정했었다. 공포가 내 안에 내재해 있을 때의 나의 태도는 이것도 아니고 저것도 아니다. 왜냐하면 그 어떤 것을 결정해 낼 수가 없어서 늘 엉거주춤하면서 다른 사람의 뒤를 슬슬 따라가기만 한다. 사람에게도 의심을 잘한다. 믿었다가 배신당하면 어쩌나 걱정 되고, 어떤 상황이 생겨도 그대로 믿어지지 않고 여러 가지 생각이 일어나 내 머리 속은 복잡해진다.

○ 기피: 일탈

6번들은 주어진 틀이나 제도 규격을 좋아한다. 나에게도 나름의 '틀'과 '제도'가 있다. 이유는 '나의 행동이 어긋나지 않을까? 내가 실수하지 않을까'하는 염려 때문이다. 그래서 틀과 제도 안에 나를 가두려 한다. 공포(두려움)로부터 벗어나 안전하기 위해 일탈은 해서도 안 되며, 있어서도 안 된다. 예를들어 대학시절 기숙사 생활은 규범과 규칙이 있는 공동체 생활이기에 일탈할 수 없는 제도였다. 나는 어떤 일이 주어지면 틀리지 않고 잘 할려고 매뉴얼을 만든다, 1, 2, 3,4 쫙~ 적어 놓고 하나하나 체크해 가면서 정리해 간다. 남이 일탈을 해도 못 견딘다.

캠프 때 온다고 했던 학생들이 갑자기 오지 못하면 그 뒷 처리를 할때 마음이 참 불편하며 매끈하게 진행을 하지 못한다. 아이들이 아파도 웬만하면 학교에 보내기도 한다. 일탈을 하지 않으려다 보면 내 의식의 감옥에 갇혀 생각을 크게 하지 못하여 다른 사람과의 관계가 원활하지 못함을 느끼기도 한다. 어느날 공동체 식구의 생일잔치를 하기 위해 식당에서 모이기로 했는데 나는 깜빡하여 교실로 왔다. 아무도 없어서 전화를 했더니 그때라도 식당으로 오라고 했다. 그러나 나는 그냥 집으로 가겠다고 하며 돌아왔다. 이럴 때 내 행동이 틀렸어도 그냥 치고 나가면 되는데 그런 것을 잘하지 못하는 것이다.

○ 함정: 안전

나는 가족 안전이 제일이었다. 가족은 내 삶에서 절대적인 존재며 가족의 평화는 내 평화이다. 그러나 안전은 또 다른 안전을 찾는 함정을 낳았다. 두려움이 삶을 지배하면 안전제일주의자가 된다. 안전제일주의자는 의심이란 싹을 낳는다. 주변 사람, 일, 가족까지 의심하며 심지어 나까지 의심한다. 의심이 계속되는 한 내가 바라는 평화는 계속될 수 없으며 불안은 지속된다. 나는 밖에서 중요한 모임에 참석하다가도 집에서 전화가 오면 당장 집으로 가곤 하였다. 집에 가서 내 눈으로 안전을 확인을 하지 않으면 불안해서 앉아 있을 수가 없었다.

안전이라는 함정에 빠지게 되면 안전하지 않게 되면 어쩌나? 하는 걱정을 하면서 별 상상을 다 하게 되면서 내 머릿속에는 여러 개의 위원회가 생긴 것처럼 토론이 시작된다. '이렇게 되면 이럴거고, 저렇게 되면 어떻하나?' 생기기도 않은 일을 가지고 내 에너지를 다 빼내고 있다. 그래서 나는 검증 되지 않은 일은 맡기가 싫다. 그동안 쭉 해 오던 일은 양이 많아도 다 해내는데 갑자기 새로운 일, 내가 알지 못하는 일을 주면 머리가 하얘진다. 그리고 어떤 때는 다른 사람에게 일을 맡기면 일을 거르칠까봐, 내가 그 일을 해야 안전할 것 같아서 내가 많은 일을 맡다 보면 오히려 일을 빠트리는 실수를 할 때도 있다. 여행을 하게 되면 안전을 위해 여러 가지 준비하는 것이 많아 가방이 무거워진다. 집을 떠날 때도 가스불 점검, 전깃불 끄기, 창문 잠그기 등 모든 안전장치를 다 내가 맡는다.

○ 회개: 하나님을 의지

나는 두려울 때마다 사람을 의지했다. 그 의지는 의심을 낳았으며 의심은 나를 더 불안케 했다. 이것의 해결책은 의지의 방향을 바꾸는 것이다. 사람에서 하나님으로의 지향이다. 하나님을 의지하는 것은 한번만 이루어지는 것은 아니다. 매 순간순간마다 겸손과 평정심을 갖고 의지를 구해야 한다. 그래서 삶은 수행의 연속이다. 내 안에서 하나님께서 돕고 계심을 믿고 깨달을 때 의심은 사라지고 성숙한 자가 된다. 어릴 때는 부모님, 선생님, 직장에서는 사장님, 결혼해서는 아내를 의지하고 산다. 내 마음대로 하는 것보다는 아내 말을 따르는것이 더 편하다. 그러나 어떤 때는 내가 꼭 결정해야할 때가 있는데 6번은 하나님을 의지해야 하는데 그렇지 못할 때 갈등이 일어난다. 에니어그램을 배우면서 내 의식 속으로 점점 하나님이 자리를 차지하고 있다. 아내에게 의지하기 전에 먼저 하나님께 기도한다. 그러다보니 나 자신 혼자 결정하는 용기가 생겨나고 아내와의 관계도 더욱 신뢰가 생기는 것 같다. 아이들도 하나님께 맡기는 기도를 하면서 살게 되었다.

○ 덕목: 용기

나는 늘 용기가 부족했다. 원인은 사람을 의지했기 때문이다. 그러나 지금 하나님을 의지하기에 나는 용기 있는 자로 변했다. 나에게 용기는 타인을 있는 그대로 받아들이고 나를 자신 있게 말하는 것이다. 내면으로부터의 하나님께서 나를 돕고 계심을 깨닫는 순간이다. 그때 삶의 모든 문제를 헤쳐나갈 수 있다.

사람들이 나를 보고 변했다고 한다. 전에는 나는 공동체 속에서 아무것도 하지 않았기 때문에 사람들이 나에게 조심을 많이 하는 것 같았다. 그러나 요즈음은 내가 스스로 이것저것 맡겠다고 나서고 있다. 전에는 책을 읽을 때도 목소리가 작았고 잘 틀렸는데 요즈음은 발음도 똑똑하고 목소리도 커졌다. 사회를 하거나 강의를 할 때에도 불안하지 않고 오히려 뿌듯하고 재미가 나서 자꾸 하고 싶어진다. 내 마음도 참 명랑해진 것 같다. 살기가 편해진 것 같다. 차례가 바뀌면 다 가질 수 있는 것을⋯ 하나님을 먼저 의지하면 되는 것을⋯.

8A-사회자: 6번은 아버지에 대해 긍정적이라고 하잖아요? 마리아 비싱의 저서에
　　　　　보니까 6번은 엄격한 아버지 밑에서 자랐을 수가 많다고도 하거든요.

6A: 어린 시절을 떠올려 보면 아버지만 생각나요. 이상하게 엄마에 대한 기억은
　　거의 없어요. 다른 아버지와 달리 혼내질 않으니까 우리 집 마당에 아이들이
　　끊이질 않았는데… 시골에서 마을 놀이터였었죠. 연이나 썰매 같은 걸 직접
　　만들어 주셨고… 양동이와 나무기둥으로 농구 골대도 직접 만들어 집 마당
　　에 세워주셨어요. 저는 아버지에 대한 기억이 무궁무진합니다.

6B: 꼭 긍정적이라 할 수는 없을 것 같은데… 엄격하지도 않고 그렇다고 친근하지
　　도 않은 아버지랄까? 멀리서 바라봐주는 아버지… 살가운 느낌이 아니라 방패
　　막이 같은 아버지, 기둥 같은 아버지… 비바람을 막아줄 것 같은 느낌? 그 그늘
　　밑에 있고 싶은 느낌? 보호자에 대한 갈구함이랄까…. 그리고 엄마의 빈자리가
　　있었기 때문에 아버지와 있을 수밖에 없는 경우도 있었어요.

4B: 6번은 의존적이라고 하는데… 어떤 건가요?

6B: 의존과 독립을 동시에 갖고 있어서… 독립을 꿈꾸면서 의존적이라 할 수 있
　　어요. 잔 다르크처럼 용기 있게 나서고 있지만… 눈에 보이지 않는 거라도
　　붙잡고 있어요. 그래야 진정한 용기가 나오는 거 같아요. 100% 의존이라 할
　　수도 없고 100% 독립이라 할 수도 없고… 의존과 독립이 공존하고 있어서
　　보는 사람에 따라서 다르게 보고 있어요.

6A: 20대 후반에 내가 6번 유형이라는 것을 처음 알게 됐는데… 그게 나 자신이
　　라는 걸 인정하고 싶지 않았어요. 6번을 loyalist, 충성가라고 하는 게 거슬
　　렸는데… 그 당시 내가 뭔가를 스스로 결정할 수 없는 내면의 힘이 없는 데다
　　가 누군가에 끌려다닌다는 걸 괴로워하고 있었고… 또 미래에 대한 불안이
　　컸기 때문에… 내가 6번이라는 게 싫었죠.

8A-사회자: 미래에 막연하게 무슨 일이 생길 거라는 느낌… 6번은 그런 느낌이
드나봐요?

6B: 부정적인 언어를 많이 쓰는데… 그래서 그러지 않나? 이것도 할 수 없고 저것
도 할 수 없다고 하는데… 잘못될 것 같은 느낌 때문에 그러지 않나… 해요

1A: 1번은 이것도 안 돼, 저것도 안 돼, 라고 하는데 당황스러운 게 싫어서 그렇
죠. 돌발상황, 예측할 수 없는 상황이 짜증나요.

6B: 저는 만에 하나라도 안 될 수 있을 만한 가능성을 배제하는데… 안전에 대한
욕구겠죠.

6A: 6번을 '걱정쟁이'라고 설명하면 놀리는 것처럼 들려서 싫은데… 사실 가장
나쁜 일을 상상하며 산다고 할 수 있어요. 자동차를 타고 가면서도… 가족에
대해서도… 내가 속한 조직에 있어서도… 자연재해에 대해서도… 항상 나
쁜 일이 일어날 수 있는 가능성을 살피고… 언제나 위험을 감지하는데 놀랍
도록 민감하죠.

6B: 예측할 수 없는 미래가 불안해요. 미래만 생각하다 보니까… 그래서 미래에
대한 준비를 해요. 예측할 수 없는 상황에 대한 준비를 해놓고 있어요. 이렇
게 안전에 대한 욕구가 강하다 보니까 상대방도 시험하게 돼요. 내가 너를
믿을 수 있을까, 없을까 시험을 하는데… 예를 들어, 부당한 일로 내가 투덜
거릴 때 '속상했겠다' 하면 친구가 되고, '네가 잘못된 거야' 하면 적이 되는
거죠. 내 입장과 상황을 설명하려고 말이 길어질 때 '어, 그랬어' 하면 인정이
되고, 내 얘기를 들어주지 않으면 적이 되는데… 일단 적이라고 판단이 되면
의심을 반복하는데… 집요하다고도 할 수 있어요. 그러다가 신뢰할 수 없는
부류가 되면 대항을 하게 돼요. 하지만 내가 이미 그 사람의 권위를 인정하고
있으면… 그렇게 생각은 안 하죠.

4B: 적과 동지로 나누어져요?

6B: 나와 별 상관이 없으면… 나의 안전에 별 위협이 안 되면 그 사람한테 좋은
얘기만 해줄 수 있어요. 하지만 이득 관계일 경우에는… 내 안전에 위협이

되면 비판적이고 공격적이 되죠.

8A-사회자: 잘못될 것 같은 느낌은 어떤 거죠?

6B: 불안이 와서… 불길한 마음이 드는 거죠. 공포로 위축되거나 공포에 대항하
는데… 공포 때문에 이러지도 저러지도 못하고… 숨을까 나갈까 하면서 극
과 극을 생각하다 보니까 중립이 없는 그냥 자기 멈춤 상태? 성취를 못하고
멍 때리는 상황이죠.

8A-사회자: 그럴 때 6번이 결정을 못하는 거구나!

6B: 그러다가 확신으로 바뀌는 순간… 자기 의심이 자기 확신이 되는 순간… 어
느 누구보다 용기 있는 잔 다르크가 되죠. 해야 한다고 생각하면 꼭 하는데…
그러니까 어학 공부를 하자 마음을 먹고 강남에 있는 학원에 다녔어요. 새벽
5시 반부터 3교시까지 수업을 8개월 동안 하루도 안 빼먹고 들었는데… 이
수업을 듣기 위해 새벽 4시에 일어나 가족들을 위해 아침 식사를 꼭 준비해
놓고… 시아주버니 일로 시댁에 가야 할 일이 있었는데도 빠지지 않았어요.
여름에 계속 비가 와서 강남에 도로가 침수됐을 때 물이 무릎 위로 차올라
있는데도 신발을 벗어들고 바지를 적셔가며 학원에 갔는데… 저 혼자만 와
있더라고요. 도로가 침수됐다고 안 가는 건 핑계를 대는 거고 세상에 굴복하
는 거라는 생각을 했었어요. 일탈을 거부한다는 느낌이 들었죠.

8A-사회자: 그래~ 그래서 6번은 충실하다는 거야.

３１장

7번 유형: 다방면에 관심이 많은 팔방미인

동시에 여러 가지 일을 해야 직성이 풀리는 멀티태스커multitasker

재치 있고 재미있고 안목도 있는 에너자이저Energizer

행복을 찾아 세상을 헤매고 다니는 영혼의 방랑자

　꿈이 많다는 것에는 여러 가지 의미가 있다. 무한한 가능성을 찾아 나설 수도 있고, 힘차고 신난 인생을 구가할 수도 있다. 유토피아를 찾아 모험을 떠날 수도 있고, 꿈을 이루고자 이런저런 노력을 할 수도 있다. 하지만 꿈이 많다는 것은 비현실적일 수도 있고, 도피적일 수도 있다. 고통스러운 일이라면 필요한 고난까지도 피하려 하는 사람이 될 수도 있다. 이상주의의 함정에 빠지기 쉬운 7번이 지닌 속성이 바로 이렇다고 할 수 있다. 어려서부터 활기차고 놀기 좋아하고 상상력이 풍부한 7번의 어린이는 이야기를 해도 얼마나 재미있게 잘하는지 모른다. 수다쟁이라는 별명도 듣고, 옛날에는 만담가 또는 변사라는 말도 들었다. "저 아이는 공부만 잘하면 이다음에 변호사가 될 것"이라는 어른들의 말씀은 7번 어린이를 두고 말한 경우가 많다. 하지만 워낙 놀기를 좋아하고 고통을 기피하는 속성이 있어서 일찌감치 공부하는 버릇을 들이지 못하면 공부가 멀어지기 쉬운 것이 또한 7번 어린이들이다. 이런 어린이들은 머리는 좋은데도 노는 것이 공부하는 것보다 더 좋아서 나중에 스포츠나 연예계로 나갈 가능성이 크다. 7번의 속성을 나타내는 별명은 다른 유형에 비해 유난히 많다. 만능선수, 전천후 전투기, 꿈쟁이, 식도락가, 미식가 등등. 가능성의 폭이 넓다, 속된 표현으로 '오라는 데는 없어도 갈 데는 많다'든지, '아는 것이 많고, 먹고 싶은 것도 많다'는 말을 들을 만하다.

7번이 그렇게 형성된 데는 그럴 만한 이유가 있다. 대개는 어머니의 성격이 강하거나 똑똑해서 자녀를 다그치거나 자기 방식대로 몰고 가는 환경에서 자라면 그렇게 되기 쉽다. 특히 7번의 어린이는 어려서 빼앗긴 경험이 있다. 엄마가 사준 것이 마음에 안 들어서 안 입거나 사용을 안 하니까 엄마가 빼앗아서 동생이나 다른 아이에게 준 일이 있어서 박탈감을 경험하고 이것이 결정적으로 영향을 끼친 경우가 적지 않다. 그로 인해 내내 채워지지 않는 마음을 지니고 살게 되는 것이다.

이와 같이 심리적으로 박탈감을 갖고 살게 되면 무엇을 해도 만족하기 어렵고 늘 불만족이 따라붙는다. 그래서 뭔가 한 가지에 손을 대면 만족을 얻기까지 푹~ 빠지는 것이다. 그로 인해 그 분야의 전문가 뺨칠 만큼 잘할 정도가 되고, 그런 다음에는 다른 분야로 옮겨간다. 취미나 오락이 아니더라도 관련되는 새로운 도구나 물건이 나오면 얼른 새것으로 바꾼다(얼리어댑터early adapter). 만족을 구하는 마음이 그만큼 커서 무엇이든 더할 수 없이 좋은 것으로 해야 조금이라도 더 만족을 채울 수 있고 이런 속성은 급기야 물욕이 강한 성격으로 다져지게 된다. 그러다가 관계하는 사람조차 바꾸는 것으로 확대되기도 한다.

7번은 고통과 고난을 될 수만 있으면 피하려고 하고, 그런 만큼 인생을 신나고 재미있게 살려고 탐닉하므로 놀이가 대단히 중요하다. 인생은 축제여야 하고 잔치여야 한다는 생각을 갖고 살아간다. 7번은 한 마디로 쾌락주의자(에피큐리언epicurean)이다. 식도락이 일찍부터 발달하여 건강할 때는 감각적으로 예민하여 감상할 줄도 알고 감사할 줄도 아는 미식가gourmet가 되지만 스트레스를 받으면 대식가gourmand가 된다. 마음이 불편하거나 기분이 안 좋으면 아예 먹는 것을 거부하는 사람들에 비하면 7번은 속상해도 먹을 뿐 아니라 오히려 평소보다 더 먹는다. 이런 점에서 보면 7번은 끊임없이 뭔가를 추구하고 채우려는 힘이 강하다. 끊임없이 에너지가 분출하는 사람들이다. 그래서 아주 건강해서 삶의 조건을 아주 긍정적으로 받아들이고 황홀하게 감사할 줄 아는 때나 이와 반대로 매사에 불만이 가득하여 히스테리칼해질 때조차도 이들에게는 에너지가 넘쳐나는 것처럼 보인다.

이런 점을 깊이 있게 관찰하면 7번은 자신들이나 주변의 다른 사람들이 얻을 중요한 교훈이 있다. 대부분의 사람은 시도해 보지도 않고 어떤 일을 못 한다든가 어떤 음식은 못 먹는다고 단정해 버린다. 이런 사람들은 7번의 사람들이 일단 시도해 보고 거부감을 극복해가는 점을 배울 필요가 있다. 신체적인 특이 체질이기 때문에 어떤 음식물이 알레르기 반응을 일으키는 경우라면, 다시 반복하지 않도록 유념하면 될 일이다. 다만 시도를 해보지도 않고 피하는 것은 어느 누구든 바람직한 삶의 자세가 아니다.

7번이 만능선수에 팔방미인이 되는 것은 그렇게 타고나서가 아니다. 어떤 일이든 거기에 열광적으로 푹 빠지기 때문에 그 방면에 전문가가 되는 것이고, 이것저것 경험하다 보니 잘하게 된 것일 뿐이다. 어릴 때부터 여러 다양한 경험을 하면 두터운 바탕과 폭넓은 가능성으로 자신의 전공이나 직업을 선택할 수가 있게 되는 것은 어느 유형이든 마찬가지이다. 7번이 유념해야 할 것이 있다면 자신에게서 끊임없이 솟아나는 에너지를 다루는 지혜이다. 다른 어떤 유형보다도 7번은 평균 상태에서도 추진력과 성취욕이 강하고 습득하고자 하는 욕망이 강하다. 이를 조절하는 것을 소홀히 하게 되면 과도하게 몰고 가든지 물욕이 과한 모습으로 나타나기 쉽다. 그러므로 7번에게 무엇보다 중요한 것은 자기 내면의 세계에서 진정 가치 있는 것을 찾는 노력이다.

눈에 띄게 활기가 넘치는 7번이 깊이 있게 생각하고 관찰하고 사색하면서 분석하면서 살려고 애쓰게 되면, 탁월한 성찰과 풍부한 상상력이 결합되어 힘을 발휘하게 된다. 이상주의와 꿈이 이성과 사색으로 조화되고 통합을 이루면 생산성과 예술성이 분출된다. 놀이를 통하여 추구하고 얻는 기쁨이 사색과 성찰로 얻는 보람과 어우러지는 멋진 삶을 누리게 된다. 7번이 이처럼 조화와 균형을 추구하면서 노력할 수 있다면 자기 스스로 행복할 뿐만 아니라 주변의 많은 이들을 행복하게 해주는 멋있는 사람의 전형이 된다. 스포츠와 예능 방면에서, 특히 공연 예술 쪽에서 우리는 이런 전형적인 영웅들을 본다. 그러나 기쁨과 보람을 조화시키지 못하고 놀이와 성찰의 균형이 깨지면 7번은 밑 빠진 독에 물 붓는 식으로 만족을 구하지만 얻지 못하고 도락이 지나쳐 향락에 탐닉하다가 중독 증세에 빠질 위험에 노출된다.

누구에게나 격정은 위험과 기회를 동시적으로 안겨주게 마련이지만, 특히 7번은 에너지가 넘칠 만큼 강하기 때문에 격정을 다루는 법을 누구보다 공을 들여서 배우고 익혀야 할 것이다. 그렇게 되면 과도하게 탐닉하거나 에너지를 낭비하면서 히스테리칼하게 화내고 불안정하게 되는 위험을 넘어서서 늘 멋있고 행복하고 열정적인 사람이 되어 자신에게나 남에게 행복을 선사하게 되고 내적으로는 맑은 정신을 갖게 된다.

나를 텅비우고 하나님을 바라는 시간

○ 격정: 탐닉

나는 7번 유형 아이디얼리스트理想主義者이다. 팔방미인 열정가이며, 탐닉으로 인해 거듭 죄를 지으면서도 하나님 창조 역사에 동참하는 회개에는 미온적이다. 애니어그램을 통해 나 자신을 좀 더 깊이 들여다보고 진정 나의 격정인 탐닉을 회개하며 더욱 하나님께 의지하여 맑은 정신으로 사는 삶을 덕목으로 구하려 한다. 아이디얼리스트인 나의 특성은 팔방미인, 맞다. 특성에 맞게 따라오는 나의 격정은 탐닉! 그래서 지난 30년간 대학에서 가르치는 일을 하면서도 내 전공이 아닌 다른 여러 분야를 섭렵하는 언론 쪽 일과 봉사를 끝없이 했나 보다.

중학교 때 문학반에서 글쓰기를 배우며 이후 대학학보사 기자 편집장, 영자신문 편집장, 잡지자 '유급' 편집장에 교회의 월간지 기자, 편집장 그리고 새성전건축을 위한 웹진 e새성전 팀장에 이르기까지 모든 직장과 봉사는 우선 홍보 출판 관련이었다. 실제 전공은 영문학과 번역학, 결국 공책과 펜은 나의 소중한 보물이었고, (교정용) 빨간 펜은 나의 무기였다. 노벨 문학상이나 신춘문예상도 못 받았으니, 한 가지를 남달리 잘하지는 못했다고 볼 수 있다.

그러니까 나는 질기도록 한 영역을 파기보다는 다양한 영역을 섭렵해 왔다. 중학교 때부터 찬양대를 하다가 여성운동의 무대로부터 시작해서 큰 무대에 서기까지 기타치고 노래도 잘했다. 시도 꽤 쓰다 보니 2010년, 심상지에 등단도 했다. 공부 쪽으로는 계속 문이 열려 결국 박사학위도 떠밀리다시피 후딱 끝을 냈다. 그러나 한 가지만을 쭉 계속하지는 못했다. 학교도 그만두고 수년간 떠나 있다가 다시 열린 학교의 문 안으로 들어가 20여 년 동안 강의를 하였다. 새벽기도, 가정예배는 물론 이미 교회와 사회운동 단체에서 7~8가지 다양한 역할을 하는 중이었다. 아들 셋에 남편, 지금 생각하니 각자 잘들 살아주어 얼마나 감사한지 모른다. 그렇다!

나는 쉬기보다는 항상 무슨 일이든 해야 편했다. 바로 그런 성향이 탐닉일까? 그렇다면 왜?

○ 기피: 고통

참으로 내 삶에서는 드문 '쉼'의 시간이 오면 영락없이 떠오르는 슬픈 기억들. 다섯 살 때 엄마의 죽음, 중·고교와 청년 시절 새엄마의 차별대우 등등의 끔찍한 기억이 떠올라 속이 터질 지경이 된다. 고통을 유달리 기피하기에 결국 다시 '사랑하는' 일을 탐닉하고, 더 많은 새로운 일을 찾아 끊임없이 바삐 눈을 돌려야 했다. 그러다 보니 '일'로 가장한 일 중독에 빠져 살고 있었다. 고통을 기피하기 위한 탐닉의 삶이다.

모든 것을 긍정적으로 생각하고 싶다. 그러면서 무엇을 추구하고 채우려는 욕심이 있다. 다른 사람들이 해 보지 못하는 것을 시도해 보기를 잘한다. 사람들은 나를 활기찬 사람이라고 말한다. 나는 놀이를 통해서 기쁨을 얻기를 원한다. 그래서 나는 친구의 아픈 이야기를 들으면 참으로 힘들어서 끝까지 들어주지를 못한다. 차라리 데리고 나가서 관심을 다른 데로 돌리곤 한다.

나는 항상 지금보다 더 나은 생활을 찾고 싶어 하고 이상적인 생활을 꿈꾸며 산다. 그래서 좋은 프로그램을 만들어 내고 고통을 이겨낼 수 있는 일을 찾아다닌다. 생각하고 분석하고 관찰하면서 탁월한 성찰과 풍부한 상상력이 결합되어 나의 이상적인 생각이 이루어지기를 원하건만 어떤 일을 하더라도 만족을 얻지 못하여 이것저것 하다 보니 팔방미인 이라는 소리만 듣는다. 새로운 물건이 나오면 얼른 사거나 홈쇼핑 채널을 그냥 지나치지를 못한다. 물건을 사더라도 깔별로 산다. 친구랑 함께 맛있는 음식점에서 만나고 하루 저녁에 약속을 여러 개 할 때도 있다. 멋있는 이념을 가지고 있는 단체에 들어가기도 하지만 끝까지 하는 곳은 몇 개 없다. 스트레스가 쌓이거나 일이 잘 안 풀리면 음식을 많이 먹으면서 문제 해결을 하려고 한다.

○ 회개: 하나님의 창조에 동참

하나님께 맡기기보다는 조바심으로 언제나 나도 모르게 내가 앞장서 있다. 생각으로는, 또 말로는 '기도하며 다 하나님께 맡기자!' 하면서도 실제로는 하나님께서 들어오시기에는 턱없이 꽉 찬 나의 생각과 급한 결단. 그래서 늘, "하나님! 뭐하세요 빨리 좀 오세요"식이었다.

너무도 나로 꽉 찬 나! 이제는 그 짐들을, 그 일들을 내려놓고 나를 텅비우고 하나님을 바라는 시간을 누릴 수 있게 되어 참 좋다. 믿음으로, 하나님께서 다 하신다는 믿음으로 십자가를 바라본다. 고통의 가장 큰 실제인 십자가, 수난을 피하지 않으신 예수님 그리고 부활이 없었다면 의미 없을 십자가. 알면서도 계속 저지른 고통을 잊기 위한 탐닉의 죄를 이제는 내려놓고, 진정으로 하나님 창조의 역사에 동참하기 위해 내가 먼저 아이디어를 내는 일을 줄이고 하나님께 물어보는 기도를 하겠다. 그러고는 하나님 뒤를 졸졸 따라가려고 한다.

○ 덕목: 맑은 정신

고난 너머에 있는 부활! 내 속에 수북이 쌓여 있는 재미있는 일들과 계속 돌리고 싶은 프로그램이 있는 한 나의 정신은 복잡하고 불안하기도 하다. 바로 맑은 정신의 덕목을 이루길 기도하고 있다. 부활하신 예수님이 '샬롬'이라고 인사하신 것을 기억하며 십자가의 고난을 지나 부활의 기쁨이 내 속에 가득 찰 때 맑은 정신으로 살 수 있을 것이다.

맑은 정신으로 살게 되면 나에게는 생산성과 예술성이 생겨나 물론 나 자신이 행복할 뿐만 아니라 내 주위에 있는 다른 사람에게 이 행복을 전해 줄 수 있을 것이다. 나는 무슨 좋은 것을 발견하거나 맛있는 음식점을 보면 그것을 나 혼자 즐기기보다 다른 사람과 같이 즐기고 싶어 친구들을 꼭 그쪽으로 데리고 가기를 잘한다. 또 사회운동에 참여하여 이 사회가 고통스러운 분위기에서 벗어나 재미있고 행복한 세상이 되기를 위해 힘쓰고 싶다. 그러기 위해서 나는 항상 주님 옆에 붙어서 함께 살아가겠다.

7A: 엄마랑은 친밀하지 않고 아버지하고도 그렇게 가깝지는 않았어요. 초등학교 이전 어렸을 때의 기억은 잘 안 나는데… 엄마에 대해 관심이 없었고 바깥으로만 돌았어요. 엄마에 대한 애틋함도 별로 없고 엄마랑 관계를 맺었던 기억도 없어요. 남들처럼 친정이란 개념도 없고… 결혼할 때 날아갈 듯이 좋았어요. 내 가정을 이루는 게 더 좋다고 생각했어요.

4B: 기본적 공포가 '빼앗길까봐' 인데요….

7A: 빼앗긴다기보다 내가 못할 것 같은 불안감이 생기면 그걸 못 견디더라고요. 골프를 치고 싶은데 남편이 못하게 한다… 그러면 몰래 하지요. 내가 하고 싶으면 저지르는데… 남편은 경제적으로 힘드니까 안 했으면 하는데 나는 안 되는 건 없다… 큰 것도 아니고 이 정도도 못하면 나는 못산다… 내가 하고 싶은 대로 하는 거죠. 내가 원하면 그냥 해요. 일단은 해요. 그런 면에서 남편하고 마찰이 오죠. 빼앗긴다는 느낌하고는 좀 다른 거 같은데… 내가 해야만 하는 걸 못하는 것도 빼앗기는 건가? 하고 싶은 걸 못하게 하면 굉장히 반발하는 거죠. 나를 위해서 하는 것에 욕심이 많은데… 내가 하고 싶은 부분은 꼭 해요. 힘들어도 해요. 하겠다고 결정을 한 부분은 상황이 안 돼도 꼭 하기 위해 굉장히 애를 써요. 옷이라든가 나를 치장할 수 있는 것이라든가… 하고 싶으면 경제적으로 안 되더라도 그냥 해요. 카드로 결제하고… 나중에 빠져나가는 거니까… 마이너스가 되는 거죠. 그리고는 나중에 상황에 따라서 어떻게 해서든지 해결을 하게 되는 거죠. 생각 안 하고 당장 하고 싶은 거부터 해요. 내 욕심을 채우는 거죠… 작은 것이라든가… 할인하는 걸 사니까… 큰돈 안 쓴다고 나를 합리화시켰던 거 같아요… 작은 거라도 여러 개 사면 결국 돈은 많이 나가는 건데….

2A: 7번은 여러 가지를 시도한다는 생각이 들어요. 깊게 파지를 않고 여러 가지

를 도전하면서 만족하지만 또 금방 만족을 못해서 자기 자신을 힘들게 하는 그런 모습을 봐요.

7A: 새로운 거를 좋아해요. 하지만 저는 좀 한쪽으로 가는 경향이 있어요. 그래서 처음에 7번이라 생각하지 않고 1번이라고 생각한 적도 있었어요. 남들과 똑같은 거를 싫어하고… 똑같은 거를 하더라도 남들과 좀 다른 부분이 있었으면 생각했던 것 같아요. 그냥 나를 만족시키는 거지… 스스로 만족하는 것….

2A: 기타도 하고… 댄스도 하고….

7A: 기타는 내가 원해서 한 거지만 댄스는 같이 하다보니까 하게 됐고… 상황이 그렇게 돼서 했지… 결국 못해서 그만뒀잖아요? 딸이 3번인데… 3번은 하면 끝을 보는데 나는 즐기면서 만족하는 게 더 중요해요. 내가 원할 때 언제든지 할 수 있는 게 만족이에요. 성취를 하는 게 그렇게 중요하질 않아요. 잠깐은 속상해요. 골프를 좀 못 쳤다, 잠깐은 속상하지만 내 인생이 망가졌다 그렇게는 생각 안 해요. 3번은 잘하려고 그만큼 노력을 하는데 난 노력을 안 해… 잘하고 못하고를 떠나서 일단 내가 하고 싶은 걸 했다는 데 만족을 하고… 내가 만족하는 걸 계속 찾아가는 거야… 형편이 돼서 하는 건 상관없잖아요? 내가 형편이 안 되는 데도 해요. 절제가 안 되니까 탐닉이 되는 거 같애… 내가 경제적으로 안 되는 데도… 경제적으로 힘들어지면 그게 속상하지… 경제적인 뒷받침이 안 되니까 한계를 느끼고 이제는 조절을 하는 거예요. 좀 철이 들었다고 할 수도 있고… 예전에는 계속 나아질 거라고 생각했으니까 힘들어도 하고 싶은 걸 계속했는데… 이젠 형편이 더 이상 좋아질 기미가 안 보이잖아요? 그러니까 나를 자제하기 시작하는 거죠….

3 2 장
8번 유형: 강한 카리스마를 지닌 지도자

나는 내 운명의 주인임을 믿는 골목대장

강한 카리스마의 소유자

일찍부터 독립심을 발휘하는 이재理財의 귀재

학교에 들어가기 전의 어린이들은 대개 엄마 치마폭을 맴도는 경향이 있다. 하지만 8번의 성격으로 형성되어 가는 어린이들은 일찌감치 엄마로부터 독립한다. 또래들 가운데 남달리 독립심이 강하여 저보다 덩치가 큰 아이들이 엄마에게 매달리는 꼴을 보면 우습게 여긴다. 8번은 크든 작든 또래들을 끌고 다니며 지휘, 명령, 통솔을 잘한다. 일찍부터 리더십을 발휘하여 이른바 골목대장 노릇을 한다. 어려서부터 자신이 강해야 된다는 생각을 가지므로 약한 것은 질색이다. 약하게 보이면 상대가 치고 들어온다는 음모론이 일찍부터 발달한다. 그래서 작은 키나 몸집도 크게 보이려고 애를 쓴다. 어린 시절부터 가슴을 펴고 고개를 뒤로 젖히고 어깨를 으쓱 올리고 힘차게 당당하게 걷는 모습을 보인다.

이렇게 자라나는 배경에는 엄마와의 애정 교류가 엇갈리는 데에 원인이 있다. 엄마의 사랑을 받으면서도 왠지 자신은 엄마가 그렇게 좋지만은 않거나 아니면 엄마의 사랑이 꼭 편하지만도 않고 잘 받아들여지지 않아서 그렇다. 엄마가 나를 사랑하는 줄은 알면서도 자신은 엄마를 그만큼 사랑하지 못한다는 것을 느끼기 때문에 엄마에게 일종의 죄의식을 느끼게 된다. 이렇듯 강하게 자신을 추스르면서 자라나는 8번은 남에게는 강하지만 엄마에게는 늘 잘해야 한다는 생각을 가지고 산다. 자라서 보스가 되면 남에게는 호랑이 소리를 듣지만 어머니 앞에서는 순한 양이 되어 효자 효녀라는 소리를 곧잘 듣는다. 그러나 8번은 약한 것을 싫어하고 피하려는 속성 때문에 누구를 동정하거나 돌보는 일 같은 것은 센티멘털sentimental하게 여겨져서 좋은 일을 하고 싶어 하면서도 선뜻 나서지 않는다. 그래서 결혼을 하면 자기가 직접 하지 않고 자신의 짝을 통해서 어머니에게 효도하는 경향이 강하다.

8번은 약한 것을 싫어하고 약자로 보이는 것을 기피하는 성향이 강하여 언제나 경계태세를 갖추고 살아간다. 그래서 늘 '조기경보체제'가 발동된 상태에 있어 눈이 호랑이 눈처럼 형형하고 무섭다. 그만큼 카리스마가 강한 사람으로 보인다. 눈빛이 강한 만큼 통찰력이 강하다. 자기주장이 강한 데다 늘 정의를 내세우려는 함정에 빠지기 때문에 자신이 옳다고 생각하면 다른 누구와도 쉽게 대결한다. 1번은 자신이 옳다는 신념을 갖고 있어도 아버지나 다른 어른들에게 대들어서는 안 된다는 생각 때문에 대결 구도를 피한다. 1번은 대결을 피하면서 타협을 못 한다면, 8번은 대결을 하면서도 타협도 잘한다.

1번의 격정은 분노인 반면 8번은 정욕(또는 오만)이 격정이다. 1번은 화를 내면서도 화를 낸 다음에는 자신이 불편해진다. 상대가 잘못해서 화를 냈을지언정 화낸 것 자체가 옳은 일도 아니고 완전한 일은 더욱 아니기에 화낸 뒤끝이 몹시 불편하다. 잠을 자다가도 깰 정도로 그 일이 마음에 걸려 기분이 언짢고 씁쓸하다. 여기에 비해 8번은 화가 나면 참으려고 애쓰는 1번과는 달리 불쑥불쑥 화를 잘 내는데 화를 내고도 그리 불편해하지 않는다. 자부심이 강할 뿐 아니라 자기주장이 뚜렷하여 "네가 잘못해서 내가 화를 냈다"는 생각이 더 강하다. 그래서 화를 내고도 후회하는 법이 거의 없다. 상대방은 상처를 입어도 자신은 싹 잊어버린다. 그러면서 그것을 뒤끝이 없다고 표현한다. 그래서 주변 사람들은 그를 두고 화풀이로 건강관리를 한다고들 말한다.

어려서부터 사람들을 거느리기를 잘하고 또 좋아하는 8번은 늘 자기 주위에 사람들을 모은다. 사람들이 찾아와서 자신의 지혜나 힘을 빌리는 것을 즐긴다. 골목대장으로 잔뼈가 굵은 8번은 자수성가할 가능성이 높고 나이에 비해 일찍 지위를 확보하는 편이다. 이들 가운데에는 젊은 장군이나 나이 어린 사장을 흔히 볼 수 있다. 일찍부터 자립 의지가 발달하여 자기보존 본능이 강하고 이재에도 밝다. 8번은 어디를 가든 누가 힘을 쥐고 있는지 파워의 소재를 재빨리 파악한다. 그런 만큼 파워게임에 능하다. 그러나 강한 것이 전부는 아님을 깨달아 다른 사람들을 동정하고, 특히 아랫사람을 따뜻한 가슴으로 대하게 될 때, 8번은 진정한 강자가 된다.

대다수 사람이 지장, 용장, 덕장 중에서 덕장을 제일로 손꼽는다. 졸병의 아픔이나 고충을 알아주는 장군, 부하의 마음을 이해하고 뜨거운 동정심을 지닌 장군이야말로 덕스러운 지도자라 할 수 있다. 8번 유형의 지도자는 당당하면서도 시원스레 자기 마음을 털어놓아 누구라도 감동을 받게 한다. 그러나 스스로 잘못을 인정하면 남들이 오히려 좋게 볼 일일텐데, 자기를 너무 의식하고 자기 합리화에 치우쳐 다른 사람이나 부하의 탓으로 돌려 비판하게 되어 다른 사람들을 실망시킬 수 있다. 닭의 머리는 될지언정 소꼬리는 안 된다는 생각을 갖고 살아가는 8번들을 잘 나타내는 말로는 '천하통일', '영웅호걸', '음모이론', '영토 확장' 등등 수없이 많다. 독재자, 대결자, 지배자, 정복자, 권력자, 돈 환 같은 표현 또한 8번의 성향을 잘 나타내는 말들이다. 어느 나라를 보아도 대통령 중에는 8번이 많다. 우리나라는 물론 미국의 역대 대통령 가운데 적어도 절반이 8번에 속한다.

8번이 건강하면, 소박하고 뜨거운 동정심이 있고, 예지와 통찰력, 판단력이 탁월하다. 역사의식이 높고, 정의감도 투철하다. 통합의 방향으로 나아가면, 2번의 장점을 갖추고 약자보호의 윤리로 무장되어 다른 사람들을 잘 돌보아주는 따뜻한 가슴의 지도자가 된다. 생각이 깊고 지식이 많아서 지혜와 분별력이 탁월한 위에 뜨거운 동정심이 곁들여져 대중과 함께 가는 아량이 큰 지도자가 된다. 그래서 그가 속한 공동체나 나라는 사랑이 깃든 평화를 이룰 수 있게 된다. 8번이 누구에게 꿀릴까봐 두려워하지 않고 누구를 지배하거나 정복하려는 욕심을 벗어버리기만 하면 누구보다 신나게 살 수 있을 뿐 아니라 남들을 부추겨서 신명나게 만드는 지도력을 발휘할 수 있다. 부드러운 입술이 사자의 이빨보다 더 강하다는 것을 유념하면서 오만을 떨쳐버리고 뜨거운 동정심으로 소박하게 살면서 정욕이라는 격정을 다스리게 되면 누구보다 멋지고 신나는 삶을 살 수 있으며 다른 사람들도 그렇게 이끌 수 있다.

퇴화의 방향으로 가서 스트레스가 심해지면 5번의 단점이 강화된다. 자기주장만 강하게 내세우고 독선적인 폭군처럼 된다. 동정심을 갖기는커녕 누가 남을 동정하는 말만 해도 센티멘털하다면서 코웃음을 친다. 이쯤 되면 5번의 단점 속에 깊이 빠져들어가고 사람들이나 상대방에 대해 의심하고 음모이론에 빠져 시나리오를 쓰기에 바빠진다. 자기 자신에게만 잘하려는 마음이 너무 강해져서 일을 그르치고 관계도 망가지게 되는 지경에 이른다. 8번은 카리스마가 있어서 장점이 돋보이는 반면 단점 또한 두드러진다.

● 나의 에니어그램 프로필 #8
너무 잘하려는 것보다 주님 뒤를 따라가기

○ 격정: 정욕

그동안 나를 찾아 떠나는 여행에서 8번의 격정을 인정하기가 어려웠지만, 인정하게 되니 왠지 모를 안정감을 느꼈다. 이제는, 나의 유형에 대한 날개와 퇴화, 통합을 통해서 내 모습을 보다 더 적나라하게 마주하게 되었다. 처음에는 내가 모든 것을 내 맘대로 하고 싶어 한다는 것을 어렵게 인정하게 되었다면, 나를 좀 더 관찰해 보니까 내가 '약함'을 기피하고 있었다는 것을 깊이 성찰하게 되었다. 나는 아이디어도 많고 하고 싶은 일도 많아 나 자신을 위하는 것 보다 다른 사람이나 국가와 인류를 위해서 살아 가는 것이 마땅하다고 생각한다. 그러나 일을 하는 것도 내가 하고 싶어 하는 대로 하게 되고, 많은 것을 가지고 싶어 하고. 집이나 차도 큰 것, 고급이 좋고, 최고여야 되고, 경쟁을 하기 전에 미리 내가 이겨 놓은 양 생각하며 오만한 태도를 갖고 있다는 것을 알게 되었다.

○ 기피: 약함

나는 적극적이고 긍정적이며 추진력과 자신감과 열정이 있다. 사람들에게 깊은 배려도 하고 연대하기를 잘한다. 사람들에게 따뜻한 사람 멋있는 사람으로 비춰지게도 한다. 그러나 꿀리기가 싫어서 나 자신이 약해지는 것도 싫고 다른 사람이 약한 것을 보기도 싫다. 사람들에게 상처를 받지 않으려고 미리 대비하고 피하는 경향도 있다. 하지만 본래 목소리가 크고 직접적으로 말을 하기 때문에 다른 사람을 억압하는 경향이 많다. 나를 방해하거나 나에게 상처를 준 사람을 완전히 무시해 버리거나 보복을 하기도 한다. 슬픈 일이나 아픈 일이 생겨도 모질게 마음 먹으며 극복하려고 애를 쓴다.

○ 함정: 정의

나는 나를 위하는 생각이나 계획보다는 다른 사람의 필요를 잘 살핀다. 다른 사람의 약함을 배려하기도 잘 한다. 의리를 지키거나 정의를 실천하는 것이 사람의 할 도리라고 생각한다. 물에 빠진 아이를 건지거나, 불 속에 뛰어 들어가 사람을 구해 내 와서 선행상을 받는 사람 중에는 8번이 많다. 남이 나쁜 환경에 있는 것을 보면 자기도 모르게 자기 몸을 바치는 것이다. 그러나 약자를 보호하느라고 한 쪽 편에 서다가 또 다른 폭력을 하게 될 때도 있다. 그래서 나는 좋은 일을 해 놓고도 욕을 얻어 먹는 경우가 많다. '나는 정의로운 사람이야'라는 생각이 오만으로 나타나기 때문이다. 일을 철저하게 처리하지 못하는 것에 격분하다가 사람보다 일을 중요하게 생각하는 쪽으로 기울어지게 된다. 그러다가 모독하거나 보복을 하는 일도 하게 된다.

○ 회개: 뜨거운 동정심

사람 자체를 중요하게 여기기보다 일 잘하는 사람을 좋아하기 때문에 다른 사람에게 상처를 주는 일이 많다. 여러 가지 사건을 통하여 일어나는 양상은 다르나 8번은 언제든지 자기에게 '뜨거운 동정심'이 없음을 돌아보아야 한다. 분노로 치솟는 힘을 "뜨거운 동정심"으로 변환시켜야 한다. 다른 사람을 이해하는 '소박한 지도자'가 되려고 노력해야 한다. 실제로 나는 사무적인 일을 제대로 처리하지 못하는 사람 때문에 화를 낸다. 끝까지 설명하고 배려해야 하지만, 순간적으로 '욱'하며 '버럭'을 면하지 못한다. 무엇인가 내 맘에 흡족하지 못하다고 여겨질 때, 불합리하다고 생각될 때, 그럴 때가 내가 정신을 차려야 할 때인데도, 나는 그럴 때 반사적으로 화를 낸다. 아, 곤고한 인생이여! 나를 알아갈수록 억눌렸던 나를 발견하게 되고, 해방감도 맛보지만, 그러나 결코 쉽지 않다. 나를 넘어서는 일, 나를 극복하는 일을 순간순간 잊어버린다. 모르고 싶어한다. 그러나, 그럴수록 내가 살 길은 "주 예수 그리스도 하나님의 아들이시여, 죄인인 나에게 자비를 베푸셔서 뜨거운 동정심을 주옵소서"라는 고백이 절실하다. 어떤 때는 밤새도록 '뜨거운 동정심'만 반복하기도 한다.

○ 덕목: 소박

소박이란 가장 낮은 자리에 있을 때에 가질 수 있는 덕목인데 8번이 소박한 사람이 되려면 성령의 도움 없이는 절대로 되지 않는다고 생각한다. '뜨거운 동정심'을 기도하다 보면 어느 날 나도 모르게 이해가 되지 않던 사람이 이해가 되기도 하고 '버럭' 화를 내던 일에도 화가 멈추어지는 경험을 하게 된다. '아~ 신기하다. 이런 것이 에니어그램에서 말하는 회개와 성령의 도움이 맞닿는 것이구나!'라는 생각을 하게 된다. 내가 하고 싶거나 해야 할 일감이 눈에 보이면 "주님 생각은 어떠세요? 어떻게 할까요?"라고 물어보는 기도를 하게 된다. 나의 생각이나 나의 소원을 비우는 작업을 할 수 있게 된다. 내가 하고 싶은 일을 하는 것이 아니라 공동체의 선을 이루는데 도움이 되는 일을 하는 것이다. 열정이 많은 나는 너무 잘하려고 하는 것보다 주님 뒤를 따라가기 위해 진득이 기다리는 것이 소박한 삶이라고 생각한다.

8A-사회자: 8번은 돈이나 파워에서 절대 손해 안 보죠.

8B: 나보다 강한지, 약한지 빨리 파악을 해요. 나보다 약하면 내가 그러면 안 되겠다 하는데… 그러기 전엔 제일 높은 사람한테 엉겨 붙죠. 내가 죽든지, 그 사람이 알았다 네 말이 맞다 하든지, 둘 중에 하나죠.

8A-사회자: 어떤 면으로도 손해를 안 보는 게 8번이에요. 그러니까 보복도 하고… 확 하고 올라와서 찌르는 거야. 돈도 그래요. 계산을 한다는 거예요. 그게 이재에 밝은 거거든요. 내가 돈을 꿔줬어요. 안 갚았는데도 자꾸 줬다 그러면서 안 줘. 그러면 난 보복이 하고 싶어져요. 하지만 아버지가 친구들이랑 돈거래해서 손해가 나면 돈을 손해 봐라, 네 인격을 손해 보지 마라, 그랬어요. 하나님도 보복하지 말고 나한테 맡겨라 했잖아요? 그랬으니까 응, 알았어, 그랬지 그렇잖았으면 벌써 보복했겠지. 내가 가만히 있었겠어?

2A: 대결했다가 지면 깨끗이 인정하세요?

8B: 대결해서 졌으면 진거지 뭐. 져 본적도 없고. 싸워서 이길 수 없는 싸움은 안 해요. 죽여야 된다고 생각하면 무슨 수를 써서라도 이기겠죠. 거기까지 접근하기가 좀….

8A-사회자: 맞어, 아직 가본 적이 없어요.

8B: 사관학교 다닐 때부터 지금까지 여유 있어 보인다는 이야기를 들어요. 상급생이 기합을 준다 해도 겁먹은 표정이나 태도가 안 보이니까 동기생들이 이상한 놈이라고 했어요. 전 속으로 죽이기야 하겠나, 이런 생각에서부터 죽더라도 내가 폼 나게 있다가 가야지, 했었던 거죠.

8A-사회자: 그게 뭐냐 하면 약하게 보이는 게 싫은 거죠.

8B: 시시하게 넘어가는 거 자체가 용납이 안 돼요. 다른 사람보다 멋지게 견뎌내야 하고 이겨내야 하는 게 있어요.

8A-사회자: 그래서 내가 비리비리한 것보다 못된 게 좋다, 했던 거예요. 약해서 비리비리한 게 더 꼴 보기 싫어. 못된 것보다 더 싫어. 내가 어떤 일을 당했을 때 많이 약해져서 동요되는 거 그게 가장 두렵고 제일 싫어요. 그래서 마음이 흔들리지 않게 해달라는 기도를 많이 했어요.

4B: 8번은 약해져도 괜찮아, 해야 하지 않나요?

8A-사회자: 우리 아들이 죽었을 땐데… 속은 아프지만 이왕지사 이렇게 된 거 독하게 마음먹자 했어요. 질질 짜지 않았어요. 난 독하게 마음먹고 견딜 수 있는 힘이 강하다고. 이건 아니다 싶어 누구랑 싸울 때도 독하게 마음먹으면 그건 네 몫이다 하지 상대방의 아픔 같은 건 생각 안 해요.

2A: 어떨 때 제일 힘드세요?

8A-사회자: 꼴같잖은 거한테 당할 때죠.

4B: 그게 꿀리는 거잖아요.

5A: 져줘도 꿀리는 게 아니다… 져줘도 된다….

8B: 네가 그걸 하나 챙겼다고 해서 네가 나를 이기는 게 아니다, 하는 거죠.

8A-사회자: 항상 저 생각이 있기 때문에 어디에 어떤 분위기에서도 안 꿀려. 압도되지 않아요.

8B: 내가 제일 잘났다는 자만심이 있어요. 누가 아무리 잘난 척을 해도 그건 그냥 '개가 깔짝거리는 거야'라는 생각을 갖고 있어요.

8A-사회자: 8번은 대개 자기가 제일 높다고 생각해요. 자기 위에 높은 사람이 없어요. 대통령 앞에 가서도 대들면서 말할 수 있는 그런 성질이에요.

2A: 8번은 파워를 버려야 되는 게 아닌가요? 누구에게 꿀릴까봐 두려워하니까 파워를 쓰는 거잖아요.

8A-사회자: 세상에서의 계급이나 서열이 높은 사람은 높여 줘야 되잖아요? 겉으로는 매너를 지키고 섬기려고 했는데도 내 속에 있는 오만이 튀어나오니까 나 무시하나? 이런 말 많이 들었어요. 무시하지 않고 섬기려고 애쓰면서 살아왔는데… 하지만 나보다 못난 사람이라고 생각하는 사람이 나를 밟고 일

어서려고 할 때는… 내가 그걸 견디는 게 제일 힘들었어요.

4B: 강해지려고만 할 때 상대방을 못 보는 게 아닐까요? 꿀려도 괜찮아, 할 때 뜨거운 동정심과도 연결되고 상대방을 배려할 수 있는 게 아닐까요?

8A-사회자: 예수님이 하늘의 왕자인데 내려와서 얻어맞고 터지고 살았잖아요. 나도 그걸 해야지 하면서 회개했는데… 8번은 남의 밑에 들어가서도 남을 무시하지 않고 사는 게 회개죠. 8번의 회개는 잘나지도 못한 저 사람이 나를 밟고 올라가려는 건 열등감으로 저러는 거겠지, 하면서 뜨거운 동정심을 가져야 된다는 생각을 했어요. 웃기는 것들이 잘난 체해도 불쌍히 여겨줘야 되는데… 8번은 약해지는 게 싫은 거잖아요? 뜨거운 동정심을 갖지 않으면 같잖은 것들한테 꿀리는 걸 받아들일 수가 없어요. 참새가 봉황의 맘을 어찌 알랴, 하는 건데 무시해서가 아니라 네가 몰라서 그거밖에 안 되는 거지, 하는 거예요. 이게 돼야 내가 꿀리던지 안 꿀리던지 상관을 안 하는 거지요.

33장
9번 유형: 누구에게나 사랑받는 평화주의자

주변 사람들을 편안하게 해주는 사랑과 화해의 전도자

갈등을 싫어하고 피하는 안정 위주의 견실한 사람

흐름을 잘 타는 조화와 균형의 마술사

'평화를 이루는 사람은 복이 있다'라는 말씀이 있다. 평화를 사랑하고 평화를 이루기 위하여 애쓰는 사람은 아름다운 사람이다. 누구나 평화가 좋은 줄 알고 평화를 원하지만 평화 속에서 지낸다는 것은 그리 만만한 일이 아니다. 평화를 유지하려면 자신의 내면이 먼저 평화로워야 한다. 하지만 대다수 사람은 그렇지 못하다. 그럼에도 사람들 중에는 평화롭게 살 수 있는 자질이 뛰어난 이들이 있다. 그들은 평화를 이루는 것이 다른 사람들보다 더 자연스럽다. 9번이 바로 그런 사람들이다.

9번은 대하기가 편한 사람, 잘 참는 사람, 잘 기다리는 사람, 말썽을 일으키지 않는 사람, 포용력이 있는 사람으로 인정을 받고 살아간다. 반면 미루는 사람, 게으른 사람, 고집 센 사람, 속 터지게 만드는 사람으로 평가되기도 한다. 9번은 어려서부터 갈등을 별로 모르고 자랐기 때문에 어른이 되어서도 갈등을 싫어하거나 기피하는 성향이 강하다. 일이 생기면 미루는 까닭도 따지고 보면 갈등을 기피하는 성향 때문이다. '저절로 해결되겠지!' 하고 기다리다가 안 되면, '누군가 해결해 주겠지!' 하면서 기다린다. 그래도 안 되면 마지못해 달려들지만 이미 시기를 놓친 경우가 많다. 평상시에도 이들은 좀처럼 말썽을 일으키지 않는다. 그래서 9번의 아이들을 둔 부모들은 '힘 안 들이고 키웠다'고 말한다. 웬만한 것은 다 받아들이고 참으니까 컨테이너 타입이 된다. 좋은 일이든 언짢은 일이든 모두 끌어안는다. 모든 것을 속에 담아 두는 형이다. 이런 특징은 자기 발견이나 성격유형을 확인하는 과정에서도 잘 나타난다. 1번은 상대적으로 자기 자신의 유형을 빨리 발견하고 확인하는 데 비해 9번은 이것을 보아도 내 것 같고 저것을 보아도 내 것 같아서 얼른 한 가지 유형을 정하지 못한다. 그러면서 "사람의 성격이 얼마나 복잡한데, 그렇게 한 가지 유형으로만 결정할 수 있어요?"라고 말하기 일쑤다. 9번을 두고 에니어그램의 대표라고도 한다. 누구나 아홉 가지로 설명되는 성격의 특징을 정도의 차이가 있을 뿐 모두 지니고 있다. 하지만 9번은 다른 유형에 비해 아홉 가지 중 자기와 다른 유형의 성향을 더 많이 지니고 있다. 에니어그램은 햇빛에 비유할 수 있다. 무지개 색깔은 일곱 가지 색이다. 거기에 흑백을 합치면 아홉 가지 색이 된다. 사람의 인성 또한 색조와 강약에 차이가 있을지 몰라도 모든 사람 속에는 많든 적든 모든 색이 혼재해 있다. 다만 어느 색깔이 가장 두드러지게 나타나는지에 따라 아홉 가지 중한 가지로 대별될 수 있을 따름이다.

9번의 격정은 나태, 곧 게으름이나 미적거림이다. 나태나 게으름이 '어떻게 걱정이 될 수 있느냐?'는 질문들을 한다. 하지만 나태해지는 데에도 힘이 든다. 한 아이는 떠밀고 다른 아이는 밀리지 않으려고 애쓴다면 어느 아이가 더 힘이 들까? 밀리지 않으려고 하는 아이의 에너지가 훨씬 더 많이 든다. 할 일을 미루고 게으름을 피우는 데에도 많은 에너지가 드는 것이다. 이러한 9번의 나태는 행동의 나태로 나타나기 전에 이미 생각하는 것을 미루어 버리는 생각의 나태이다. 좀 더 말한다면 자기 영혼을 갈고 닦지 않으려는 것이다.

9번 유형은 만 6세가 되기까지 부모와의 사이에서 별 갈등을 모르고 자란다. 자기보존 본능의 관점에서 보면, 자기가 원하는 것을 얻으려고 할 때 갈등을 겪지 않고 자란 것이다. 내면의 갈등을 모르고 자란 만큼 외적인 갈등도 잘 알지 못한다. 그러나 학교에 가면서부터 갈등을 경험하게 되는데, 겪어 보지 않던 일이라 될 수만 있으면 갈등이나 긴장 관계를 피하려 한다. 하지만 갈등이나 상처를 전혀 경험하지 않고는 살 수가 없는 것이 인생이다. 9번은 마음이 불편해지는 일들은 되도록 기억에서 지워버리려고 애쓴다. 기억에서도 게으름을 피우는 것이다. 어린 시절에 대해 이야기하다 보면 9번들은 기억이 나지 않는다고 말하는 경우가 대부분이다.

9번은 워낙 대하기 편한 사람이어서 친구가 많다. 자신이 적극적으로 친구를 찾아 나서서 만들기 때문이 아니라 친구들이 찾아오고 다가선다. 새로운 일을 시작하거나 새 사람을 만나고 사귀려면 갈등을 느껴서 제대로 하지 못한다. 친구는 많은 것 같지만 정말 가까운 친구는 제한되어 있는 경우가 적지 않다.

9번 유형은 갈등을 기피하는 것만큼 자기겸비의 함정에도 곧잘 빠진다. 남들이 보기에는 능력이 있는데도 자기 스스로는 아무것도 아니고 아무것도 못 한다고 생각한다. 이것도 할 수 있고 저것도 할 수 있는데도 막상 어느 것 하나를 선택하자면 갈등이 일어나니까 아예 자기는 아무것도 못 한다고 생각을 접어 버린다. 그러다 보니 자기는 아무것도 아니라고 생각하게 된다. 이런 성향 때문에 9번은 전공이나 진로를 결정하기가 쉽지 않다. 쇼핑하러 갈 때도 미리 목록을 만들어 가거나 결정을 미리 하고 나서지 않을 때는 무척 힘들다. 뭔가 하나를 선택하려면 다른 것을 버리거나 희생시켜야 한다는 이유로 갈등을 겪곤 하기 때문이다. 그래서 어떤 9번은 쇼핑을 하고 나면 별로 원하지 않는데도 사 오게 된다고 한다. 그 이유는 판매원이 너무 좋다고 권하는데 안 사고 나오면 그가 너무 실망할 것 같아서 그냥 사 왔다는 것이다.

9번 유형은 결정하기가 힘들지만 일단 큰 범위의 어젠더Agenda를 설정하고 미리 계획하기만 하면 누구보다 부지런히 실천에 옮긴다. 나태라는 격정을 극복하고 확신에 이르게 되면 근면과 행동을 무기로 목표를 향해 무섭게 달려가기 시작한다. 속에서 부글부글 끓는 에너지를 무조건적인 사랑으로 표출시키면 놀라운 에너지로 나타난다. 자기 내면만을 들여다보면서 내적 고찰을 하면 갈등만 일어나고 속에서 불완전연소가 계속되기 때문에 괴롭게 된다. 하고 싶은 말이 있으면서도 자기가 입을 열면 공격성으로 나타날까봐 겁이 나서 말을 하지 않고 있다가 속이 상하는 일까지 생긴다. 모두가 다 그렇지만, 특히 9번이 자기 속사정에만 골몰하지 않고 남의 사정을 먼저 생각하여 무조건적인 사랑으로 다른 사람을 대하기 시작하면 누구보다도 큰 힘을 드러낸다. 관용과 화해와 사랑과 평화의 챔피언이 되는 것이다.

9번이 통합의 방향으로 옮겨가면서 목표를 세우고 그것을 이루기 위해 노력하면 자타가 인정하는 좋은 사람이 된다. 포용력이 크면서도 부지런하게 행동하는 멋진 지도자가 될 수 있다. 의욕을 잃고 나태해져서 불안과 공포마저 더해진 퇴화의 모습과는 거리가 멀게 된다.

건강한 9번은 모든 것을 갖추었으면서도 자만하지 않고 모든 것을 수용하면서도 우유부단하지 않으며 갈등이나 긴장도 기피하지 않는다. 균형 감각과 조화를 지닌 원만한 성격의 표본으로 거듭나게 되는 것이다.

● 나의 에니어그램 프로필 #9
깊이 수용하고 사람을 신뢰하며 조화를 이뤄가는 평화주의자

○ 격정: 나태

에니어그램 수업은 하나님 앞에 나를 세우는 시간이었다. 하나님 앞에서 격정과 기피, 함정의 창으로 나를 보면서 '그동안 내가 나를 얼마나 몰랐는가', '내가 아는 나에 대하여 얼마나 교만한 생각을 가졌는가' 아프게 깨닫는 시간이었다. 나는 하나님을 찾으려 하지도 않고 나쁜 일이 생겨도 '될 대로 되라지 뭐~' 하면서 그냥 버티고 앉아 있기 일수였다. 이런 것이 나태인 줄도 몰랐었다. 나는 꼭 내가 해야 할 일은 미뤄 놓고 다른 일을 하기를 잘한다. 그러다 마지막 시간에야 서둘러서 그 일을 처리하는 경향이 있다. 나를 직면하는 일이 두렵고 아파서 회피하는 것이다. 해결할 일을 미루다 보니 호미로 처리할 수 있는 일도 가래로도 못 막는 일로 되어 버리는 일이 생기기도 한다. 그 뒤, 회개의 방향을 찾아가는 과정에서 마치 출구를 찾지 못하고 부풀어 있던 연기가 굴뚝으로 빠져나가 듯 후련하고 가벼워지는 경험이 뒤따라왔다. 다 은혜임을 고백하지 않을 수 없다.

○ 기피: 갈등

9번은 평화주의자이며 갈등을 싫어하는데, 나 역시 갈등을 극도로 싫어한다. 그래서 갈등 상황이 발생하지 않도록 눈치껏 처신하고 말을 삼가고 많이 참는다. 대개는 꼭 하고 싶은 일, 꼭 먹고 싶은 것, 꼭 가고 싶은 곳이 없어서 불편함을 느끼지도 않지만, 설사 불편한 상황이 온다 해도 내가 참아 두루 평안하다면 나는 기꺼이 참고 불편했다는 것을 드러내지 않는다. 그래서 주변에서는 내가 무엇을 좋아하고 싫어하는지 잘 모르고 때론 나 자신도 선뜻 말하지 못할 정도로 스스로도 잘 모른다. 이제까지도 나는 내가 갈등을 싫어하는 줄은 막연히 알고 있었지만 에니어그램을 공부하면서 나 자신을 찬찬히 돌아보니, 놀라울 정도로 매순간의 선택이 갈등을 피하려는 동기에 의존해 있음을 알게 되었다. 의견이 완전히 다를 때, 싸우는 상황이 되었을 때, 불편한 상황이 전개될 때 그동안 나는 상대를 배려하고 참는다고 생각해 왔는데 사실 내면 깊이에서는 갈등을 피하려고 침묵을 선택했다는 걸 알게 되었고, 이런 선택들이 오히려 문제를 더 크게 만들고 관계를 힘들게 했을 수 있음을 이번 에니어그램 과정을 통해 깨닫게 되었다. 내가 나 자신을 보게 된 계기는 9번 유형의 특성으로 스스로 돌아본 결과이기도 했지만 함께 공부한 친구들의 각기 다른 유형의 눈으로 본 9번의 피드백 이야기가 큰 자극이 되었다. 평화를 이루는 것은 나 혼자 침묵으로 하는 것이 아니라 열어가며 나누며 함께 이뤄가는 것이 아닐까! 이제부터라도 일부러 싸울 필요는 없지만 의견이 다를 때 주저하지 않고 말하리라! 설사 관계가 불편해 지더라도 어디서든, 누구하고든 감정에 솔직해지기로 마음 먹는다. 진정한 평화를 위하여!

○ 함정: 자기겸비

　　어린시절 나는 모든 일에 자신이 없었다. 그림이든, 작문이든 처음 어떻게 시작해야 좋을지 몰라 한참을 망설이다 늦게 시작하기 일쑤였고 방학숙제는 개학 직전에 몰아서 하려니 힘들어서 오빠들의 도움을 받기도 했다. 과제뿐만 아니라 감정을 표현하는 것도 즉각 하지 못했다. 성장하면서 많이 좋아지기는 했지만 열등감이 많아 잘 나서지 않았다. 에니어그램을 통해 내가 능력이 부족해서 그렇다기 보다는 미루고 나태한 나의 격정이 작동한 것임을 깨달으니 어쩐지 가슴을 어루만지듯 위로가 됨을 느낀다.

　　하나님을 순수하게 믿었던 중·고등학교 시절에는 나태했던 기억이 없다. 그러나 대학시절부터 이성이 커지면서 비판적 사고라는 명목하에 의심하고 흔들리기 시작했다. '내가 뭘 그다지 잘하겠나'라는 생각이었다. 또 대학을 졸업하고 첫 직장이 기독교 기관이었는데도 신앙이 아닌 업무가 되기 시작했다. 그때부터 나의 격정, 나태함이 되살아났다. 주어진 일을 성실하게 열심히 하기는 하는데 신나지 않고 매일 피곤했다. 사람들과의 관계도 귀찮아지고 혼자만의 시간, 잠 잘 시간만 기다려졌다. 대학원 논문학기가 되어서는 6개월을 잠만 자며 허송세월을 보낸 적도 있다. 다음 학기 정신 차리고 논문을 완성했지만 지금도 어떻게 6개월을 그렇게 보낼 수 있었는지, 그 모습을 보느라 힘드셨을 부모님을 생각하면 참으로 죄송한 마음이다.

○ 덕목: 근면

　　지금은 나의 격정을 매일 의식한다. 피곤이 몰려와 나도 모르게 일을 뒤로 미루고 싶을 때 벌떡 일어난다. 얼른 끝내고 쉬어야지! 왠지 모르게 불편한 전화를 주저하고 있을 때, 얼른 번호를 누른다. 가능한 한 해야 할 일을 주저하거나 미루지 않기로 한다. 깊이 고민이 되는 일이 있을 때 한숨 자되 길게 자지 않고 잠깐 피곤만 풀고 다시 맑은 정신을 되찾은 후 그 고민을 의식 안으로 안아온다. 그리고 길게 미뤄 두지 않기로 작정하고 생각을 정리하기로 한다. 할 일이 눈에 보이면 나는 자발적으로 그 일을 해낸다. 아직도 겉으로 드러나지는 않지만 나의 내면에 나만 아는 게으름과 회피가 깊이 내재되어 있음을 안다.

특히 하나님과 멀어질 때에는 고질적으로 자리 잡은 영적인 나태가 있음을 느끼지만 속히 기도의 자리로 나아가기로 오늘 나의 의식을 깨운다. 나를 성찰하게 된다.

○ 회개: 무조건적 사랑

에니어그램을 공부하면서 내가 가장 오랫동안 생각했고, 지금도 생각 중인 주제가 무조건적인 사랑이다. 나는 여전히 답을 얻지 못했지만 이제 생각하기를 멈추고 기도할 수 있기를 구한다. 이해는 되지만 사랑하지 못했던 관계, 사랑하는 것 같지만 깊이 긍휼히 여기지 못했던 마음, 내 생각 내 선택이 옳다는 교만함, 이러한 것들을 다 내려놓는다. 더 이상 생각하기 싫은 나태함을 극복하고 근면하게 기도의 자리로 나아가 하나님의 사랑을 실천해야겠다. 순수했던 어린시절에 가졌던 아가페의 사랑과 피곤한 줄 모르고 헌신했던 근면한 신앙이 회복되기를 소망한다. 그래서 깊이 수용하고 사람들을 신뢰하면서 조화를 이뤄가는 진정한 9번, 평화주의자로 성숙해가기를 기도드린다.

8A-사회자: 9번들을 보면 술에 술탄 듯, 물에 물탄 듯해요. 그래서 이것도 내 것 같고 저것도 내 것 같은 게 많은 게 9번인데… 자! 9번들의 이야기를 들어봅시다.

9A: 사람들은 다 9번이라고 하는데 설문지 결과로는 6번이 나왔어요. 그런데 9번에 대한 글을 읽어보니까 나에 대한 설명에 더 가까웠지요. 그래서 9번을 받아들였어요. 전 아버지에 대한 친밀한 기억이 없어요. 사업하시느라 아버지는 집에 안 계셨기 때문에 존재 자체가 기억이 안 나요. 엄마는 항상 같이 있으니까… 가족을 위해 희생하는 엄마한테는 뭔가 잘해드려야겠다는 생각이 있었죠.

9B: 엄마나 아빠한테 사랑받은 기억도 미움받은 기억도 없어요. 특별한 존재도 아니고 불편한 존재도 아닌 그냥 나와 함께 하는 존재하는, 그냥 그 자리에 있는 분… 나를 사랑하겠지… 그래요.

9A: 차남인데 할아버지는 장손만 위하니까 섭섭했지만 그래도 할아버지 존재 자체는 좋았어요. 어려서 형은 백일 사진, 돌 사진, 말 타는 사진 등 다 있었는데 내 사진은 하나도 없었어요. 그래도 그냥 형은 있나 보다, 형은 그런 건가 보다 했지 서운하다는 생각을 안 했어요. 지금도 상대방을 불편하게 하고 싶지 않아서 다 양보하고 내 거를 주장하지 않아요. 물러나서 그냥 바라보는 거지 나를 위해 받고자 하고 챙기질 못해요.

4B: 9번은 자기주장이 없는 거처럼 보여요. 남이 하는 대로 따라가는 것처럼 보이거든요.

9A: 그렇죠. 불만이 있어도 불화보다는 내가 따라가는 게 좋다, 내 의견이 있어도 의견을 내세우지 않고 웬만하면 넘어가죠.

9B: 얼마 전인데… 내 생일날이라서 가족들이랑 저녁을 아웃백에 가고 먹고 싶

었어요. 그런데 아빠가 고깃집에 가자고 해서… 그래, 하면서 따라갔어요. 막상 가서 먹으면 맛있고… 이번엔 못 갔어도 다음에 가면 상관이 없으니까….

9A: 내가 지금 커피를 먹고 싶어도 상대방이 원하지 않으면 먹고 싶어도 참아요. 일단 상대방을 먼저 따라가 주고 나중에 스스로 만족할 수 있는 방법을 찾죠.

4B: 만약에 상대방이 이건 아니다 싶을 땐 어떻게 해요? 그럴 때도 상대방을 따라가나요?

9A: 그 사람에게 불편하지 않은 방법을 찾아야 하는 거예요. 예를 들어 내가 택시를 탄 걸로 아내가 나한테 듣기 싫은 말을 하더라도 그 당시에는 즉각적으로 반응을 하지 않아요. 분란이 일어나는 게 싫으니까 지켜보다가 아내도 택시를 타게 되는 똑같은 상황이 일어나면 상대방이 깨닫길 바라는 마음으로 암시를 하죠. 알아들으면 좋고 못 알아들어도 그냥 지나가요. 앙금으로 가지고 있다가 나중에 기회가 되면 이런 상황이 지난번 상황과 같다고 짚고 넘어가는데 그때 네가 맞았다고 받아주면 해소가 되는 거죠.

4B: 그래요? 9번은 표현을 안 해서 다 잊어버리는 줄 알았는데….

9A: 밖으로 표현하지 않아서 그렇지, 다 기억을 하고 있고… 떨쳐버리지 못하고 갖고 있는 것도 많아요. 그러다가 내 의견을 주장하기 시작하면 끝까지 주장해요. 한번 내세우면 저런 고집 없다 싶을 정도로 왕고집으로….

8A-사회자: 맞어! 9번이 버티기 시작하면 어느 누구도 못 당해요!

4B: 자기주장을 강하게 하지 못해서 그런지 9번은 모임을 하다가 중간에 가야 할 때 굉장히 힘들다고 그러던데….

9A: 지난번 동창들과 모임이 있었던 날, 제사 때문에 집에 10시까지 도착해야 되는데 친구들이 조금 더 있다 가라고 붙들어서 거절 못 하고 그대로 거기에 더 있었어요. 그래서 집에 늦게 들어갔는데….

8A-사회자: 쯧쯧쯧… 집에서 얼마나 기다렸을까!

4B: 어느 웹툰에 그림자로 불리는 캐릭터를 보면서 9번이겠다 싶었는데… 9번

은 있어도 없는 듯해서 사람들 눈에 잘 안 뜨이잖아요? 9번 입장에서 무시당한다고 생각할 법도 한데, 전혀 내색을 안 해요.

9A: 저 사람을 편하게 해주려고 불만을 일으키지 않고… 또 행동도 그렇게 해주죠. 나의 내면이나 남과의 관계가 평화롭게 가고 원만하게 가는 걸 원해요. 내가 저 사람들을 포용하고 있기 때문에 상대방도 나를 그렇게 봐줄 거다 그렇게 생각해요. 그래서 상대방에 대해서도 불편함을 느끼지 않죠.

제4부

통합을 향하여

3 4 장
변화를 위한 전제

에니어그램을 공부하는 것은 자기를 발견하고 자기 수련을 통해 온전함을 지향하여 나아가는 과정이기에 평면적으로나 정태적으로 생각해서는 안 된다는 점을 유념해야 한다. '에니어그램은 영속적 운동'이기에 에니어그램을 공부하는 이들은 언제 어떤 경우에라도 사람을 보든, 사물을 보든 고정관념이나 고착된 시각에서 벗어나야 한다. 에니어그램을 통해 자신의 성격유형을 알았다고 해서 그것을 고착적으로 이해해서는 안 된다는 말이다. 현재 에니어그램 성격유형 아홉 가지 가운데서 어느 하나를 자신의 유형으로 확인하는 것은 자기 속에 있는 보물 같은 온전한 본성을 찾아가기 위한 그 첫 과정이다. 일차적으로 자신의 에니어그램 유형과 자신을 '동일시'하는 과정에 일정 기간 동안 머무는 것이며, 그다음으로는 '동일시'하는 과정을 뛰어넘어 '비동일시'의 방향으로 나아가야 하는 것이다.

온전함을 향하여 나아갈 때 현재 내가 발견한 나의 성격유형은 하나의 작은 점으로 표시되고 있음을 유념할 필요가 있다. 나의 성격유형은 원의 둘레에서 9분의 1지점에 위치한다. 이 점은 전체, 통합, 온전함의 회복을 향하여 들어가는 진입점이다.

변화 과정에서 우리는 습성으로 지니고 온 것 가운데 포기하며 내려놓을 것도 있고, 확인하고 끌어안아야 할 잠재력도 있다. 통합의 방향으로 이행하여 건강하게 발달하는 것도 변화의 과정이지만 비통합 내지는 퇴화의 방향으로 이행하여 불건강하게 퇴행하는 것 또한 변화의 과정이다. 이렇듯 변화의 과정에는 통합과 퇴화, 긍정과 부정의 두 방향이 있다. 깨어 있는 의식으로 집중하며 의도적으로 수련함으로서 변화의 과정을 갈 수 있지만 노력을 하지 않아도 변화 과정은 계속된다. 어떤 형태로든 정지 상태는 불가능하기 때문이다. 문제는 '어떤 방향을 지향하는 변화의 과정을 선택할 것이냐?' 하는 것이다. 인생을 과정으로 이해할 때에도 마찬가지다. 의식적인 노력에 의한 변화도 있으나 전혀 노력하지 않아도 변화는 필연적으로 오게 마련이다. 어떻게 늙을 것인가를 생각하고 의도적인 노력에 의해 건강하고 아름답게 늙어 가는 과정의 변화도 있지만 나이 드는 것을 의식하지 않고 생각 없이, 느낌 없이 살아도 늙어가는 것은 마찬가지이다. '어떻게 나이 들 것인가'라는 선택에 달려 있다.

에니어그램을 공부하는 사람들은 어떤 변화를 선택할 것인가가 중요하다. 변화에는 적극적인 변화와 소극적인 변화가 있다. 의도적인 변화도 있고, 자연적인 변화도 있다. 자발적 고난과 필요한 고난을 견디며 이겨내는 변화도 있고, 불필요한 고난을 겪으며 떠밀리듯 겪는 변화도 있다. 어떤 사람은 나이 들면서 화를 덜 낸다고 한다. 이는 자연적인 변화의 결과로 기가 빠져서 화를 덜 내는 것뿐이지 격정에는 변함이 없다. 그런 사람도 격정이 자극을 받거나 유발되면 젊었을 때와 다름없이 화를 내게 된다. 그러므로 의도적인 수련에 의하지 않는 변화는 별 의미가 없다. 따라서 변화는 격정에 초점을 맞춰서 이루어져 나가야 하는 것이다.

에니어그램 수련은 변화 과정으로 가는 것이고, 에니어그램에서 변화 과정은 격정이 덕목으로 변화되는 것이다. 아홉 가지 성격유형의 격정은 죄, 곧 죽음에 이르는 죄와 동일시된다. 그것이 표면으로 나타날 때 강박충동이 된다. 그러므로 나를 어떤 유형으로 파악할 때 그것을 고정된 무엇으로 받아들이면 사실 아무런 도움이 안 된다. 또 하나의 짐을 지우거나 또 다른 가면 하나를 덧씌우는 결과에 다름이 아니기 때문이다.

에니어그램을 이해한다는 것은 나 자신의 변화의 가능성을 발견하는 것이다. '남의 눈 속에 있는 티는 보면서 제 눈 속에 있는 들보는 깨닫지 못했던' 자신에 대해 깨닫고, 변화될 수 있는 가능성과 희망을 보게 되는 것이다. 자신의 격정을 정확하게 보면서 변화를 위한 수련에 집중하는 것이 무엇보다 중요하다. 에니어그램에서 변화의 과정인 버리고 떠나야 할 것과 확신하면서 동행해야 할 덕목에 집중하며 수련하는 것이다. 이를 위해서는 의식적인 노력이 필요하다. 즉, 어떤 경우에 습관적으로 격정이 나를 사로잡는지 의식적으로 자기 관찰을 해야 한다. 또 어떤 경우에 자신이 격정을 사로잡고 타성적이고 기계적인 언행을 자제하였던가를 생각하며 의식적인 자기 기억이 이루어져야 한다.

월터 윙크는 '변화'를 위한 성서 연구에서 주창한다. "개인과 사회와 역사의 변화로 이어지지 않는 성서 연구는 파산 선고되어 마땅하다. 왜냐하면 변화로 이어지지 않는 성서 연구는 지적 허위성만 조장할 따름이기 때문이다." 변화되지 않는 에니어그램 공부도 마찬가지이다. 에니어그램 지식이 변화로 이어지지 않는다면 이는 더 큰 굴레를 씌우는 결과에 빠지게 되고 허위성이나 위선에 지나지 않게 된다.

에니어그램 수련은 우리를 '자아의 감옥에서 해방시키는 것'이다. 그러나 올바른 수련으로 이어지지 않으면 단편적인 지식은 우리를 또 다른 형태의 감옥에다 가두는 결과가 되고 만다. 티와 들보의 비유에서 볼 수 있듯이 격정은 남의 눈에는 명백히 보이지만 자신은 보지 못하기 쉽다. 그래서 자기 관찰과 자기 기억이 의식적으로 수행되어야 하며 그래야 비로소 자신의 격정이 보이게 된다. '제 눈의 들보를 깨닫게 되는' 의식의 눈이 뜨이게 되는 것이다.

에니어그램을 공부하는 사람들도 흔히 자기 자신의 격정보다는 남의 격정을 두고 이러쿵저러쿵 말하곤 한다. 하지만 에니어그램 수련을 지도하는 사람의 입장에서도 남의 격정을 말하는 것은 그리 쉬운 일이 아니다. 남의 격정을 말하는 것은 비난이나 판단으로 전락하기 십상이기 때문이다. 누가 어떤 실수를 하거나 잘못을 했을 때, 그 사람이 의도적으로 잘못한 것이 아니라 문제를 고민하며 씨름하다가 그 자신도 어쩔 수 없는 모자람이나 흠 때문에 빚어진 일이라 하면 그것은 격정 때문에 빚어진 일이 분명하다. 그런 경우라면 실수나 잘못에 대한 비난이나 판단은 아무런 도움이 안 된다. 오히려 격정을 더욱 불붙게 하는 결과가 된다. 따라서 멘토링을 할 때에는 깨어 있는 의식으로 감성과 지성과 본능의 균형과 지혜 속에서 통찰하면서 상대방의 가능성과 비전을 내다보는 지혜와 분별력과 애정이 요청된다. 변화를 위한 멘토링을 위해서는 격정에 대한 깊은 이해와 더불어 뜨거운 동정심이 필요하다고 할 수 있다.

35장
나 자신의 주인 되기

'변화는 은혜이며 또한 과제다'라는 말이 있다. 사람이 제아무리 애쓰고 노력해도 안 되는 문제나 한계에 부딪힐 때, 그렇다고 손발 묶어놓은 것처럼 아무것도 안 할 수 없다. 그러나 최선의 노력을 기울이다 보면 예상보다 큰 성취를 하게 된다. 그래서 은혜이며 그 은혜에 대한 삶으로서의 과제가 주어지는 것이다. 에니어그램 수련은 나 자신에 대한 공부와 객관적 세계 및 우주에 대한 공부가 하나로 어우러져야 한다. 마음공부도 해야 하고 몸 다듬기도 해야 한다. 걷기와 춤과 명상과 예술 작업이나 감상도 해야 한다. 함께 여행하면서 그때 그때 일어나는 자신의 격정, 기피, 함정을 보면서 자기 관찰을 하는 것도 참으로 도움이 된다. 이 모든 것이 지속적으로 단련되면 조화로운 '인간 발달'이 이루어진다.

변화 과정을 넓게 살펴보면 나와 우주에 대한 무지에서 지혜로 옮겨가는 과정이라고 할 수 있다. 의식의 깊은 잠에서 깨어나는 데로 나아가는 것이다. 격정에 사로잡히는 데서 격정을 사로잡는 데로 가고 포로 된 상태에서 해방과 자유의 삶으로 나아가는 것이다. 함정에 빠져 좋지 않은 면을 드러내는 데서 덕목을 살리는 데로 가는 것이다. 그야말로 '먼지 구덩이의 삶에서 영성의 세계로' 옮겨가는 것이다.

다른 각도에서 보자면 우리는 만 여섯 살 때 확정된 성격과 그 유형에서 본래 타고 난 본성을 향하여 나아가야 한다. 잠재능력을 현재의 능력으로 끌어내야 한다. 현대 의학, 특히 뇌과학에서 발견한 바에 의하면 현대인들은 타고난 두뇌 용량의 12% 정도를 쓰는 것이 평균 수준이라고 한다. 아인슈타인이나 스티븐 호킹 같은 과학자들, 존 록크 같은 철학자들은 거의 25%에 가까운 두뇌 용량을 사용한 사람들로 알려져 있다. 반드시 위인들에게서만 이런 현상이 나타나는 것은 아니다. 우리 주변의 일상생활에서도 이런 사례가 얼마든지 있다. 인간의 한계에 도전하며 기록을 깨는 운동선수들 가운데는 적어도 몸을 쓰는 면에서는 보통 사람들의 능력에 비하면 두 곱을 더 쓰는 이들이 허다하다. 우리와 같은 몸과 손발을 지녔는데도 무술과 기예를 연마한 사람들은 보통 사람들로서는 상상하기 어려운 능력을 나타낸다. 암산의 천재, 음악의 천재 등, 고통과 고난을 이겨내며 공부하고 단련하고 수련한 사람들 중에는 25% 안팎의 능력을 발휘하는 경우가 드물지 않다.

그들처럼 공부하고 수련하면 누구나 몸과 마음과 정신의 능력을 놀라운 수준으로 끌어올릴 수 있다. 두뇌 용량을 더 많이 쓰는 것이 중요한 만큼 마음을 넓게 지니는 것 또한 중요하다. 감성이 예민할 뿐 아니라 풍성한 것도 중요하다. 스스로 풍부한 감성을 지닐 뿐 아니라 남의 감성도 풍부하게 하는 능력 또한 중요하다. 영성이 깊어지고 온전해지는 것도 중요하다. 개인의 내면세계를 안정된 마음과 평화로 가득히 채우는 것이 필요하다. 인간의 상호 관계에서 조화로운 영성을 공유하는 것도 중요하다. 우리가 몸담아 사는 체제와 환경에 대한 영성을 함양하는 것 또한 중요하다. 이토록 모든 면에서 노력하고 수련하여 인간의 조화로운 발달을 향해 나아갈 때 에니어그램 수련의 진면목이 살아나고 총체적인 변화가 이루어진다. 이런 목표는 결코 환상의 그림이 아니다.

변화 과정에서 가장 경계해야 할 것

- 인상이나 상상에 의하여 살지 말고 환상에 빠지지 말라는 것이다. 변화도 수련도 실은 한마디로 '리얼리티'를 살아야 하는 것이다. 진짜 '리얼한 나'가 되어야 하고, 세상을 '리얼하게' 살아야 한다.

- 변화 과정에 있는 우리들로서는 고통을 견디는 법과 필요한 고난을 배워야 한다. 굴지예프가 밝히 말한 것처럼 '우리는 오랫동안 예리하게 자신에게서 반복적으로 나타나는 것들을 관찰해야' 한다. 그때 비로소 우리는 '자신의 주된 약점'으로서의 격정을 분명히 알게 되고 그것이 '전 존재에 각인'된다.

- 격정이 '전 존재에 각인'되기 전에는, 끊임없이 반복적으로 '나타나는 것들^{manifestations}'을 간과하고 지나치기 때문에 그것이 계속해서 남을 괴롭히고 자신을 힘들게 하는데도 그 원인을 모르고 살게 된다. 우리가 흔히 '사무친다'는 말을 쓴다. 그야말로 '자신의 주된 약점'이 무엇인지 자신의 '전 존재에 각인되어 뼈에 사무칠' 만큼 될 때 비로소 그것으로부터 벗어나지 않으면 죽는다는 절박감을 느끼게 되는 것이다.

- 에니어그램을 공부하는 사람들 가운데 에니어그램을 지식적으로는 알지만 이러한 변화 과정에 대한 진지한 태도가 결여된 것을 흔히 본다. 그래서 에니어그램을 심리 테스트의 일종이나 성공의 길로 가기 위한 도구 정도로 이해하기 쉽다. '결혼을 하기 위해서는 어떤 유형들이 서로 어울릴까?'라는 질문들을 많이 하는데, 어떤 유형이든 성숙을 향해 가려고 애써야 하는 것이지, 어떤 유형끼리 어울린다는 말은 성립되지 않는다.

- 굴지예프를 비롯한 에니어그램의 큰 스승들은 남의 도움으로 자신의 에니어그램 성격유형을 쉽사리 알게 되면, 마치 약물에 의존해서 뭔가를 경험하거나 고통을 잊어버리려는 것과 같아서 그것이 전 존재에 각인되지 않는다고 말한다. 그렇게 피상적으로 자기의 성격유형을 알게 되면 에니어그램을 모르는 사람과 마찬가지로 자신에게서 반복적으로 나타나는 것들이 다른 사람들을 얼마나 불쾌하고 힘들게 하는지 실감하지 못한다.

- 굴지예프는 열두 살짜리 소년 프리츠 피터즈에게 개인 교수를 하면서 이런 말을 했다. 인생을 살아가는 데 있어서 중요한 일, 그래서 꼭 배워야 할 과제는 '자신이 다른 사람들을 불쾌하고 힘들게 하는 것들을 인식하고, 그렇게 되지 않도록 자기 자신을 다루는 법을 아는 것'이라고 하였다.

- 그러려면 '자기 기억'과 '자기 관찰'을 예리하게 지속하면서 자신에게서 반복적으로 나타나는 것들이 얼마나 다른 사람들을 불쾌하고 힘들게 하는가를 인식하고 알아차려야 한다. 바로 이런 것들이 우리의

두뇌 용량을 제대로 발휘하지 못하게 만드는 장애물이다. 우리의 마음이 스스로 편하게 지내거나 남에게도 마음을 너그럽게 쓰지 못하도록 가로막는 원인인 것이다.

- 에니어그램의 각 성격유형에 따라 변화 과정에 장애가 되는 것들이 격정, 기피, 함정이다. 현대인들이 흔히 겪는 스트레스와 불안, 공포, 우울증, 콤플렉스 같은 것들이 바로 격정(기피, 함정)으로 인해 표출되는 부분들이다. 하지만 대부분의 사람은 이를 이해하지 못하고 이해하지 못하니까 고통에서 헤어나지 못한다.

- 에니어그램 유형은 자신을 비춰보는 거울일 뿐 아니라 변화의 방향을 가리켜 보이는 방향지시등*이어야 한다. 자기 자신과 대면하는 것은 인성이 아닌 본성을 찾는 것이어야 한다. 현재의 거짓스러운 자아를 성찰하는 것보다 중요한 것은 참 자아를 성찰하는 것이다. 이는 머리 속으로 이상형을 그리면서 나아가는 것이 아니다. 영성을 분별하여 본성을 향해 나아가는 것이다. 그래서 아인슈타인이 말한 것처럼 '뜨거운 동정심과 사랑의 폭을 넓혀서 살아있는 모든 피조물을 끌어안고 마침내 아름다운 대자연에 이르도록 넓어져야' 한다.

에니어그램 공부는 변화의 길(제4의 길)

첫째: 감성을 다듬는 길,
둘째: 지성을 다듬는 길,

---

* 38장 참조.

셋째: 몸을 다듬는 길이라면,
넷째: 감성과 지성과 몸(본능)을 한데 아울러 고르게 다듬으며 조화
　　　로운 발전을 꾀하는 길이다.

에니어그램 공부는 일부에서 오해하는 바와 같이 자신의 성격유형을 아는 것으로 그치는 것이 아니다. 성격유형을 아는 것은 시작에 불과하다. 에니어그램 입문자들은 자신의 성격을 발견하고 나서 흔히 묻는다. "내 성격유형을 발견했는데 그 다음은 어떻게 하는 겁니까?" 성격유형을 정확히 찾았다면 그것은 변화의 길로 들어서는 관문이다. 왜냐하면 에니어그램 유형을 알면 거기에 따른 자신의 격정, 기피, 함정, 변화(회개), 덕목 등 변화와 성숙으로 가는 데 필요한 자기 지식을 얻게 되기 때문이다. 에니어그램을 모르고 살면 일생을 두고 자신을 괴롭히는 문제와 그 원인을 정확히 알지 못한다. 그래서 어떤 일이 생기고 나면, "어째 또 이런 일이?"하고 스스로 묻지만 해답을 얻지 못한 채 지나쳐버리고, 또다시 같은 물음을 묻는 지경에 이른다. 이런 사람들에게는 인생이 자기 의지와는 상관없이 전개되는 '해프닝'일 수밖에 없게 된다. 에니어그램을 통하여 자기 발견을 하면 자신이 어떤 격정에 의하여 강박충동에 따라 행동하는지를 알게 된다. 습관적인 반응이나 그 표현으로서 행동을 하게 된다는 것을 알아차리는 것이다. 각자 특유의 콤플렉스나 두려움, 방어기제에 따라 행동하게 되는 것을 알아차리는 데서 변화의 여정이 시작된다. 저마다 자신의 성격유형에 따르는 독특한 격정을 파악하고 나서 그것을 다루는 법을 배우고 익히면 나머지 여덟 가지 격정에 대해서는 똑같은 비중으로 애를 쓸 필요가 없다. 그것이 에니어그램의 지혜이며 비결이라고 할 수 있다.
아홉 가지 덕목 또한 모두 갖출 수 있으면 말할 나위도 없이 좋은

일이지만, 에니어그램에서는 굳이 그럴 필요가 없다. 자신의 성격유형에 맞는 덕목 한 가지를 갖추게 되면 나머지 여덟 가지를 갖추는 힘을 얻게 되기 때문이다. 격정도 덕목도 각자의 성격유형에 따라 독특한 것이 있기에 그 특유한 성격의 에니어그램과 그에 따른 격정과 덕목을 파악하고 그것을 다루는 법을 터득하는 것이 무엇보다 중요하다. 사실은 사람들이 그 격정의 특수성에 따라 실수도 하고 사고도 당하고 고민도 한다. 그래서 누구나 평생을 두고 고민하는 것이 있고 고치려고 죽을 힘을 써도 못 고치는 결점이 있다. 그야말로 '동형 반복'의 실수와 사고가 누구에게나 있다.

에니어그램을 배우면 이런 것이 눈에 들어온다. 따라서 격정을 다루기 위하여 노력하게 된다. 자연히 자기 관찰을 지속적으로 하게 되고 자기 자신에 대한 이해와 지식을 높여가게 된다. 그런 만큼 자기 변화에 있어서 자기 지식self-knowledge의 증진과 자기 관찰의 발전이 긴요하다. 이런 중요성을 느끼는 정도에 따라 노력의 열정이 좌우된다. 이런 뜻에서도 자기 지식이 중요하다. 사람은 각기 특유의 카리스마가 있다. 이 카리스마를 선용하면 좋은 열매를 맺지만 오용 또는 남용하면 좋지 않은 결과로 나타난다. 마찬가지로 격정passion도 선용하면 창조적 열정이 되고 남용하면 파괴적으로 된다. 윌리엄 블레이크의 말을 다시 한 번 상기하자.

"격정을 사로잡으면 유익하지만, 격정에 사로잡히면 무익하다."

각 성격유형에 따른 격정은 흔히 말하는 단점으로 보이는데, 이를 뒤집어 놓고 보면 덕목, 곧 장점으로 나타난다. 이러한 측면을 에니어그램의 3번, 6번, 9번 유형에서 살펴보자. 격정과 덕목을 나란히 대비하여 살펴보면 3번은 기만과 신실이고, 6번은 공포와 용기이고, 9번은 태만과 근면이다. 그야말로 극적인 대조가 아닐 수 없다. 나머지를 살피면 1번은 분노와 평정, 4번은 시기와 침착, 2번은 교만과 겸손, 8번은 정욕과 소박, 5번은 인색과 초연, 7번은 탐닉과 맑은 정신이다. 이와 같은 단점과 장점, 격정과 덕목의 역동성을 파악하고 격정의 양면성을 밝게 통찰하면 자기 관찰과 자기 기억의 순환이 원활해진다. 이와 연결시켜서 자기 자신을 맑은 의식의 눈으로 관찰해 보면 알게 될 것이다. 감성과 지성과 본능 사이의 균형과 조화가 잘 이루어졌을 때는 격정이 끓어오르지도 않거니와 만일 끓어오른다 할지라도 그것을 냉정하게 관찰하고 꽉 붙잡고, 그것이 지닌 최선의 힘을 믿어 주면 베스트 에너지가 발휘될 수 있게 된다.

3 6 장

통합의 길

에니어그램의 변화를 말할 때 몇 가지 명심해야 할 것이 있다.

첫째는 성격유형이 달라지는 것이 아니라는 점이다. 1번에서 2번이나 5번으로 바뀌는 것이 아니다.

둘째는 성격의 건강 단계는 수없이 바뀐다는 것이다. 사람이 백 번천 번 바뀐다는 말은 이런 관점에서다.

셋째는 성격이 바뀌는 것은 본성을 회복해 가는 것일 뿐이라는 사실이다. 변화는 본성의 회복을 향하여 바람직한 방향으로 나가는 것이어야 하며 이는 성격 발달 단계를 끌어 올려야 한다는 의미이다. 통합과 성숙을 향해 나아가는 것은 비통합과 미숙에서 벗어나야 가능하다. 퇴행과 퇴보에서 진화하는 방향으로, 불건강한 상태에서 건강한상태로 나아가야 한다.

수많은 나

에니어그램을 배우기 시작하면 우리는 먼저 자신의 현재 상태를 알기 시작한다. 이런 지식이 분명하고 명료해질수록 변화 과정은 촉진된다. 우리가 다음과 같은 상태에 있다는 것을 정신을 가다듬어 알아차려야 한다.

- 나는 하나가 아니라 수없이 많은 '나'로 되어 있다(그래서 자신을 잘 모르면서 살고 있다).
- 나는 대부분 '잠자는' 상태에 있다.
- 성격은 능동적이고 본성은 수동적이다.
- 삶은 기계적으로 영위된다.
- 내면의 감성과 지성과 본능이 불균형과 부조화 속에 있다.
- 격정과 강박충동에 따라 움직이고 있다.
- 우리는 자아라는 감옥에 갇혀 있다.

그렇기 때문에 우리가 하는 행동의 대부분은 '의식하지 못하는 행동'의 연속이라는 것을 알아야 한다. 이와 같은 삶의 기계성을 알기 시작하는 것이 변화의 첫걸음이다. 그러므로 우리가 지향하는 변화는 잠에서 '깨어남'과 갇힘에서 '풀려남'으로 진행되어야 마땅하다. 기계성을 극복하고 의도성과 능동성을 살려야 할 것이며 균형과 조화를 이루어 나가야 할 것이다. 에니어그램의 선구자들은 '진화 가능한 인간 심리학'과 '조화로운 인간 발달'을 주창하였다. 이를 가능케 하려면 깨달음과 앎이 요구된다. 앎은 자기를 아는 자기 지식과 세계와 우주를 아는 객관적 지식을 갖추어야 한다. '내가 어떤 상태에 있는가?'를 아는 데서 시작하여 '나는 어디로 가고 있는가?'를 알아야 하고, '누구와 더불어 가고 있는가?'를 알고, '나는 무엇 하러 태어나서 지구상에 현재 살고 있는가?'를 알아야 한다.

이런 물음들 앞에 진지하게 서면 천천히 깨어남이 시작될 것이다. 새로운 가치관과 인생관, 세계관과 우주관 앞에서 자기를 발견하게 될 것이다. 따라서 의식이 새로워져야 하고 목표를 분명히 세우고 집중해야 한다. 통합과 성숙을 향해 진화하여 '참 나'를 찾도록 있는 힘을 다 쏟아야 하고, 이를 이루기 위하여 혼신의 노력으로 집중해야 할 것이다.

그럼에도 우리 앞에는 수많은 걸림돌이 안팎으로 있어 우리의 발목을 잡곤 한다. 에니어그램을 통하여 우리 각자의 성격유형을 아는 것도 그 자체가 목적이 아니다. 각자 자신의 성격유형을 발견함으로써 그에 따른 격정과 강박충동을 알기 위함이다. 바로 이것이 결정적인 걸림돌이 될 뿐만 아니라 우리를 가두는 감옥이기 때문이다.

에니어그램의 격정을 깊이 들여다보며 통찰하면 그 밑뿌리에는 어릴 적에 받은 상처가 있다. 이것이 각자의 자기보존 본능과 욕구 충족의 패턴을 세우면서 생존 전략으로 발전하여 방어기제를 만든 것이다. 만 세 살에서 여섯 살까지 발전하여 확정된 성격유형은 그 안에 격정과 강박충동을 내포하고 있고 이것은 나이가 들어감에 따라 점점 강화되어 '외향적 습성의 패턴'을 고착시킨다. 이렇게 형성된 성격은 '거짓 인성'으로서 나를 격정에 따라 움직이는 '꼭두각시'로 만든다. 따라서 통합과 성숙으로 나아가기 위해서는 내면의 세계에서 행동(본능), 감성(감정), 지성(지식)의 세 가지 기능 중심이 어떻게 작용하는지를 치열하게 관찰해야 한다. 통합과 비통합, 진화와 퇴행, 건강과 불건강은 여기에서 판가름이 나기 때문이다.

퇴화는 에니어그램 1→4→2→8→5→7→1로 나타나고, 9→6→3→9로 나타난다. 크게 불건강을 말하지 않더라도, 스트레스를 받거나 걱정이 있거나 불안하거나 두려우면 퇴행의 방향으로 이행되게 마련이다. 비통합과 퇴행은 부조화와 불균형, 불건강의 상태로 나타난다.

불안, 초조, 공포 또는 스트레스를 받는 것은 비통합과 퇴행의 길을 가고 있다는 표지판이지만, 그렇다고 해서 반드시 그 길을 계속 가게 된다는 뜻은 아니다. 그런 징조를 자극이나 도전으로 받아들여서 치열하고 성실하게 자기를 관찰하고 걱정을 컨트롤하면, 통합과 성숙의 방향으로 나아가는 전기를 마련할 수 있다. 통합과 성숙의 방향은 비통합과 퇴행의 방향과는 반대로 움직인다. 1→7→5→8→2→4→1의 방향과 9→3→6→9의 방향으로 통합과 진화, 성숙이 이루어진다. 우리가 걱정에 사로잡히는 것이 아니라 오히려 우리가 걱정을 꽉 잡으면 함정에 빠지지 않고 기피 증세나 방어기제도 발휘하지 않게 되며, 회개하고 전환하여 각자의 덕목을 살리게 될 때 건강 단계는 향상되고, 통합과 성숙이 이루어진다. 이와 같이 '우리가 어느 방향으로 이행하는가?'는 '늘 깨어 있는 의식으로 관찰하는가?', '걱정을 어떻게 컨트롤 하는가?'의 여부에 달려 있다. 이를 더 깊이 있게 통찰하자면 어릴 적에 입은 상처를 어떻게 다루느냐가 아주 중요하다. 우리의 걱정이나 방어기제 같은 것도 우리가 입었던 상처가 어떻게 심층에서 피해의식으로 작용하는가에 좌우되기 때문이다. 우리의 의식이나 잠재의식 속에 있는 희생자 또는 피해자로서의 기억과 의식이 우리를 가두고 있기 때문이다.

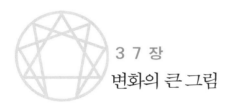

3 7 장
변화의 큰 그림

    인생이라는 여행길은 변화의 길이다. 인생에서 변하지 않는 유일한 법칙이 있다면 '변하지 않는 것은 없다'는 것이다. 요람에서 무덤에 이르기까지 한날한시도 변화하지 않는 시간이 없다. 변화를 의식하든 의식하지 않든, 인생은 어떻게든지 무덤으로의 행진을 계속할 것이다. 하지만 아무런 자의식이 없이 기계처럼 반응하면서 무덤을 향해 행진해 나아간다는 것은 '살아 있으면서도 잠자고 있는 것'이나 다름이 없다. 에니어그램을 비롯한 갖가지 수련 도구를 통해 자기를 들여다보고 자기를 앎으로써 자기 인생의 주인이 되기 전까지는 우리 모두가 우리 안에 숨어 있는 격정의 노예가 될 수밖에 없다.

    에니어그램 공부에 있어서 무엇보다 제일 중요한 것은 변화의 필요성을 바르게 인식하는 것이다. 내 마음은 지금 어떤 상태에 있는가? 내 마음 상태는 내 몸에 어떤 영향을 미치고 있는가? 결코 행복하다고 할 수 없는 지금의 내 삶을 변화시키려면 나의 무엇이 가장 먼저 변화되어야 하는가? 에니어그램을 통해 자기 자신을 아는 것이 절실하게 필요한 까닭은 우리 자신을 격정의 노예로 만들고 우리의 삶을 불행의 구렁텅이로 빠뜨리는 원인을 찾아내어 우리 자신을 치유하고 우리 안에 내재된 본래의 성품을 꽃피우도록 하기 위함이다.

어떻게 해야 우리 안에 있는 본래의 성품을 꽃 피울 수 있도록 변화될 수 있을까?

첫째: 무엇보다 자기 자신의 인성(성격Personality)을 확인Identify해야 한다.
둘째: 자기 안에 숨어 있는 격정을 확인하고, 그것이 자신의 진정한 모습이 아님을 확신Dis-identify/Non-identify한 다음,
셋째: 본성Essence을 회복Restore하는 것이라고 요약해서 말할 수 있다.

위의 변화 과정을 줄여서 표현하면, I →D →R 과정으로 표현할 수 있을 것이다. 왜 이런 것이 필요한가를 살펴보기로 하자.

에니어그램을 처음으로 접하는 사람이면 누구나 예외 없이 충격을 받는다. '사람은 기계'라 하고 모든 사람이 '잠자는 상태'에 있다 하고, 그런 사람에게 삶은 '행동이 아니라 해프닝'의 연속이라고 한다. '나'라고 말하지만 '나'를 모를 뿐만 아니라 '나' 속에 수없이 많은 '나'가 있는 줄도 모르고 사는 것이 보통 사람의 현주소이다. 어려서 상처를 입은 것이 격정으로 이어졌고, 그것이 방어기제 내지는 생존 전략으로 발전되면서 습관적 행동 패턴을 만든다. 그래서 사람들은 격정과 강박 충동에 따라 움직이는 꼭두각시가 된다. 배운 사람 안 배운 사람, 믿는 사람 안 믿는 사람, 잘난 사람 못난 사람이 이런 면에서 보면 별 차이가 없다. 약간의 차이가 있다면 감정이나 격정을 어느 만큼 컨트롤 하는가에 달려 있을 따름이다. 에니어그램은 바로 이런 컨트롤 방법을 배

워서 자기 인생의 주인 노릇을 하는 것을 목표로 삼는다.

에니어그램을 통해 자신의 성격유형을 확인하면, 그 유형의 격정을 확인하게 된다. 하지만 대부분 이런 성격이 바로 자기 자신의 것으로 잘못 알고 있다는 데 문제의 핵심이 있다. 그것은 '진짜 나Real I'가 아니다. '수많은 나Many I' 중의 하나로서 격정에 사로잡혀 꼭두각시처럼 반응하거나 행동하는 '나'일 뿐이다. 다시 말하자면, 에니어그램을 배우기 전에 내가 나라고 알던 나는 '진짜 나'가 아니라 인성(성격)이라는 말로 묘사되는 '가짜 나'이다. 따라서 '가짜 나'의 성격을 확인한 다음에는 그것이 '가짜 나'일 뿐 '진짜 나'가 아닌 것을 확인해야 한다. 이를 두고 '비확인' 내지는 '비동일시'라 한다. '가짜 나'는 더 이상 나가 아니고, 더욱이 '진짜 나'가 아님을 명백히 알아야 하기 때문이다. '확인'(동일시)과 '비확인'(비동일시)의 과정을 거치면 그 다음은 본래적인 나, 진짜 나를 찾아 회복시켜야 한다. 이를 두고 본성을 '회복'하는 것이라고 한다.

이와 같은 I→D→R의 과정을 나날의 삶 속에서 깨어 있는 의식으로 이어가며 자발적 고난을 감내하면서 지속해야 한다. 이런 말이 있다. '마음은 행동의 원천이요, 행동은 마음의 반영이다.' 즉 속에 있는 마음이 행동으로 표현된다는 것이다. 그리고 감성과 지성과 본능이 조화를 이루지 못할 때는 겉으로 표현되는 행동이 스스로 의식하지 못하는 돌발 행동이 되지만, 힘의 세 중심이 조화를 이룰 때는 자신이 어떤 행동을 하는지 의식할 수 있게 된다.

자기 관찰은 내면의 기능 중심들이 어떻게 작용하여 겉으로 나타난 결과가 행동인지 해프닝이 되는지를 살펴보는 것이다. 그러나 자기 관찰을 시작한 초심자로서는 이것이 쉽지 않다. 내면에서 감성과 지성과 본능이 어떻게 작용하는가를 관찰하기가 어렵기 때문에, 먼저 겉으로 나타나는 해프닝과 그 속에서 외향적 습관 패턴을 관찰하기 시작해야 한다. 이와 같은 자기 관찰이 본격적으로 이루어질 때 비로소 에니어그램 수련Enneagram Work이 시작되는 것이며 이로써 수련 인생Work Life이 시작된다고 할 수 있다. 격정이나 강박충동에 의해 생각 없이 마음 없이 습관적으로 실수나 과오를 되풀이하던 삶에 제동이 걸리기 시작하는 것이다. 이로서 무의식적으로 반응하던 행동이나 방어기제가 점차 의식되기 시작한다.

의식이 '잠자던 상태'에서 '선잠 깬 상태'로 옮겨가고 마침내 '깬 상태'를 향해 성실성과 치열성을 가지고 분투노력struggle해 나가는 것이다. 그러기 위해서는 먼저 자기 자신이 지금 어느 정도로 격정에 사로잡혀서 현재를 살고 있는가를 확인해야 한다. 예를 들어본다면, 속으로는 '참자, 참자' 하면서도 겉으로는 화를 내고 있는 자신을 관찰하는 것이다. 이것은 분명히 자신이 격정에 사로잡혀 있는 상태임을 확인하는 것이다.

1번이라면 자기 자신의 격정을 확인하면 그 다음에는 성격을 포괄적으로 관찰해야 한다. 욕먹는 것을 피하려고 뭐든지 완벽하게 해야 직성이 풀리는 함정이 있다는 것을 확인하고, 완전주의라는 강박충동에서 벗어나 성숙을 지향하는 자세로 마음을 바꾸고 생각을 바꾸는 회개를 하면, 일은 깔끔하게 하면서도 마음의 '평정'을 이루고 남을 편하게 대할 수 있는 자신을 발견하기에 이른다. 이런 과정이 자신의 성격이나 격정이 자기 자신이 아님을 알고 비동일시를 하는 과정이다.

에니어그램 수련의 목표도 변화 과정의 목표도 결국은 사람이 자신의 능력을 마음껏 펼치고 온전한 자유와 해방을 누리는 데에 있다. 본성을 회복해가는 과정은 바로 이 목표를 의식하고 지향하며 성실하고 치열하게 수련을 거듭하며 노력하는 과정이라고 할 수 있다.

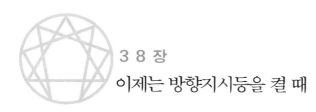

38장
이제는 방향지시등을 켤 때

에니어그램은 변화의 길이다. 격정의 꼭두각시놀음을 그만두고 활짝 깨어 있는 의식 상태에서 나와 세계를 바로 보고 본래의 온전한 자아를 찾아 나아가는 과정이다. 그러기 위해서는 과거의 상처로부터, 고통으로부터 우리 자신을 떠나보내야 하고 자유롭고 행복한 우리의 자아상을 새롭게 맞이해야 한다. 해묵은 부정적인 신념과 결별하고, 새롭고 긍정적인 신념으로 대치해야 한다. 우리의 아픈 과거와 습관을 떠나보내고 결별하는 것만으로는 충분치 않다. 그 텅 빈 공간을 새로운 것으로 채워야 과거의 해묵은 버릇들이 되돌아올 가능성이 커질 것이기 때문이다.

각 유형의 변 화과정을 나타내는 "방향지시등"에는 16가지의 지시등이 켜져 있다. 10가지는 퇴화나 평균적인 상태에서 나타내는 바람직하지 못한 징조들로서, '이제는 그런 나의 과거와 결별한다'는 문장으로 끝난다. 해묵은 과거의 상처나 습관, 인간관계 등에서 아직 헤어나지 못하고 있다면, 아침저녁으로 이를 큰 소리로 낭송하고 자기 자신을 돌아보는 시간을 갖는 것이 유효할 것이다. 통합의 방향에서 나타나는 건강한 마음 자세와 행동을 충전시키기 위한 여섯 가지 확신의 말들은 과거의 나를 떠나보내고 새롭게 채워 넣어야 할 충전물 같은 것이다. 이 세상과 우주가 하나님의 말씀으로 창조되었다는 것을 명심하고 소리 내어 읽기를 반복한다면 우리 마음 안에 좋은 열매를 맺을 수 있는 씨가 뿌려질 것을 믿어 의심치 않는다.

방향지시등을 활용하는 방법에 대해서는 각자가 자기 실정에 맞게 정하되, 전체를 읽어나가다가 확신의 부분만을 읽으면서 변화된 자신의 모습을 현재형으로 그림 그리는 것이 도움이 되리라 믿는다. 자신의 변화가 무엇보다 중요하겠지만 다른 유형의 변화 과정에 대해서도 익혀 두는 것이 여러 모로 유익하다. 우리는 혼자 살기 위해서 이 세상에 온 것이 아니고 모듬살이를 통해서 진정한 자유의 삶을 모색해야 한다. 특히 우리 자신과 관계 맺고 있는 사람의 인성유형과 그 변화 과정에 대해 읽어두면, 주변 사람들을 깊이 있게 이해하는 데에 길잡이가 되어주어 겉핥기의 만남이 아닌 얼과 혼의 만남으로 승화시켜 줄 수 있을 것이다.

변화를 위한 방향지시등

1번 유형: 합리적인 개혁자(The Reformer)의 길, 온화한 개혁가

세상은 결코 완벽한 곳이 아니다. '어떤 악조건에서 인류는 멸망하더라도 박테리아는 살아남을 것'이라는 말이 있는 것처럼 세상은 잘난 사람, 못난 사람이 한데 뒤섞여 사는 학습장이지 무균지대가 결코 아니다. 1번이 가장 명심해야 할 것이 바로 이것이다. 합리적이고 이상적인 세상을 건설하기 위해서 고치고 개선하는 것은 반드시 필요한 일이지만 원칙과 이상만을 내세우게 되면 세상은 용서와 사랑과 평화가 없는 살기 불편한 장소가 되어버릴 것이다. 1번은 '심판은 하나님이 하는 것이니 하나님의 업무를 방해하지 말라. 그대는 그대의 할 일이나 하라!'라는 말을 들을 수 있다.

자신이 옳은 사람이고 제대로 된 사람이며, 자신이 갖고 있는 합리적이고 이성적인 잣대가 자기는 물론 다른 사람들에게도 그대로 적용되어야 한다고 믿는다. 그것이 그들의 장점이자 아킬레스건이다. 1번은 자신이 지닌 기준과 이상주의가 다른 사람에게 인정받지 못하거나 다른 사람에게 욕먹을까봐 두려워한다. 자신의 이상주의와 완벽주의를 계속해서 밀어붙이고자 한다면 그들은 자기 자신뿐만 아니라 주변으로부터 거센 저항과 부작용을 경험하게 될 것이다.

1번은 자기 자신이나 다른 사람들에 대한 기대치가 지나치게 높다는 것을 스스로 인정하고 이상주의의 높은 벽을 사랑과 용서의 강물로 무너뜨림으로써 자신의 성격이 지닌 함정에서 벗어날 수 있다. 세상은 다양한 꽃들이 피어나는 개성의 전시장이기에 더욱 아름답다는 것을 재발견하여 자기의 기준만이 절대적인 것이 아님을 인정하고 깨달을 때 1번에게는 세계관의 새로운 지평이 열리게 된다.

1번 유형을 위한 방향지시등

1. 나는 늘 나 자신의 행동을 정당화시키려고 애써 왔다. 이제는 그런 나의 과거와 결별한다.
2. 나는 내 주변 사람들과 세상 사람들에게 실망하고, 어쩔 수 없다고 절망하기도 했다. 이제는 그런 나의 과거와 결별한다.
3. 나는 나 자신에게 '이래야 한다', '저래야 한다'고 갖가지 의무의

짐을 부여해 왔다. 이제는 그런 나의 과거와 결별한다.

4. 나는 내가 틀렸다고 지적을 받거나 야단을 맞을까봐 노심초사하는 경향이 있었다. 이제는 그런 나의 과거와 결별한다.

5. 나는 다른 사람들의 잘못된 점에 지나치게 신경을 써왔다. 그들의 잘못과 실수를 판단하고, 바로잡아 주어야 한다고 생각해 왔다. 이제는 그런 나의 과거와 결별한다.

6. 내가 세운 기준과 틀을 무엇보다도 중시하고, 나뿐만 아니라 다른 사람들에게도 그런 기준과 틀에 끼워 맞추려고 고심해 왔다. 이제는 그런 나의 과거와 결별한다.

7. 나는 나 자신과 다른 사람들에게 늘 완벽한 것을 요구하고, 그리로 몰아가려고 해왔다. 이제는 그런 나의 과거와 결별한다.

8. 나는 내 뜻대로 되지 않으면 속으로는 분노하면서도, 분노하는 나 자신을 억제하려고 애쓰곤 했다. 이제는 그런 나의 과거와 결별한다.

9. 나는 나 자신의 육체적인 고통과 정서적인 아픔을 애써 무시하곤 했다. 이제는 그런 나의 과거와 결별한다.

10. 나에게는 무엇이든 바로잡으려고 하는 버릇이 있다. 이제는 그런 나의 과거와 결별한다.

11. 나는 다른 사람의 실수와 잘못은 물론 나 자신에 대해서도 아량을 갖고 지켜보며, 기꺼이 용서할 준비가 되어 있다.

12. 나는 내 기준이 아닌 다른 사람의 시선으로 바라보는 법을 배우고, 다른 사람들의 자유와 선택을 우선적으로 고려한다.

13. 나는 내 감정에 솔직하고, 내 본능의 소리에도 기꺼이 귀 기울인다.

14. 나는 다른 사람들에게 더 이상 의무를 강요하지 않고, 늘 존경

심을 갖고 대하는 '편한 사람'이다.

15. 옳은 것은 옳은 것이고 틀린 것은 틀린 것이라는 이분법적인 판단보다 더 중요한 것은, '최선을 다하는 것'이다. 최선을 다하면 그것으로 필요충분하다.

16. 태풍이 불어도 연한 버들가지는 꺾이지 않듯이, 가장 부드러운 것이 가장 강한 것이다. 나는 그렇게 꺾이지 않는 부드러움으로 세상을 살아갈 것이다.

2번 유형: 보살피고 양육하는 협조자(The Helper)의 길, 겸손한 봉사자

진정한 사랑은 태양을 닮은 사랑이다. 태양은 준다는 생각도 없이 자신의 빛과 열을 내어줌으로써 만물을 기른다. 세상의 모든 열매는 태양이 빚어낸 사랑의 결실이다. 2번은 사랑을 잘 베푸는 사람이다. 다른 사람의 필요를 너무나 잘 알아서 보살피고 돌보는 일을 잘한다. 그럼에도 2번은 늘 스스로에게 물어야 한다. 나의 사랑과 베풂은 태양을 닮아 있는가? 아무런 조건 없이 내어주고 있는가? 자신의 도움에 대해서 상대방이 고마워하지 않는다고 해서 실망하고 분노하는 일은 없는가? 묻고 답하며 자신을 더 깊이 들여다봄으로써 2번은 성장을 기할 수 있다.

사려 깊고 호의적이고 마음 씀씀이가 바다처럼 넓었던 2번이라 할지라도 상대방과 주변의 반응이 냉담하고 자신을 몰라줄 때는 자포자기하여 약물을 남용하거나 폭식으로 비만에 걸릴 확률이 높다는 것은 무엇을 뜻하는가? 2번은 자신의 사랑과 베풂이 사랑을 받기 위한 전제조건이요, 내면 깊은 곳에서는 사랑받지 못할까봐 두려워하는 마음이 똬리를 틀고 있음을 직시할 때 성장을 하기 시작한다.

받기 위해서만 주는 사랑과 베풂은 온전한 것이 될 수 없다. 그런 조건적인 사랑에서 벗어나 더욱 성장하기 위해서는 무엇보다도 자기 자신의 신성에 눈을 떠야 한다. 우리 모두는 신의 아들 딸이며, 있는 그대로 사랑받을 만한 충분한 가치가 있음을 깊이 깨닫게 될 때 2번은 주는 것만으로도 행복해질 수 있다.

2번 유형을 위한 방향지시등

1. 나는 다른 사람들이 필요로 하는 것을 채워주면서도 그들이 내 마음을 몰라주면 분노하기를 잘했다. 이제는 그런 나의 과거와 결별한다.
2. 나는 다른 사람의 사랑을 끌어내려고 억지로 강요하곤 했다. 이제는 그런 나의 과거와 결별한다.
3. 나는 사람들이 나를 원하지 않거나 사랑하지 않는 상태를 두려워했다. 이제는 그런 나의 과거와 결별한다.
4. 나는 다른 사람들에게 베풀어주고 그들 또한 나에게 똑같은 식으로 갚아 주어야 한다고 생각해 왔다. 이제는 그런 나의 과거와 결별한다.
5. 다른 사람들이 베푼 만큼 보답하지 않으면 나는 배신감을 느끼고 폭식을 하거나 술 담배에 탐닉하는 것으로 화풀이를 하곤 했다. 이제는 그런 나의 과거와 결별한다.
6. 사랑은 소유가 아니다. 나는 다른 사람들에게 도움을 베풀고는, 그런 혜택을 받은 사람들을 내 소유라고 생각하는 경향이 있었다. 이제는 그런 나의 과거와 결별한다.
7. 나는 다른 사람들의 관심을 끌고 나를 좋아하게 만들려고 지나

치게 아부하는 근성이 있었다. 이제는 그런 나의 과거와 결별한다.

8. 다른 사람을 보살펴 주는 데에 바빠서 정작 나 자신을 돌보지 못했다. 이제는 그런 나의 과거와 결별한다.

9. 나는 다른 사람들이 나를 필요로 한다는 것에 많은 가치를 두고, 필요한 사람이 되려고 애써 왔다. 이제는 그런 나의 과거와 결별한다.

10. 나는 내가 필요로 하고 원하는 것을 표현하는 것에 인색한 경향이 있다. 이제는 그런 나의 과거와 결별한다.

11. 나는 사람들에게 도움을 주고 싶어 하는 내 의도를 정확하게 안다. 사랑받고 싶어 하는 나 자신의 욕구 때문에 사랑을 주는 경우에도, 그것을 정직하게 인식한다.

12. 다른 사람의 필요를 채워주어야만 사랑을 받을 만한 자격을 획득하는 것은 아니다. 나는 있는 그대로 사랑받을 만한 사람이다.

13. 진정한 사랑은 그 무엇도 강요하지 않는다. 나는 더 이상 내가 사랑하는 사람들에게 집착하지 않고 '방목하는 사랑'을 할 것이다.

14. 나는 더 이상 다른 사람들의 평판에 신경 쓰지 않고, 나 자신의 성장 발달에 투자한다.

15. 다른 사람을 보살피고 돌본다는 것은 그 사람의 마음속으로 들어가서 그 사람의 깊은 속마음을 이해하고, 그들의 입장이 되어 주는 것이다. 나는 이제 그들이 어떻게 반응할지에 대한 계산을 하지 않고, 진실하게 내 마음을 열어 준다.

16. 나는 사람들이 나에게 베풀어 준 것들에 감사한다. 나 또한 태양처럼 남김없이 베풀면서 살아가고 싶다.

3번 유형: 성공지향적인 동기부여자(The Motivator)의 길, 신실한 성취자

아침부터 밤까지 인간은 무엇을 위해서 수고하고 땀을 흘리는가? 3번은 자신이 의식하든 의식하지 못하든 성공을 위해 달려가는 사람들이다. 더 많은 것을 갖기 위해서, 더 많은 이들에게 박수갈채를 받기 위해서, 더 많은 영향력을 행사할 수 있는 파워를 가지기 위해서 3번은 오늘도 지칠 줄 모르고 달려간다. 그들은 분명 능력 있고 가치 있는 사람들이며 그런 만큼 다른 사람들의 부러움과 칭찬을 받아 마땅하다. 그러나 3번은 성공을 향해서 달려가느라 너무 바쁜 나머지 정작 자기 자신의 내면은 돌아보지 않는다. 목표를 달성하기 위해서라면 어떠한 수단과 방법도 가리지 않는 편인 3번은 스스로 얻고자 하는 재산이나 지위나 명예 자체가 자신을 행복하게 해주는 것이 아님을 돌아보기 시작할 때 영적 성장을 위한 주춧돌을 놓게 된다.

다른 사람의 주의와 관심, 박수갈채가 그렇게도 중요한 것인가? 나의 내면에서부터 뿌듯한 충족감을 느낄 수 없다면 성공이 나에게 무슨 의미가 있는가? 성공을 향해 달려가는 추진력 뒤에는 남보다 앞서 가지 않으면 내 존재가치가 추락할 것이라는 염려와 불안이 도사리고 있는 것은 아닌가? 3번은 성취를 향해 달려가는 자기 자신을 멈춰 세우고, 자기 자신이 진정으로 원하는 가슴의 소리에 귀를 기울임으로써 자기 자신과 세계에 대한 경이감에 눈 뜰 수 있다. 그때 3번은 비로소 제2, 제3의 참다운 인생을 다시 출발하게 되어 진정한 충족감에 몸과 마음을 담글 수 있게 된다.

3번 유형을 위한 방향지시등

1. 나는 경쟁에서 이기는 것을 늘 중요하게 생각해 왔다. 이제는 과거의 그런 나와 결별한다.

2. 나는 다른 사람들이 잘 되는 것을 보면 겉으로는 축하하면서도 속으로는 질투심을 참을 길이 없었다. 이제는 과거의 그런 나와 결별한다.

3. 나는 실수하는 것을 두려워하고 체면이 깎이는 것을 극도로 싫어한다. 이제는 과거의 그런 나와 결별한다.

4. 나는 내 실수와 한계를 감추려고 애써 왔다. 이제는 과거의 그런 나와 결별한다.

5. 나는 다른 사람의 시선과 평가를 지나치게 의식해 왔다. 이제는 과거의 그런 나와 결별한다.

6. 성공하기 위해서는 나 자신의 소소한 감정 따위는 돌아보지 말아야 한다고 생각해왔다. 이제는 과거의 그런 나와 결별한다.

7. 나는 다른 사람들이 늘 나에게 관심과 주의를 집중해 주기를 열망해 왔다. 이제는 과거의 그런 나와 결별한다.

8. 어떻게든지 다른 사람들에게 좋은 인상을 주려고 끊임없이 뭔가를 시도해 왔다. 이제는 과거의 그런 나와 결별한다.

9. 나는 언제나 다른 사람과 비교하고 경쟁하는 마음이 앞서 왔다. 이제는 과거의 그런 나와 결별한다.

10. 나는 내가 최고가 되기 위해 언제나 나 자신을 다그치고 들들 볶았다. 이제는 과거의 그런 나와 결별한다.

11. 나의 겉모습이 성공하는 자의 것이든 그렇지 않든, 내가 지닌 고유의 가치가 달라질 수는 없다. 그것을 확신한다.

12. 나는 있는 그대로의 나 자신을 인정하고 받아들인다.

13. 결국엔 성공이란 것도 자기만족을 위한 것이므로, 자기 감정을 희생하면서까지 성공하는 것은 진정한 성공일 수 없다. 나는 내 감정을 존중한다.

14. 다른 사람이 내 영혼의 양식까지 챙겨주지는 않는다. 이제 나는 무엇보다도 나 자신을 돌보고자 한다.

15. 나는 다른 사람의 성공과 성취를 기꺼이 받아들이고 축하한다.

16. 나는 남을 보살피는 따뜻한 마음씨를 지니고 있고, 선한 마음으로 세상의 발전을 위해 일한다.

4번 유형: 예민하고 섬세한 예술인(The Artist)의 길, 침착한 개인주의자

'꿈과 상상이 현실보다 더 강력한 힘을 가진다'는 말은 적어도 4번과 예술을 사랑하는 이들에게는 더하고 뺄 수 없는 진실일 것이다. 하지만 예술가들의 밑천이 되는 꿈과 상상은 밀실의 소산이지 광장의 산물이 아니다. 섬세하고 예민하고 감성적인 4번은 남과 어울리지 못하고 자기만의 밀실에 갇혀 낭만적인 공상을 즐기느라 다른 사람들과 소통의 기회를 스스로 차단한다. 하지만 바로 이 점을 간과하지 않을 때 4번은 스스로를 도약하게 하는 발판을 마련할 수 있다. 고치는 부수어져야 하고, 알은 깨어져야 한다. 그래야 창공을 훨훨 나는 나비가 되든지, 새가 될 수 있을 것이다. 예술적인 소양을 꽃피우기 위해서는 자기 회의와 비관주의에 빠져 현실을 외면한 채 상상과 공상의 세계에 머물러 있는 것이 아니라 다른 사람들과의 공감대를 모색해야 한다. 밀실에서 벗어나 더 넓은 세계로 나아가야 한다.

4번은 자기만의 감정에 빠져 객관성이 결여되기 쉽다. 그러므로

'상대성의 원리'에 눈을 떠서 자기 자신을 바로 볼 수 있는 시야를 확보해야 자기 감정의 늪에서 벗어나 성장을 기할 수 있다. 그것은 자기 사생활과 자기 감정을 죽여야 한다는 이야기가 결코 아니다. 깊고도 섬세한 감성으로 다른 사람들을 헤아림으로써 인간성을 재발견하여 창조의 원천으로 삼고, 그럼으로 더욱 풍요로운 자기 세계를 가꿀 수 있다. 이렇게 자기를 활짝 열고 고요한 마음으로 세상은 물론 천지자연과 통하는 기쁨을 맛볼 때, 4번은 샘솟는 영감으로 자신의 예술세계를 창조할 수 있을 것이고, 그것은 곧 더욱 폭넓은 공감대로 이어질 수 있을 것이다.

4번 유형을 위한 방향지시등

1. 고통스럽고 어려운 일이 닥치면 나는 잠을 자 버리거나, 술을 마시는 등으로 회피하려고 하는 경향이 있었다. 이제는 과거의 그런 나와 결별한다.

2. 나는 세상에 대해 절망하고 죽고 싶다고 느낄 때가 많았다. 이제는 과거의 그런 나와 결별한다.

3. 나는 잘 모르는 사람들에게는 선뜻 다가서지 못하고 움츠러드는 경향 때문에 많은 어려움을 겪었다. 이제는 과거의 그런 나와 결별한다.

4. 눈을 감는다고 하여 보고 싶지 않은 사람이나 환경이 사라지는 것은 결코 아니다. 이제 도피하려는 과거의 그런 나와 결별한다.

5. 어쩌다 여러 사람들 속에 섞이더라도 나는 늘 외톨이가 되어 겉돈다는 느낌을 배제하기 어려웠다. 이제는 과거의 그런 나와 결별한다.

6. 나는 내가 늘 특별한 사람이고, 대다수 사람과 다르다는 점을

자부심으로 알고 살아왔다. 이제는 과거의 그런 나와 결별한다.

7. 나는 번잡한 사람들을 떠남으로써 나 자신을 온전하게 보호할 수 있다고 생각하고, 그렇게 도피한 적도 있었다. 이제는 과거의 그런 나와 결별한다.

8. 나 혼자만의 환상과 로맨틱한 공상으로 시간을 보낸 적이 많다. 이제는 현실과 동떨어진 과거의 그런 나와 결별한다.

9. 나는 과거의 일들을 곱씹으면서 후회하고 자책하던 일이 적지 않았다. 이제는 과거의 그런 나와 결별한다.

10. 나는 어떻게든지 다른 사람의 관심을 끌기 위해서 모두가 다 선택하는 방향을 일부러 거스른 적도 적지 않았던 것 같다. 이제는 과거의 그런 나와 결별한다.

11. 독특한 사람이 되기 위해서 노력할 필요는 없는 것 같다. 장미는 애쓰지 않아도 저절 로 장미꽃을 피운다. 이제 나는 있는 그대로의 나 자신을 사랑한다.

12. 사람과 사람이 정으로, 사랑으로, 우정으로 통한다는 것은 얼마나 큰 기쁨인가. 이제는 창문을 열고 사람들을 가슴으로부터 만나고자 한다.

13. 이미 지나간 과거에 대해 이리저리 마음을 쓰는 것은 불필요한 소모전일 뿐이다. 과거는 아무런 힘도 없다. 이제 나는 지금 이 순간 내가 어떤 생각을 하고, 무엇을 하고 있느냐에 집중하면서 살아간다.

14. 세상은 그래도 살 만한 곳이다. 시멘트 바닥에서도 틈만 있으면 꽃을 피우는 민들레처럼 나도 이젠 뭔가 내 안의 소질을 꽃 피울 때가 되었다고 믿는다.

15. 나는 내 주변 사람들과 세상을 있는 그대로 사랑한다.

16. 가만히 귀 기울이면 풀과 나무들, 하늘과 바람 소리가 나에게 뭔가 소중한 비밀을 속삭여 주는 것 같다. 나는 이제 내면을 고요하게 하고, 하늘의 소리를 듣고자 한다.

5번 유형: 지성적이고 분석적인 사색가(The thinker)의 길, 초연한 지식인

'앎'은 미지의 동굴 속 어둠을 밝히는 횃불과도 같다. 첨단 의학의 발달과 유전자 지도의 발견으로 우리 몸의 오늘과 내일을 진단하고 처방할 수 있는 것처럼 앎은 무지에서 생기는 온갖 한계와 질곡으로부터 우리를 해방시킨다. 앎은 '모른다'는 지각에서부터 시작하여 강력한 물음표로 촉발된다. 5번은 마음속에 물음표가 유난히 많은 탐구자이다. 앎에 대한 갈증과 탐구는 인간 고유의 대단한 미덕임에 분명하지만, 5번은 그러한 탐구의 성향이 어디에서 비롯되었는지 스스로 물을 수 있어야 더 큰 도약을 기약할 수 있다. 5번의 탐구심은 가족이나 사회로부터의 도피에서부터 촉발되었을 가능성이 짙기 때문이다. 육체적인 질병이라든가 가족 구성원과의 불화로 말미암아 자기만의 세계로 도피해 들어갔고, 그럼으로 책이나 컴퓨터, 음악이나 신비한 과학 세계에 대한 탐구로 빠져들었을 가능성이 크다. 극단적인 고립감이 혼자만의 세계에 대한 집중력으로 이어지고, 그것은 그들이 갖는 자부심의 원천이 된다. 그러한 고립과 집중은 과학적인 발견이나 발명, 예술과 문학 작품의 성과를 낳게 되고, 그럼으로써 애초의 '고립 상태'를 무너뜨리고 다시 주변 세계와의 극적인 화해로 이어질 수 있다. 그러나 5번은 자기만의 세계에 대한 탐구와 끝없는 지식의 추구가 배타적인 고립감을 더욱 조장하며 합리화하고 있지는 않은지 스스로에게 물으면서 현실과의 균형과 조화를 꾀하도록 시도해야 한다. 아무리 원대하고 심오한 이론이라도 세상과 만나 '몸'을 섞기 전에는 불완전한 상태로 고통을 받고 신음해야 할 운명이기 때문이다.

5번 유형을 위한 방향지시등

1. 나는 나 자신이 무기력하다고 생각하고, 절망을 느낄 때가 많았다. 이제는 과거의 그런 나와 결별한다.
2. 나를 에워싼 주변 세상이 무섭고, 그 속에서 살아가는 것이 두렵게 느껴질 때가 많았다. 이제는 과거의 그런 나와 결별한다.
3. 나는 다른 사람들이 나를 이용하고 착취할 것이라고 두려워했다. 이제는 과거의 그런 나와 결별한다.
4. 나는 사람들이 나에게 거는 기대가 너무 부담이었다. 주위의 모든 시선으로부터 도망치고 싶었다. 이제는 과거의 그런 나와 결별한다.
5. 나는 인생을 헤쳐 가기에는 너무 나약하다고 느껴왔다. 이제는 과거의 그런 나와 결별한다.
6. 나는 내 주변의 다른 사람들을 거부함으로써 스스로 고립시켜왔다. 이제는 과거의 그런 나와 결별한다.
7. 나는 나 자신의 육체적인 건강을 돌보지 않았다. 이제는 과거의 그런 나와 결별한다.
8. 나는 모든 것을 다 알고 있다고 확신하기 전까지는 실천을 뒤로 미루는 경향이 있었다. 이제는 과거의 그런 나와 결별한다.
9. 나는 늘 나의 감정적인 욕구와 필요를 외면하려 했다. 이제는 과거의 그런 나와 결별한다.
10. 나는 현실과 직면하고 싶지 않아서 책과 이론 속으로 도망치려

고 했다. 이제는 과거의 그런 나와 결별한다.

11. 인생에는 도저히 풀 길 없는 모순이 있고, 그것은 그것 자체로서 놓아둘 필요가 있다.

12. 나는 이제 내 몸에도 관심을 갖고 사랑을 주려고 한다. "몸아, 난 너를 사랑해!"

13. 삶의 현실은 이론이나 개념의 틀에 집어넣을 수 없다. 아무리 방대한 책을 쓰더라도 한 방울의 물, 한 알의 모래가 가진 신비를 다 담아낼 수 없다. 이제는 그것을 인정하고 받아들인다.

14. 아무리 구하고 구해도 다 밝혀질 수 없는 것이 세상 만물의 이치다. 지식 너머의 신비한 세계가 여전히 거기에 남아 있기에 세상은 그만큼 살만한 가치가 있다고 믿는다.

15. 나 혼자만의 세계를 인정하고 받아들임으로써 나의 오늘을 가능하게 만들어 주었던 많은 이들에게 감사드린다.

16. 내 주변 사람들의 자유와 개성을 인정하고, 받아들이고, 그들 나름대로 주어진 길을 가도록 내 힘껏 지원할 것이다.

6번 유형: 안전을 지향하는 충직한 사람(The Loyalist)의 길, 용감한 충성가

생존을 위해 무기가 필요한 것은 오늘날도 예외가 아니다. 언뜻 눈에 띄지는 않지만 야성이 지배했던 옛날보다 오히려 더 교묘하고 치열하게 생존을 위한 물밑 작전이 벌어지고 있는 것은 아닐까. 6번의 살아남기 위한 전략을 굳이 말로 표현하자면 '기대기 작전'이라고 할 수 있다. 6번은 자신의 안전을 보장해 줄 확실한 것을 자신이 아닌 외부로부터 구하여 그것들로 울타리를 쳐놓으려는 성향이 강하다. 가족들과 친구들, 직장에서뿐만 아니라 이상과 신념 체계에서까지도 자신을 안전하게 보호해 줄 수 있는 것을 구하고, 그것을 최우선순위에 둔다.

외부의 것들에 의존하는 6번은 자신 안에 웅크리고 있는 안전에 대한 욕구와 두려움을 직시함으로써 성장을 위한 디딤돌을 놓게 된다. 다른 사람의 입맛에 맞추기 위해 애써 달려온 지금까지의 자취를 돌아보고, 거기에는 정작 '자기 자신'은 빠져 있음을 통렬하게 자각해야 한다. 궁극에는 누구나 홀로 무덤 안으로 걸어 들어가야 한다. 누구도 의지처가 되어주지 못한다. 주변 사람들, 회사나 조직에 의존하는 것은 결코 항구적인 해결책이 되어주지 못한다. 6번은 내가 바로 서야한다는 것을 깨닫고 중심을 잡는 법을 터득해야 한다. 사람은 다른 외부의 도움이 없이는 한순간도 생존할 수 없으며, 우리가 따로 구하지 않더라도 우주는 우리의 생존을 위해 막대한 은혜를 베풀고 있다. 우리 모두가 광대한 사랑의 수혜자임을 자각할 때, 6번은 확고한 내면의 중심을 잡고 자기 안에서 안정과 평화를 구가할 수 있을 것이다.

6번 유형을 위한 방향지시등

1. 나는 미래에 닥칠지도 모르는 문제에 대해 걱정하고 두려워할 때가 많다. 이제는 과거의 그런 나와 결별한다.
2. 나는 다른 사람들에게 버림받거나 혼자만 남게 될 것을 두려워했다. 이제는 과거의 그런 나와 결별한다.
3. 나에게 문제가 있고 내가 잘못한 것이 분명한데도 남의 탓으로 돌리려는 경향이 있었다. 이제는 과거의 그런 나와 결별한다.
4. 나 자신을 믿을 수 없다고 의심하는 경우가 적지 않다. 이제는 과거의 그런 나와 결별한다.
5. 나와는 다른 의견을 가진 사람들에게 반감을 갖고 그들을 회피

하려 했다. 이제는 과거의 그런 나와 결별한다.

6. 나는 나를 필요로 하는 사람들에게 나 자신을 선뜻 내어주지 못하고, 도움을 베푸는 일에 인색했다. 이제는 과거의 그런 나와 결별한다.

7. 나는 나 자신의 실수와 잘못을 솔직하게 인정하지 못하는 경향이 있다. 이제는 과거의 그런 나와 결별한다.

8. 다른 사람들이 나를 해칠까봐 두려워하면서 그들의 눈치를 살피는 경우가 적지 않았다. 이제는 과거의 그런 나와 결별한다.

9. 나 혼자 힘으로는 아무런 구실을 할 수 없다고 느낄 때가 적지 않았다. 이제는 과거의 그런 나와 결별한다.

10. 무슨 일이든 가족이나 친구와 의논하면서, 나 스스로는 결단을 내리지 못했다. 이제는 과거의 그런 나와 결별한다.

11. '지금 이 순간'이 아닌 시간은 사람의 머릿속에서만 존재한다. 쓸데없는 근심 걱정일랑 날려버리자. 이젠 현재에 충실하자.

12. 나는 이제 가족이나 친구들과 의논하긴 하지만 어디까지 그들의 의견을 참고하는 것일 뿐, 내 진로는 나 스스로 결정한다.

13. 나는 나 자신의 실수를 솔직하게 인정하고 받아들인다.

14. 나는 나 자신의 재능을 확신하고, 나의 재능이 세상에 가치 있게 쓰일 날이 올 것이라고 믿는다.

15. 내가 가장 만나야 할 대상은 '나 자신'이다. 때로는 전화 코드도 뽑아놓고, 텔레비전도 끄자. 가만가만 숨을 들이쉬고 내쉬면서 나 자신의 소리에 주의를 기울여 보자.

16. 죽음을 각오하면 위험한 일은 아무것도 없다. 나는 이제 누구의 눈치도 보지 않고, 내가 진정으로 하고 싶은 일을 하면서 살 것이다.

7번 유형: 다방면에 관심 많은 팔방미인(The Generalist)의 길, 맑은 정신의 열정가

현대인들이 입에 달고 다니는 "바쁘다, 바빠!"는 사실은 7번의 전매특허에 가깝다. 그들의 호기심은 바람 잘 날이 없고, 새로운 관심 영역을 탐색하는 그들의 에너지는 고갈될 줄을 모른다. 버트런드 러셀은 '다방면에 대한 관심과 흥미가 행복하게 살 수 있는 지름길'이라고 했지만, 그가 말하는 것은 중심이 제대로 잡혀 있는 사람이 누릴 수 있는 인생의 깊이와 여유 같은 것이다. 7번은 바로 이 점에 착안하여 스스로에게 물을 수 있어야 한다. 어디로 날아갈지 나 자신도 알수 없는 나의 관심과 활동 영역은 무엇을 위한 것인가? 나는 지금 어디로 가고 있는가? 무엇인가 바삐 움직이지 않으면 자기 존재가 아무것도 아닌 것 같아서 허둥대고 있는 것은 아닌가? 외부의 어떤 것이 자신의 내적, 외적 궁핍함을 채워 주리라는 환상에 사로잡혀 왔음을 깨닫고 자기 자신을 돌아볼 때, 7번은 자신들이 지닌 이상주의의 함정에서 벗어나 성장을 꾀할 수 있다. 음식은 천천히 꼭꼭 씹어 먹어야 에너지원으로서 제 역할을 할 수 있다. 인생 역시 마찬가지이다. 천천히 음미해야 한다.

7번 유형을 위한 방향지시등

1. 나는 좌충우돌 내 호기심이 이끄는 대로 살아온 경향이 있다. 이제는 과거의 그런 나와 결별한다.
2. 내 욕망이 이끄는 대로 끌려가면서 나 자신을 소모시켜 왔다. 이제는 과거의 그런 나와 결별한다.
3. 나는 언제나 더 많은 것이 필요하다고 느껴왔다. 이제는 과거의

그런 나와 결별한다.

4. 나의 무모한 행동이 초래한 결과로부터 도망치려고 했던 적이 많았다. 이제는 과거의 그런 나와 결별한다.

5. 나는 내 욕구불만 때문에 다른 사람들을 공격하거나 모욕할 때가 적지 않았다. 이제는 과거의 그런 나와 결별한다.

6. 나는 나 자신의 만족을 위해서라면 다른 사람들이 다치든 말든 상관하지 않았다. 이제는 과거의 그런 나와 결별한다.

7. 나는 나 스스로를 과대평가하는 경향이 있다. 이제는 과거의 그런 나와 결별한다.

8. 외부의 무엇인가가 나를 행복하게 해줄 것이라고 생각하고 끊임없이 그것을 쫓아다녀 왔다. 이제는 과거의 그런 나와 결별한다.

9. 나는 늘 초조해하면서 그런 나 자신으로부터 도망치고자 끊임없이 무슨 일인가를 벌여 왔다. 이제는 과거의 그런 나와 결별한다.

10. 나는 늘 나 자신이 부족하다고 생각해 왔다. 이제는 과거의 그런 나와 결별한다.

11. 나는 한 번 정한 목표를 이루기까지는 한눈팔지 않고 매진한다.

12. 나는 이제 있는 그대로의 나 자신에게도 충분히 만족한다.

13. 나는 더 이상 내 흥미를 채워 줄 꺼리를 찾아 헤매지 않는다.

14. 내가 내 중심을 잡을 때, 사랑과 행복도 진정 내 것이 될 수 있음을 믿는다.

15. 나는 더 이상 기이한 것만을 찾아 헤매지 않는다. 단순하고 평범한 것 속에서도 행복을 느낄 수 있다.

16. 나는 내가 살아 있다는 것에 감사한다. 주변 사람들에 대해 깊은 관심을 갖고, 그들의 행복을 위해 도움을 주고 싶다.

8번 유형: 힘의 논리가 따르는 지도자(The Leader)의 길, 소탈한 지도자

살아가자면 '힘'이 필요한 것은 사람이나 짐승이나 마찬가지다. 힘이 없으면 내 영토와 먹잇감을 빼앗기고, 자존심을 구겨야 한다. 8번은 유달리 영토 의식이 강한 카리스마의 소유자로, 나와 내 주변을 장악하지 않으면 직성이 풀리지 않는다. 어느 누구에게도 종속되기를 거부하는 8번은 모든 것을 힘의 논리에 의해서만 파악하고 자신의 영역 안에 있는 사람과 물자는 확실하게 보호함으로써 성을 쌓는다. 그들이 발휘하는 강한 카리스마의 배경에는 다른 사람에 의해 지배당하고 빼앗길지 모른다는 두려움이 자리하고 있다. 이러한 두려움이 그들을 강하게 만들지만, 그들이 쌓은 탑은 힘의 논리에 의한 것이어서 사랑이 들어설 여지를 주지 않는다. 사랑과 신뢰와 동정을 나약한 것으로 간주하고 다른 사람의 접근을 정도 이상으로는 허용하지 않으려는 8번은 자신의 이런 두려움을 직시하고 타인들에 대한 경계심을 버리기 시작할 때 성장을 위한 큰 걸음을 내딛게 된다. 바윗덩어리처럼 강하고 단단한 의지로 쌓아올린 자신의 성취를 힘에 의한 탑이 아니라 사랑에 의한 탑으로 바꿀 때 8번은 무너지지 않는 상생의 협력 체제를 창조할 수 있게 된다. 그것이 바로 사람 살아가는 '살맛'이 아니겠는가?

8번 유형을 위한 방향지시등

1. 나는 다른 사람을 지배하고자 내 뜻대로 되지 않으면 폭력을 행사하기도 했다. 이제는 과거의 그런 나와 결별한다.
2. 나는 적이냐, 아군이냐로 사람을 판단하는 경향이 있었다. 이제

는 과거의 그런 나와 결별한다.

3. 나는 고통에 직면할 때마다 마음을 모질게 먹곤 했다. 이제는 과거의 그런 나와 결별한다.

4. 나는 나 자신이 약한 존재로 보이는 것을 두려워하고 싫어했다. 이제는 과거의 그런 나와 결별한다.

5. 나의 길을 가기 위해서라면 다른 사람들을 괴롭혀도 상관없다고 생각해왔다. 이제는 과거의 그런 나와 결별한다.

6. 나는 끊임없이 내 삶은 나 자신이 컨트롤해야 한다고 생각해 왔다. 이제는 과거의 그런 나와 결별한다.

7. 나는 늘 나 홀로 모든 것을 감당할 수 있다고 믿었고, 다른 사람들이 필요하지 않다고 생각했다. 이제는 과거의 그런 나와 결별한다.

8. 나는 다른 사람이 나를 지배하게 될 것을 늘 두려워했다. 이제는 과거의 그런 나와 결별한다.

9. 나는 사람들이 나 자신에게 관심을 갖는 것은 물론이고 내 중심으로 움직여야 한다고 생각해 왔다. 이제는 과거의 그런 나와 결별한다.

10. 나는 다른 사람들의 돌봄이나 애정이 필요치 않다고 생각해 왔다. 이제는 과거의 그런 나와 결별한다.

11. 나는 다른 사람들을 신뢰하며, 그들이 진정 행복해지기를 바란다.

12. 나는 너그러운 사람이며, 다른 사람들도 나와 마찬가지로 영예를 누릴 자격이 있음을 인정하고 받아들인다.

13. 나는 존귀한 사람이며, 존경받을 가치가 있는 사람이다.

14. 나는 나보다 위대한 권위가 존재한다는 것을 인정하고 받아들인다.

15. 나는 나 자신과 나의 열정을 충분히 다스리고 절제할 수 있다.
16. 나는 다른 사람들을 사랑하며, 다른 사람들의 사랑을 필요로 한다. 필요한 경우에는 그들에게 사랑해 달라고 요구할 것이다.

9번 유형: 사람을 편안하게 하는 평화주의자(Peacemaker)의 길, 근면한 평화주의자

'평화'라는 낱말은 언뜻 아무런 힘도 갖지 못한 것처럼 보이지만, 사실은 그렇지 않다. 세상 사람들 모두가 평화를 원하고 지향한다. 치열하게 싸우는 사람들조차 평화를 위해서 싸운다고 변명한다. 모두가 바라는 평화는 아무것도 하지 않는 무기력한 상태가 결코 아니다. 세상과 내가 조화롭게 평화를 이룰 때 솟아오르는 내면의 기쁨보다 더 가치 있는 것이 있을까? 누구보다 평화를 추구하는 9번은 자신들이 추구하는 평화가 과연 적극적인 의미를 띤 것인지 스스로 물을 수 있어야 한다. 문제와 갈등을 회피하려 자기만의 성 안으로 들어가 칩거하는 것을 과연 '진정한 평화'라고 할 수 있을까? 다른 사람들과의 관계에서 오는 갈등을 겪지 않으려고 자신의 의견을 묻어 버리는 것은 평화가 아닌 자기 자신의 죽음이 아닐까? 9번은 자신이 유지하려는 평화의 상태가 자신 안에서 웅크리고 있는 '분리될지도 모른다는 두려움'에 기인하는 것을 직시할 때, 성장의 도약을 꾀할 수 있게 된다. 다른 사람들에게 자신을 끼워 맞춤으로써 유지되는 평화보다 더 중요한 것은 자신의 가치를 발견하고 깨우고 계발하는 것이다. 자신의 삶에 적극적으로 참여하여 자기 가치를 높일 때, 그동안 자신이 추구해왔던 진정한 평화를 충만하게 누릴 수 있게 된다.

9번 유형을 위한 방향지시등

1. 나는 어렵고 힘든 일이 있으면 그것을 늘 회피해 왔다. 이제는 그런 나의 과거와 결별한다.

2. 나의 향상과 발전을 위한 것인데도 나는 지금껏 불편하고 어려운 것도 감당하려고 하지 않았다. 이제는 그런 나의 과거와 결별한다.

3. 나는 문제가 점점 커져서 도저히 어떻게 하지 않으면 안 될 때까지 문제를 외면하고 무시해 왔다. 이제는 그런 나의 과거와 결별한다.

4. 나는 다른 사람들의 눈치를 살피느라 정작 나 자신의 감정과 느낌에는 소홀히 해왔다. 이제는 그런 나의 과거와 결별한다.

5. 나는 전적으로 다른 사람들에게 내 삶을 의존해 왔다. 이제는 그런 나의 과거와 결별한다.

6. 나는 희망을 가지고 조금 애쓰다가도 쉽게 이루어지지 않으면 곧잘 포기해 버렸다. 이제는 그런 나의 과거와 결별한다.

7. 나는 정작 나 자신의 필요와 욕구에는 소홀히 해 온 것이 사실이다. 이제는 그런 나의 과거와 결별한다.

8. 나는 어떤 문제가 생기면 빠르고 쉬운 해결책만을 찾아 왔다. 천천히 근본적으로 풀어야 할 문제가 있는데도, 장기전에는 늘 자신이 없었다. 이제는 그런 나의 과거와 결별한다.

9. 나는 늘 남을 위로하느라 바빴다. 다른 사람들과 잘 지내느라 불평불만이 있어도 참고, 하고 싶은 말이 있어도 참고 억눌러 왔다. 이제는 그런 나의 과거와 결별한다.

10. 나는 다른 사람들이 마치 내 인생을 어떻게 해줄 것처럼 생각해왔다. 이제는 그런 나의 과거와 결별한다.

11. 나는 자신감 있고, 강하고, 독립적인 사람이다.

12. 나는 모든 일을 대충대충 넘어가지 않고, 철두철미 프로 정신을 발휘한다.

13. 나는 내 주변의 세계에 대해 항상 깨어 있으며, 맑은 정신으로 살아간다.

14. 나는 어려울 때에도 늘 꿋꿋하게 스스로 헤쳐 나아간다. 내 주변의 사람들은 그런 나를 믿고 따른다.

15. 나는 나 자신을 깊이 들여다보면서 나의 느낌과 감정, 나 자신의 필요와 욕구를 확인하고 그것을 존중한다.

16. 나는 내 주변과 세상 사람들의 진정한 평화를 위해 일하고, 그들의 아픈 마음을 달래고 치유하는 사람이 될 것을 확신한다.

참고문헌

1. 국내 단행본

공동체문화원 엮음. 『기독교인들이 쓴 에니어그램』. 동연, 2017.

김영운. 『에니어그램 — 내 안의 보물찾기』. 올리브나무, 2007.

김영운. 『에니어그램으로 보는 성서 인물 이야기』. 삼인, 2013.

송명자. 『발달심리학』. 학지사, 2008.

이훈구. 『성격은 이렇게 형성된다』. 법문사, 2010.

황인숙. 『엄마! 나도 마음이 있어요』. 신진리탐구, 2010.

2. 해외 단행본

Richard Rohr & Andreas Ebert. *THE ENNEAGRAM — A CHRISTIAN PERSPECTIVE*. New York: The Crossroad Publishing Company, 2008.

Riso, D. R. & Hudson, R. *Understanding the Enneagram: the practical guide personality types*. New York: Houghton Mifflin Company, 2000.

_____. *The Wisdom of The Enneagram*. New York: Bantam Books, 1999.

_____. *Personality Types: Using The Enneagram for Self-Discovery*. New York: Houghton Mifflin Company, 1996.

3. 번역서

게오르게 이바노비치 구르지예프. 『놀라운 사람들과의 만남』. 샨티, 2012.

돈 리차드 리소/권희순 역. 『에니어그램활용』. 知와사랑, 2005.

돈 리차드 리소 · 러스 허드슨/주혜명 역. 『에니어그램의 지혜』. 한문화, 2004.

_____/구태원 외 역. 『에니어그램의 이해』. 드림넷미디어, 2012.

_____/윤운성 외 역. 『에니어그램 성격유형』. 학지사, 2010.

레니 바론 · 엘리자베스 와겔리/에니어그램 코칭 인스티튜트 역. 『나와 만나는 에니어그램』. 마을 살림, 2012

록산느 호우-머피/한국에니어그램연구원 역. 『에니어그램 코칭』. The9, 2014.

리처드 로어·안드레아스 에베르트/이화숙 역.『내 안에 접힌 날개』. 바오로딸,
　　2009.

마리아 비싱 외 2인/박종영 역.『자아발견을 위한 여행』. 성바오로, 2000.

모나 코츠·주디스 설/이영옥 외 역.『부부코칭 에니어그램』. 스토리 나인, 2017.

미국정신분석학회 편/이재훈 외 역.『정신분석 용어사전』. 한국심리치료연구
　　소, 2002.

비어트리스 체스닛/김세화 외 역.『에니어그램 27하위유형』. 한국에니어그램
　　협회, 2017.

산드라 매트리/이정섭 외 역.『에니어그램의 격정과 덕목』. 포널스, 2016.

―――――/황지연 외 역.『에니어그램의 영적인 지혜』. 한문화, 2016.

아우구스티누스/김평옥 역.『고백록』. 범우사, 2002.

에리히 프롬/최혁순 역.『소유냐 존재냐』. 범우사, 2010.

에릭 H. 에릭슨/송제훈 역.『유년기와 사회』.연암서가, 2014.

엘리자베스 와겔리/정환종 외 역.『해피엔딩 에니어그램』. 스토리 나인, 2017.

―――――/김현정 역.『에니어그램으로 보는 우리 아이 속마음』. 연경문화사.
　　2013.

클라우디오 나란조/윤운성 역.『에니어그램 사회―세상과 영혼을 치료하기』.
　　한국에니어그램 교육 연구소. 2012.

P. D.우스펜스키/오성근 역.『구르지예프의 길』. The9, 2012.

4. 기타

공동체문화원.「에니어그램 영성수련 워크북」. 2013-2017.

공동체문화원.「다솜학교자료」. 1998-2015.

공동체성서연구원.「에니어그램 영성수련 워크북」. 2000-2012.

김영운.「굴지예프와 에니어그램 지혜」. 한국에니어그램협회 추계학술대회
　　기조강연, 2012.

공동체문화원 소개

 공동체문화원

　"공동체문화원이 무엇을 하는 곳이냐?"라고 묻는다면 단지 "공동체운동을 하는 곳이요…"라고 대답할 수밖에 없었다. 예수를 믿는 사람이 교회와 사회 속에서 이 시대에 우리가 실천할 수 있는 것이 무엇인지를 찾아다니기만 했기 때문이다. 그런데 이제 와 보니 그동안 에니어그램 공부를 지속적으로 해왔고, 교회 안에서는 영성운동을, 사회 속으로 스며들어가서 교육운동을 한 것 같다. 이것이 어우러져서 공동체 운동(하나님 나라 운동)을 하는 곳이라고 말할 수 있다.

　공동체문화원에서는 굴지예프, 리소, 허드슨, 로어, 마이트리, 체스넛 등의 책을 읽으면서 공동체문화원 식구들과 함께 끊임없이 수련을 거듭하고 있다. 이를 통해 우리 자신의 정체성을 확인하고 다른 사람들과 더불어 성숙하게 함께 사는 법을 알아가고 있다. 또 공동체문화원에서는 에니어그램 영성 수련을 통해 건강한 공동체를 일궈 나가기 위한 연구와 다양한 활동을 계속하고 있다. 그동안 쌓아온 지식과 경험을 바탕으로 에니어그램 영성 수련에 관심 있는 사람들을 초대하여 다양한 프로그램을 진행하고 있다. 공동체문화원은 나를 알고 남을 이해함으로써 온전한 사랑을 이루어가는 삶이 되기를 소망한다.

*　유니선교회(1975~　)

　1970년대의 한국교회 안에서는 주일 설교 때 외에는 성경을 가르치지 않았다. 하나님을 알고 싶어 선교회를 만들고 매주 한 번씩 성경을 배우기 시작하였다. 영적으로 목마른 사람들이 80명씩이나 모여들었다. 지금은 윤영지 · 윤필원 등이 필리핀, 인도 등지에서 세계 선교를 하고 있다.

* 작은교회 · 공동체성서연구원 · 공동체 문화원(1979)

유니선교회에서 성서를 가르치시던 김영운 목사님과 함께 기독교감리회 작은교회를 창립하면서 동시에 공동체성서연구원과 공동체문화원을 조직하였다.

* 다솜학교(1979)

교회와 학교 교육에서 모자라는 인성교육과정을 보완하기 위하여 대안교육 프로그램을 만들어 매주 한 번씩 모였고, 지금도 간헐적으로 모이고 있다. 초등학생~고등학생 각 기관과 연계하여 다솜의 교육정신을 펼쳐 나갔다.

* 대안교육 발표회

공동체문화원에서 주최하여 또하나의문화, 따또학교, 이싹회, 작은교회에서 하는 프로그램을 발표하는 모임도 가졌다.

* 에니어그램 프로그램

▶ 공동체문화원 에니어그램 학교
　1. 화요반: 매주 한 번 하루 11시간(2009~2018)
　2. 목회자 1반: 매달 한 번, 수시로
　3. 목회자 2반: 매주 월요일 하루 10시간(2015~)
　4. 목회자 3반: 에니어그램 과정 수련중(2020~)
　5. 에니어그램 정규수련회(2013~2020 총 50회 시행)
　6. 분당팀(2020~)
▶ 다솜학교(1995~): 매달 한 번, 여름 겨울캠프로 에니어그램 수련
▶ 이싹 다솜학교
▶ 수원 YWCA 다솜학교
▶ 신나는 다솜학교 부스러기 선교회(2008)
▶ 동소문교회 다솜(2014~2015)

- ▸ 아힘나평화학교(2016~)
- ▸ 대학 다솜(2007~): 매달 모임, 방학때나 그 외 수시로 모임

* 대학교 에니어그램 교육

- ▸ 한양대학교 간호학부, 간호대학원, 박사과정(2012)
- ▸ 한양대학교 서울 학부 교양과목(2017~)
- ▸ 한양대학교 에리카 안산 학부 교양과목(2018~)
- ▸ 한양여자대학교 학부교양과목(2018~2019)
- ▸ 한양대학교 사회교육원 서울(2016~)
- ▸ 한양대학교 에리카 사회교육원(2017~)
- ▸ 이화여자대학교 평생교육원(2019~)

* 교회 에니어그램

- ▸ 선린교회 학부모(2008. 7.)
- ▸ 새문안교회 연합찬양팀 영성수련(2012. 8.)
- ▸ 주은교회 에니어그램(2014. 8.)
- ▸ 정동교회 강원지역 목회자 리트릿 교육(2014. 9. 2박 3일)
- ▸ 장동교회 교인(2015/2016)
- ▸ 한양대학교 목회자 영성세미나(2015~)
- ▸ 감리교 목회자 부인 수련회(2019)

* 사회단체 및 기타

- ▸ 서울 YWCA 대학생부 에니어그램 수련(2002~2005)
- ▸ 한국 여신학자협의회 청년 영성 수련(2002~2005)
- ▸ 기독여성 살림 문화원 영성 수련(2012)
- ▸ 예장 총회목회자 영성 수련(2012)
- ▸ 몽골 목회자 사모 교육(2013)
- ▸ 부스러기 사랑나눔회 직원(2013, 9회)

- 이천공동체 목회자 수련회(2013, 7회)
- 한국 YWCA 보육교사(2015)
- 수원 YWCA 직원(2015)
- 군부대 에니어그램 강의(한양대학교회와 협력, 2017, 교재 —『기독교인들이 쓴 에니어그램 — 공동체문화원 에니어그램 시리즈 1』사용)

* 에니어그램 수련 여행
- 미국 LA 일본인 공동체(2박 3일)
- 캐나다 한국 목회자
- 태국 치앙마이(2017. 7.)
- 경주 감포(2017. 8.)
- 주기철, 손양원기념관(2017. 12.)
- 태국 치앙마이 한국 선교사 수련회(2018. 2.)
- 굴업도 수련회(2018. 7.)

*저서
- 공동체문화원 에니어그램 시리즈
  1.『기독교인들이 쓴 에니어그램』. 윤명선 외 함께 씀, 도서출판 동연, 2017.
  2.『성서인물과 나의 고백으로 쓴 에니어그램』. 윤명선·최정의팔·한국염·최재숙 외 함께 씀, 도서출판 동연, 2018.
- 에니어그램 교재
  교회용:『비우면 주신다』. 도서출판 건교, 2018.
  사회용:『나를 알아가는 에니어그램』. 도서출판 건교, 2018.